Bestell-Nr. ISBN 978-3-19-639597-6

Auflage 4 3 2 1
Jahr 2019 2018 2017 2016

Vertrieb: „INDIGO international" ist eine veränderte Sonderausgabe des Titels „INDIGO" für Hueber Verlag GmbH & Co. KG, 80992 München und wird durch diesen exklusiv vertrieben.

Übersetzungen: Larissa Bender, Majedah Borno, Nagat Emara (Arabisch)
Menemsha MacBain (Englisch, Französisch, Spanisch)
Kianoosh Sadigh (Farsi)

Illustrationen: Carmen Hochmann, 33649 Bielefeld
Sonja Kurzbach, 10997 Berlin
Elisabeth Lottermoser, 33334 Gütersloh
Thorsten Trantow, 79336 Herbolzheim
Heike Treiber, 79199 Kirchzarten

Satz: Mildenberger Verlag GmbH, 77652 Offenburg
Memminger MedienCentrum, Druckerei und Verlags-AG, 87700 Memmingen

Druck: Stürtz GmbH, 97080 Würzburg

Ute Wetter und Karl Fedke

Das Wörterbuch mit Bildern

Hueber

Inhaltsverzeichnis

Inhaltsverzeichnis

Das Abc

Die Wörter in diesem Wörterbuch sind nach dem Abc geordnet.

Fahre mit dem Finger das Abc nach. Sprich die Buchstaben und die Sätze mit den Reimwörtern. So merkst du dir das Abc leichter.

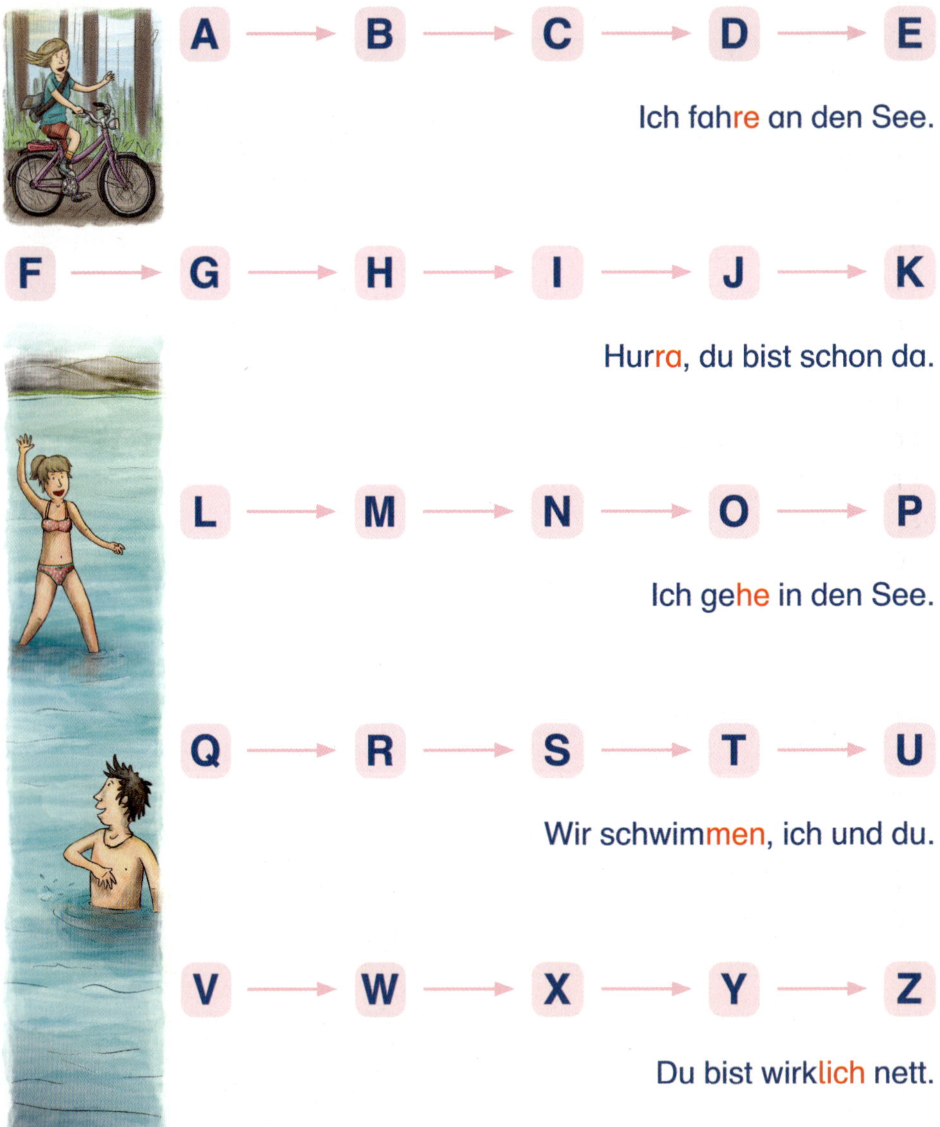

A → B → C → D → E

Ich fahre an den See.

F → G → H → I → J → K

Hurra, du bist schon da.

L → M → N → O → P

Ich gehe in den See.

Q → R → S → T → U

Wir schwimmen, ich und du.

V → W → X → Y → Z

Du bist wirklich nett.

Hinweise zum Bildwörterbuch

Dieses Bildwörterbuch soll dir helfen, Wörter zu verstehen, sie richtig zu schreiben und dich mit anderen zu verständigen. Im gelben Teil des Wörterbuchs kannst du nachschlagen, wenn du Wörter und einfache Sätze zu einem bestimmten Thema suchst. Das Besondere an diesem Bildwörterbuch ist, dass du die Wörter und die einfachen Sätze in fünf weiteren Sprachen findest: Neben Deutsch in Englisch, Arabisch, Französisch, Farsi und Spanisch.

Das Bildwörterbuch beginnt mit acht doppelseitigen Situationsbildern zu wichtigen Themen, zum Beispiel Familie oder Schule. Bei jedem Situationsbild stehen einfache Sätze in sechs Sprachen, die zum Thema passen. Du kannst sie als Frage-Antwort-Übungen mit einem Partner sprechen oder schreiben.

Hast du einen Cousin?
Do you have a cousin?
عندك ابن عم؟
As-tu un cousin?
آیا تو پسر عمو داری؟
¿Tienes un primo?

Ja, ich habe einen Cousin.
Yes, I have a cousin.
نعم ، أنا عندي ابن عم.
Oui, j'ai un cousin.
بله ، من یک پسر عمو دارم.
Sí, yo tengo un primo.

Anschließend an die Situationsbilder findest du 15 Kapitel zu verschiedenen Themen. Wichtige Wörter zu diesem Thema sind in sechs Sprachen dem Bild direkt zugeordnet.

Hinweise zum Bildwörterbuch

Alle Wörter im Bildwörterbuch sind in blau-roter Silbenschrift abgedruckt. Das hilft beim Lesen. Durch das silbierte Lesen wird das Wort auch richtig ausgesprochen.

R

die **Regel**, die Regeln

rennen, er rennt

reparieren, er repariert

Zu jedem Thema gibt es eine Wörterliste mit Wörtern, die rund um das Thema wichtig sind. Alle **Namenwörter (Nomen), Tunwörter (Verben) und Eigenschaftswörter (Adjektive)** sind hier mit einem Bild anschaulich dargestellt.

G

die **Geschwister**

gießen, er gießt Blumen

groß, größer

Alle Wörter sind nach ihrem Anfangsbuchstaben sortiert. Finde zuerst den Anfangsbuchstaben des Wortes, das du suchst.

O

der **Opa**, die Opas

P

der **Papa**, die Papas

Wenn mehrere Wörter mit demselben Buchstaben anfangen, achte auf den zweiten Buchstaben. Auch diese Buchstaben sind nach dem Abc geordnet.

T

die **Tante**, die Tanten

die **Tochter**, die Töchter

In der Liste stehen **Namenwörter (Nomen)** immer mit ihrem **Begleiter (Artikel)**.

	Artikel	Nomen
S	der die	**Sohn**, Söhne
T	die die	**Tante**, Tanten

Die **Namenwörter (Nomen)** werden in der Einzahl (Singular) und in der Mehrzahl (Plural) angegeben.

S
der **Sohn**, ← **Singular**
die Söhne ← **Plural**

T
die **Tante**, ← **Singular**
die Tanten ← **Plural**

In der Liste stehen auch **Tunwörter (Verben)**. Sie sind in der **Grundform (Infinitiv)** eingeordnet.

B **bügeln**

Tunwörter (Verben) verändern ihre Form, wenn sie zum Beispiel mit **er**, **sie** oder **es** verbunden werden. Eine dieser Formen steht immer hinter der Grundform eines jeden **Tunworts (Verbs)**.

B **bügeln**,
er bügelt

Meine Familie und Freunde

Ich bin der Sohn.
I am the son.
أنا الابن.
Je suis le fils.
من فرزند پسر هستم.
Yo soy el hijo.

Das ist meine Schwester.
This is my sister.
هذه أختي .
Voici ma sœur.
این خواهر من است.
Ésta mi hermana.

Hast du einen Cousin?
Do you have a cousin?
عندك ابن عم؟
As-tu un cousin?
آیا تو پسر عمو داری؟
¿Tienes un primo?

Ja, ich habe einen Cousin.
Yes, I have a cousin.
نعم ، أنا عندي ابن عم.
Oui, j'ai un cousin.
بله ، من یک پسر عمو دارم.
Sí, yo tengo un primo.

Hallo! Ich heiße Murat.
Hello. My name ist Murat.
أهلا و سهلا! أنا إسمي مراد.
Bonjour. Je m'appelle Murat.
سلام ، اسم من مراد است.
Hola. Me llamo Murat.

Wie heißt du?
What is your name?
ما إسمك؟
Comment t'appelles-tu?
اسم تو چیست؟
¿Cómo te llamas?

Wie alt bist du?
How old are you?
كم عمرك؟
Quel âge as-tu?
چند سال داری؟ / چند ساله هستی؟
¿Cuántos años tienes?

Ich bin 12 Jahre alt.
I am twelve years old.
أنا عندي أثنى عشرة سنة.
J'ai douze ans.
من دوازده ساله هستم.
Yo tengo doce años.

Woher kommst du?
Where do you come from?
من أين أنت؟
D'où viens-tu?
اهل کجایی / از کجا می آیی؟
¿De dónde eres?

Ich komme aus dem Irak.
I come from Iraq.
أنا من العراق.
Je viens d'Irak.
من عراقی هستم / از عراق می آیم.
Yo soy de Irak.

Hast du eine Tante?
Do you have an aunt?
عندك خالة؟
As-tu une tante?
آیا تو عمه داری؟
¿Tienes una tía?

Ja, ich habe eine Tante und einen Onkel.
Yes, I have an aunt and an uncle.
نعم ، عندي خالة و خال.
Oui, j'ai une tante et un oncle.
بله من یک عمه و یک دایی دارم.
Sí, tengo una tía y un tío.

Wer kommt heute?
Who is coming today?
من سيأتي اليوم؟
Qui vient aujourd'hui?
چه کسی امروز می آید؟
¿Quién viene hoy?

Die Großmutter kommt heute.
Grandmother is coming today.
الجدة ستأتي اليوم.
Grand-mère vient aujourd'hui.
امروز مادربزرگ می آید.
Abuela viene hoy.

Wer ist das?
Who is that?
من هذا؟
Qui est-ce?
این کیست؟
¿Quién es ella?

Das ist meine Schwester Ayshe.
This is my sister Ayshe.
هذه أختي عائشة.
Voici ma sœur, Ayshe.
این عایشه خواهر من است.
Es mi hermana, Ayshe.

Wann ist dein Geburtstag?
When is your birthday?
متى عيد ميلادك؟
Quand est ton anniversaire?
تولدت کِی است؟
¿Cuándo es tu cumpleaños?

Mein Geburtstag ist im Juli.
My birthday is in July.
عيد ميلادي في شهر يوليو.
Mon anniversaire est en juillet.
تولدم در ژوئیه است.
Mi cumpleños es en Julio.

Wo wohnst du?
Where do you live?
أين تسكن؟
Où habites-tu?
کجا زندگی می کنی؟
¿Dónde vives?

Ich wohne in der Gartenstraße.
I live in Garden Street.
أسكن في شارع جارتن.
J'habite dans la rue Jardin.
در خیابان گارتن زندگی می کنم.
Vivo en la calle Jardín.

Ich lese ein Buch.
I read a book.
أقرأ كتابا.
Je lis un livre.
من یک کتاب می خوانم.
Yo leo un libro.

Ali schreibt in sein Heft.
Ali is writing in his exercise book.
يكتب علي في كراسته.
Ali écrit dans son cahier.
علی در دفترش می نویسد.
Ali escribe en su cuaderno.

Kann ich bitte den Bleistift haben?
Can I have the pencil, please?
هل يمكنك أن تعطيني قلما ، من فضلك؟
Peux-tu me donner un crayon, s'il te plaît?
می شود لطفاً مداد را به من بدهید؟
¿Me puedes dar el lápiz, por favor?

Ja, hier bitte.
Yes, here you are.
نعم ، تفضل.
Oui, tiens.
بله ، بفرمایید خواهش می کنم.
Sí, aquí tienes.

Ich gehe in die 6. Klasse.
I am in the sixth form.
أنا في السنة السادسة.
Je suis en sixième.
من به کلاس ششم می روم.
Estoy en sexto curso.

In welche Klasse gehst du?
What form are you in?
في أي فصل أنت؟
En quelle classe es-tu?
تو به کلاس چندم می روی؟
¿En qué curso estás?

Wo ist das Wörterbuch?
Where is the dictionary?
أين المعجم؟
Où est le dictionnaire?
لغت نامه کجاست؟
¿Dónde está el diccionario?

Das Wörterbuch liegt auf dem Tisch.
The dictionary is on the table.
المعجم على الطاولة.
Le dictionnaire est sur la table.
لغت نامه روی میز است.
El diccionario está en la mesa.

Kannst du mir bitte helfen?
Can you help me, please?
هل يمكنك أن تساعدني ، من فضلك؟
Peux-tu m'aider, s'il te plaît?
می توانی به من کمک کنی لطفاً؟
¿Puedes ayudarme, por favor?

Ja, ich helfe dir beim Rechnen.
Yes, I'll help you do maths.
نعم ، سوف اساعدك في الحساب.
Oui, je t'aide à calculer.
بله ، درحساب کردن کمکت می کنم.
Sí, yo te ayudo a calcular.

Kannst du zählen?
Can you count?
هل تعرف الحساب؟
Peux-tu compter?
می توانی بشماری؟
¿Puedes contar?

Ja, ich zähle bis hundert.
Yes, I count to one hundred.
نعم ، احسب حتى رقم مئة.
Oui, je compte jusqu'á cent.
بله ، من تا صد می شمارم.
Sí, yo cuento hasta cien.

Mein Lehrer heißt Herr Schmidt.
My teacher's name is Mr Smith.
مدرسي اسمه استاذ سميث.
Mon prof s'appelle M. Smith.
نام معلمم آقای اشمیت است.
Mi profesor se llama Sr Smith.

Wie heißt deine Lehrerin?
What is your teacher's name?
ما اسم مدرستك؟
Comment s'appelle ta prof?
نام خانم معلمت چیست؟
¿Cómo se llama tu profesora?

Wie viele Schüler sind im Klassenzimmer?
How many pupils are in the classroom?
كم تلميذ يوجد في الفصل؟
Combien y a-t-il d'élèves dans la salle de classe?
چند دانش آموز در کلاس هستند؟
¿Cuántos alumnos hay en el aula?

Sechs Schüler sind im Klassenzimmer.
Six pupils are in the classroom.
يوجد ستة تلاميذ في الفصل.
Il y a six élèves dans la salle de classe.
شش دانش آموز در کلاس هستند.
Hay seis alumnos en el aula.

Wo ist die Schultasche?
Where is the schoolbag?
أين شنطة المدرسة؟
Où est le cartable?
کیف مدرسه کجاست؟
¿Dónde está la mochila?

Die Schultasche steht unter dem Tisch.
The schoolbag is under the desk.
شنطة المدرسة تحت الطاولة.
Le cartable est sous la table.
کیف مدرسه زیر میز است.
La mochila es debajo de la mesa.

Freizeit, Spiel und Sport

Was ist dein Hobby?
What is your hobby?
ما هي هوايتك؟
Quel est ton hobby?
تفریح تو چیست؟
¿Qué es tu hobby?

Mein Hobby ist Reiten.
My hobby is horse riding.
هوايتي ركب الخيل.
Mon hobby est l'équitation.
تفریح من اسب سواری است.
Mi hobby es la equitación.

Magst du Sport?
Do you like sport?
هل تحب الرياضة؟
Aimes-tu le sport?
ورزش دوست داری؟
¿Te gustan los deportes?

Ja, ich mag Basketball.
Yes, I like basketball.
نعم ، أنا احب كرة السلة.
Oui, j'aime le basket-ball.
بله ، من بسکتبال را دوست دارم.
Sí, me gusta el baloncesto.

Was macht der Junge?
What is the boy doing?
ماذا يفعل الولد؟
Qu'est-ce que le garçon fait?
آن جوان چه می کند؟
¿Qué hace el chico?

Der Junge hört Musik.
The boy is listening to music.
يسمع الولد أغاني.
Le garçon écoute de la musique.
آن جوان موسیقی گوش می دهد.
El chico escucha música.

Was spielt das Mädchen?
What is the girl playing?
ماذا تلعب البنت؟
De quoi joue la fille?
آن دختر چه می نوازد؟
¿Qué toca la chica?

Das Mädchen spielt Klavier.
The girl is playing the piano.
هي تعزف على البيانو.
La fille joue du piano.
آن دختر پیانو می نوازد.
La chica toca el piano.

Turnst du oft?
Do you do gymnastics often?
هل تمارس الجمباز كثيرا؟
Fais-tu souvent de la gymnastique?
آیا زیاد ورزش می کنی؟
¿Haces gimnasia a menudo?

Ja, ich übe jeden Tag.
Yes, I practise every day.
نعم ، أنا اتمرن كل يوم.
Oui, je m'exerce chaque jour.
بله ، من هر روز تمرین می کنم.
Sí, yo ensayo todos los días.

Was machst du heute?
What are you doing today?
ماذا تفعل اليوم؟
Qu'est-ce que tu fais aujourd'hui?
امروز چه کار می کنی؟
¿Qué haces hoy?

Ich gehe heute schwimmen.
I'm going swimming today.
سأذهب إلى السباحة.
Je vais nager aujourd'hui.
امروز به شنا می روم.
Yo voy a nadar hoy.

Gefällt dir Sport?
Do you like sport?
هل تعجبك الرياضة؟
Aimes-tu le sport?
از ورزش خوشت می آید؟
¿Te gustan los deportes?

Ja, ich spiele gerne Tennis.
Yes, I like playing tennis.
نعم ، أنا احب أن العب كرة المضرب.
Oui, j'aime bien jouer au tennis.
بله ، من به تنیس بازی کردن علاقه دارم.
Sí, me gusta jugar al tenis.

Essen und Trinken

Hast du Hunger?
Are you hungry?
هل أنت جعان؟
As-tu faim?
گرسنه هستی؟
¿Tienes hambre?

Ja, ich habe Hunger und Durst.
Yes, I am hungry and thirsty.
نعم ، أنا جعان و عطشان.
Sí, j'ai faim et soif.
بله ، هم گرسنه هستم هم تشنه.
Sí, tengo hambre y sed.

Was möchtest du essen?
What would you like to eat?
ما هو الذي تحب أن تأكله؟
Qu'est-ce que tu voudrais manger?
چه می خواهی بخوری؟
¿Qué quieres comer?

Ich möchte bitte ein Käsebrot essen.
I would like to eat bread and cheese, please.
أريد أن آكل خبزا بالجبنة ، من فضلك.
Je voudrais manger un sandwich au fromage.
یک ساندویچ پنیر (می خورم) لطفاً.
Quiero comer un sandwich de queso.

Was möchtest du trinken?
What would you like to drink?
ما هو الذي تحب أن تشربه؟
Qu'est-ce que tu voudrais boire?
چه می خواهی بنوشی؟
¿Qué quieres beber?

Ich möchte bitte heiße Schokolade trinken.
I would like to drink hot chocolate, please.
أريد أن اشرب شوكلاته ساخنة ، من فضلك.
Je voudrais boire du chocolat chaud, s'il te plaît.
یک شیرکاکائوی داغ (می نوشم) لطفاً.
Quiero beber chocolate, por favor.

Magst du ein Glas Milch?
Do you want a glass of milk?
هل تريد كوبا من الحليب؟
Est-ce que tu veux un verre de lait?
یک لیوان شیر می خواهی؟
¿Quieres un vaso de leche?

Nein, danke. Ich trinke lieber Saft.
No, thank you. I prefer to drink juice.
لا شكرا ، أفضل أن اشرب عصيرا.
Non, merci. Je préfère boire du jus.
نه ، ممنون! ترجیح می دهم آب میوه بخورم.
No, gracias. Prefiero beber jugo.

Was gibt es heute zu essen?
What is there to eat today?
ماذا تأكلون اليوم؟
Qu'est-ce qu'il y a à manger aujourd'hui?
امروز چه چیزی برای خوردن داریم؟
¿Qué hay para comer hoy?

Heute gibt es Salat.
Today there is salad.
اليوم يوجد عندنا سلطة.
Il y a de la salade aujourd'hui.
امروز سالاد داریم.
Hay ensalada hoy.

Möchtest du ein Eis essen?
Would you like to eat an ice cream?
هل تريد أن تأكل بوظة؟
Est-ce que tu voudrais une glace?
دوست داری یک بستنی بخوری؟
¿Quieres comer un helado?

Ja, ich nehme ein Eis.
Yes, I'll have an ice cream.
نعم ، سآكل بوظة.
Oui, je prends de la glace.
بله ، من یک بستنی می خورم.
Sí, quisiera un helado.

Welches Obst magst du?
What kind of fruit do you like?
أي نوع من الفاكهة تحب؟
Quel fruit est-ce que tu aimes?
چه میوه ای را دوست داری؟
¿Qué fruta te gusta?

Ich mag Pflaumen.
I like plums.
أحب الخوخ.
J'aime les prunes.
من آلو دوست دارم.
Me gustan las ciruelas.

Welches Gemüse isst du gerne?
What vegetables do you like to eat?
أي نوع من الخضار تحب؟
Quels légumes est-ce que tu aimes manger?
چه سبزیجاتی را دوست داری بخوری؟
¿Qué verduras te gusta comer?

Ich esse gerne Tomaten.
I like eating tomatoes.
أحب أن آكل الطماطم.
J'aime bien manger des tomates.
دوست دارم گوجه فرنگی بخورم.
Me gusta comer tomates.

Wo kaufen wir ein?
Where do we go shopping?
أين ستتسوق؟
Où est-ce que nous faisons les provisions?
کجا خرید می کنیم؟
¿Dónde hacemos compras?

Wir kaufen im Supermarkt ein.
We go shopping at the supermarket.
نتسوق في السوبر ماركت.
Nou faisons les provisions au supermarché.
در سوپر مارکت خرید می کنیم.
Hacemos compras en el supermercado.

Kann ich dir helfen?
Can I help you?
هل يمكنني أن أساعدك؟
Est-ce que je peux t'aider?
می توانم به تو کمک کنم؟
¿Puedo ayudarte?

Ja, bitte.
Yes, please.
نعم ، من فضلك.
Oui, s'il te plaît.
بله ، لطفاً!
Sí, por favor.

Ich möchte gerne einen grünen Tee.
I would like a green tea.
أريد شايا أخضر لو سمحت.
J'aimerais un thé vert.
من یک چای سبز ترجیح می دهم.
Quiero un té verde.

Hier bitte.
Here you are.
تفضل.
Tenez.
بفرمایید!
Aquí tiene.

Wie viel kostet der Tee?
How much does the tea cost?
بكم هذا الشاي؟
Combien coût le thé?
قیمت چای چقدر است؟
¿Cuánto cuesta el té?

Der Tee kostet einen Euro.
The tea costs one euro.
هذا الشاي بيورو واحد.
Le thé coûte un euro.
قیمت چای یک یورو است.
El té cuesta un euro.

Fahren wir mit der Straßenbahn?
Do we go by tram?
هل سنذهب بالمترو؟
Est-ce que nous prenons le tram?
با تراموا می رویم؟
¿Tomamos el tranvía?

Nein, wir fahren mit dem Bus.
No, we go by bus.
لا ، سنذهب بالباص.
Non, prenons le bus.
نه ، با اتوبوس می رویم.
No, tomamos el autobús.

Kaufen wir Brot?
Do we buy bread?
هل سنشتري خبزا؟
Est-ce que nous achetons du pain?
نان می خریم؟
¿Compramos pan?

Ja, wir kaufen Brot in der Bäckerei.
Yes, we buy bread at the bakery.
نعم ، سوف نشتري خبزا عند الخباز.
Oui, nous achetons du pain à la boulangerie.
بله ، نان را از نانوایی می خریم.
Sí, compramos pan en la panedería.

Entschuldigung! Wo ist die Bushaltestelle?
Excuse me! Where is the bus stop?
عفوا ، أين محطة الباص؟
Pardon! Où est l'arrêt de bus?
ببخشید! ایستگاه اتوبوس کجاست؟
¡Pérdon! ¿Dónde está la parada?

Geradeaus und dann rechts.
Straight on, then turn right.
تمشي إلى الأمام و بعد ذلك يمين.
Tout droit puis à droit.
مستقیم و بعد سمت راست.
Todo recto, y después, a la derecha.

Kann ich Ihnen helfen?
Can I help you?
هل يمكنني أن أساعد حضرتك؟
Est-ce que je peux vous aider?
می توانم کمکتان کنم؟
¿Puedo ayudarle?

Ja, ich möchte zwei Bananen und vier Äpfel.
Yes, I would like two bananas and four apples.
نعم ، أحتاج موزتين و أربع تفاحات.
Oui, j'aimerais deux bananes et quatre pommes.
بله ، من دو تا موز و چهار تا سیب می خواهم.
Sí, quisiera dos bananas y cuatro manzanas.

Was kostet das Obst?
How much is the fruit?
بكم الفاكهة؟
Combien fait le fruit?
این میوه چند است؟
¿Cuánto cuesta la fruta?

Das kostet vier Euro.
It's four euros.
بأربعة يورو.
Ça fait quatre euros.
این چهار یورو است.
Cuestan cuatro euros.

Was trägst du gerne?
What do you like to wear?
ماذا تحب أن تلبس؟
Qu'est-ce que tu aimes bien porter?
چه لباسی دوست داری بپوشی؟
¿Qué te gusta llevar?

Ich trage gerne Jeans.
I like to wear jeans.
أحب أن ألبس جينز.
J'aime bien porter un jean.
من دوست دارم (شلوار) جین بپوشم.
Me gusta llevar jeans.

Was trägst du im Winter?
What do you wear in winter?
ماذا تلبس في الشتاء؟
Qu'est-ce que tu portes en hiver?
در زمستان چه چیزی می پوشی؟
¿Qué llevas en el invierno?

Im Winter trage ich einen Pullover.
I wear a jumper in winter.
ألبس بلوفر في الشتاء.
Je porte un pull-over en hiver.
در زمستان یک پولیور می پوشم.
Yo llevo un jersey en el invierno.

Was hast du an?
What are you wearing?
ماذا ترتدي؟
Qu'est-ce que tu portes?
چه چیزی پوشیده ای؟
¿Qué llevas?

Ich habe einen Rock an.
I am wearing a skirt.
أرتدي تنورة.
Je porte une jupe.
من یک دامن پوشیده ام.
Yo llevo una falda.

Was ziehst du morgen an?
What are you going to wear tomorrow?
ماذا سترتدي غدا؟
Qu'est-ce que tu vas porter demain?
فردا چه می پوشی؟
¿Qué vas a llevar mañana?

Ich ziehe morgen ein blaues Kleid an.
I'm going to wear a blue dress tomorrow.
غدا سأرتدي فستانا أزرقا.
Je vais porter une robe bleue demain.
فردا یک پیراهن آبی می پوشم.
Yo voy a llevar un vestido azul mañana.

Wo ist meine Kappe?
Where is my cap?
أين طاقيتي؟
Où est ma casquette?
کلاهم کجاست؟
¿Dónde está mi gorra?

Deine Kappe liegt dort.
Your cap is there.
طاقيتك هناك.
Ta casquette est là.
کلاهت آنجاست.
Tu gorra está allí.

Ich ziehe die neue Jacke an.
I'm putting on the new jacket.
البس الجاكت الجديد.
Je mets ma veste.
من کت جدید را می پوشم.
Me pongo una chaqueta.

Ist die Jacke schön?
Is this jacket pretty?
هل الجاكت جميل؟
Est-ce que cette veste est jolie?
آیا آن کت قشنگ است؟
¿Es esta chaqueta bonita?

Was packst du ein?
What do you pack?
ماذا تغلف؟
Qu'est-ce que tu fais dans ta valise?
چه چیزی با خودت می آوری؟
¿Qué pones en su maleta?

Ich packe ein T-Shirt ein.
I pack a t-shirt.
أغلف قميصا.
Je mets un tee-shirt dans ma valise.
یک تی شرت می آورم.
Yo pongo una camiseta en mi maleta.

Was gefällt dir?
What do you like?
ماذا يعجبك؟
Qu'est-ce que te plaît?
از چه چیزی خوشت می آید؟
¿Qué te gusta?

Mir gefällt die gelbe Bluse.
I like the yellow blouse.
تعجبني البلوزة الصفرة.
Le chemisier jaune me plaît.
من از آن بلوز زرد خوشم می آید.
Me gusta la blusa amarilla.

Hast du rote Schuhe an?
Are you wearing red shoes?
هل ترتدي أحذية حمراء؟
Est-ce que tu portes des chaussures rouges?
کفش قرمز پایت است؟
¿Llevas zapatos rojos?

Nein, ich habe lila Schuhe an.
No, I'm wearing purple shoes.
لا ، أرتدي أحذية لونها بنفسجي.
Non, je porte des chaussures violettes.
نه ، کفش بنفش پایم است.
No, yo llevo zapatos morados.

Nimmst du deinen Rucksack mit?
Are you taking a backpack?
هل ستأخذ الحقيبة معك؟
Est-ce que tu vas apporter ton sac à dos?
کوله پشتی ات را همراهت می بری؟
¿Vas a llevar tu mochila?

Ja, ich nehme meinen Rucksack mit.
Yes, I'm taking my backpack.
نعم ، سآخذ حقيبتي معي.
Oui, je vais apporter mon sac à dos.
بله ، کوله پشتی ام را همراهم می برم.
Sí, yo voy a llevar mi mochila.

Wie geht es dir?
How are you?
كيف حالك؟
Comment vas-tu?
حالت چطور است؟
¿Cómo estás?

Danke, mir geht es gut.
I'm fine, thanks.
انا بخير ، شكرا.
Je vais bien, merci.
ممنون ، خوبم.
Estoy bien, gracias.

Hast du Kopfschmerzen?
Do you have a headache?
هل عندك صداع؟
Est-ce que tu as mal à tête?
سردرد داری؟
¿Te duele la cabeza?

Nein, ich habe Zahnschmerzen.
No, I have a toothache.
لا عندي ألم الأسنان.
Non, j'ai mal aux dents.
نه ، دندان درد دارم.
No, me duelen los dientes.

Wo ist deine Nase?
Where is your nose?
أين أنفك؟
Où est ton nez?
بینی ات کجاست؟
¿Dónde está tu nariz?

Meine Nase ist im Gesicht.
My nose is on my face.
أنفي في وجهي.
Mon nez est sur mon visage.
بینی ام در صورتم است.
Mi nariz está en mi cara.

Hast du nur ein Ohr?
Do you only have one ear?
عندك أذن واحدة فقط؟
Est-ce que tu n'en as qu'une oreille?
آیا فقط یک گوش داری؟
¿Tienes solo una oreja?

Nein, ich habe zwei Ohren.
No, I have two ears.
لا ، أنا عندي أذنين.
Non, j'ai deux oreilles.
نه ، دو گوش دارم.
No, tengo dos orejas.

Bist du krank?
Are you ill?
هل أنت مريض؟
Est-ce que tu es malade?
مریضی؟
¿Estás enfermo?

Ja, ich habe Schmerzen.
Yes, I'm in pain.
نعم ، أنا عندي ألم.
Oui, j'ai mal.
بله ، درد دارم.
Sí, me duele.

Brauchst du Tabletten?
Do you need tablets?
هل تحتاج إلى أقراص؟
Est-ce que tu as besoin de comprimés?
قرص احتیاج داری؟
¿Necesitas pastillas?

Ja, ich gehe zum Arzt.
Yes, I'm going to the doctors.
نعم ، سأذهب إلى الطبيب.
Oui, je vais aller chez le médecin.
بله ، به دکتر می روم.
Sí, yo voy a ir al médico.

Wo ist die Schulter?
Where is the shoulder?
أين كتفك؟
Où est l'épaule?
شانه کجاست؟
¿Dónde está el hombro?

Hier ist die Schulter.
Here is the shoulder.
الكتف هنا.
Voici l'épaule.
شانه اینجا است.
Aquí está el hombro.

Das ist mein Fuß.
This is my foot.
هذا قدمي.
Voici mon pied.
این پای من است.
Este es mi pie.

Mit den Füßen kann ich laufen.
I can walk with my feet.
يمكنني أن اركض بالاقدام.
Je peux aller avec mes pieds.
با پاهایم می توانم بدوم.
Yo puedo caminar con mis pies.

Was ist das?
What is this?
ما هذا؟
Qu'est-ce que c'est?
این چیست؟
¿Qué es?

Das ist ein Elefant.
This is an elephant.
هذا فيل.
C'est un éléphant.
این یک فیل است.
Es un elefante.

Wo ist der Elefant?
Where is the elephant?
أين الفيل؟
Où est l'éléphant?
فیل کجاست؟
¿Dónde está el elefante?

Der Elefant ist neben dem Affen.
The elephant is next to the monkey.
الفيل بجانب القرد.
L'éléphant est à côté du singe.
فیل کنار میمون است.
El elefante está al lado del mono.

Wo ist das Pferd?
Where is the horse?
أين الحصان.
Où est le cheval?
اسب کجاست؟
¿Dónde está el caballo?

Das Pferd ist auf der Wiese.
The horse is in the meadow.
الحصان على المرج.
Le cheval est dans la prairie.
اسب در چمنزار است.
El caballo está en el prado.

Welches Tier schwimmt im Wasser?
What animal is swimming in the water?
أي حيوان يسبح في الماء؟
Quel animal nage dans l'eau?
چه حیوانی در آب شنا می کند؟
¿Qué animal está nadando en el agua?

Der Delfin schwimmt im Wasser.
The dolphin is swimming in the water.
الدلفين يسبح في الماء.
Le dauphin nage dans l'eau.
دلفین در آب شنا می کند.
El delfín está nadando en el agua.

Wer hat einen langen Hals?
Who has a long neck?
من عنده رقبة طويلة؟
Qui a un long cou?
چه کسی گردن دراز دارد؟
¿Quién tiene un cuello largo?

Die Giraffe hat einen langen Hals.
The giraffe has a long neck.
الزرافة عندها رقبة طويلة.
La girafe a un long cou.
زرّافه گردنِ دراز دارد.
La jirafa tiene un cuello largo.

Was ist das für ein Tier?
What kind of animal is that?
ما هو نوع هذا الحيوان؟
Quel animal est-ce que c'est ça?
این چه حیوانی است؟
¿Qué animal es eso?

Das ist eine Kuh.
That is a cow.
هذه بقرة.
C'est une vache.
این یک گاو است.
Es una vaca.

Was macht die Katze?
What is the cat doing?
ماذا تفعل القطة؟
Qu'est-ce que le chat fait?
گربه چه کار می کند؟
¿Qué hace el gato?

Die Katze sitzt im Gras.
The cat is sitting in the grass.
تجلس القطة في النجيل.
Le chat est assis dans l'herbe.
گربه در چمن نشسته است.
El gato está sentado en la hierba.

Was tut der Hase?
What is the hare doing?
ماذا يفعل الأرنب؟
Que fait le lièvre?
خرگوش چه کار می کند؟
¿Qué hace la liebre?

Der Hase frisst ein Blatt Salat.
The hare is eating a leaf of lettuce.
يأكل الأرنب ورقة خس.
Le lièvre mange une feuille de salade.
خرگوش یک برگ کاهو می خورد.
La liebre come una hoja de lechuga.

Wo läuft der Hund?
Where is the dog running?
إلى أين يجري الكلب؟
Où est-ce que le chien court?
سگ کجا می دود؟
¿Dónde está corriendo el perro?

Der Hund läuft auf dem Weg.
The dog is running on the path.
يجري الكلب في الطريق.
Le chien court sur le chemin.
سگ در جاده می دود.
El perro está corriendo en el camino.

1 Meine Familie

A

aber

abstauben,
er staubt ab

alt,
älter

aufhängen,
sie hängt Wäsche auf

aufräumen,
sie räumt auf

B

das **Baby**,
die Babys

bin → sein

bist → sein

bitte

der **Bruder**,
die Brüder

der **Bub**,
die Buben

bügeln,
er bügelt

C

der **Cousin**,
die Cousins

C

die **Cousine**,
die Cousinen

D

danke

danken,
sie dankt

das

dein,
deine

dem

den

der

dich

die

du

E

die **Eltern**

F

die **Familie**,
die Familien

G

geben,
er gibt

gern

G

die **Geschwister**

gießen,
er gießt Blumen

groß,
größer

H

haben,
ich habe, er hat

helfen,
er hilft

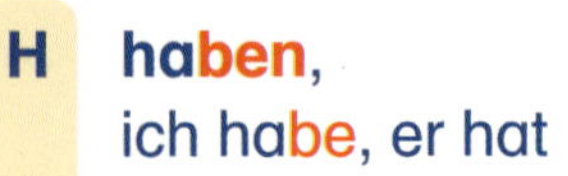

holen,
ich hole, er holt

I

ich

ist → sein

J

jung,
jünger

K

kehren,
sie kehrt

kein,
keine

klein,
kleiner

können,
er kann

L

lachen,
sie lacht

lieb

lieben,
er liebt

M

die **Mama**,
die Mamas

mein,
meine

die **Mutter**,
die Mütter

N

O

oder

die **Oma**,
die Omas

der **Onkel**,
die Onkel

der **Opa**,
die Opas

P

der **Papa**,
die Papas

Q

R

S **die Schwester**,
die Schwestern

der Sohn,
die Söhne

spülen,
er spült

staubsaugen,
sie staubsaugt

T **die Tante**,
die Tanten

die Tochter,
die Töchter

U **und**

V **der Vater**,
die Väter

W

X

Y

Z **zu Hause**

1 Meine Familie

Hier findest du die Wörter zum Kapitel **Meine Familie** in 5 weiteren Sprachen.

Deutsch
Englisch
Arabisch
Französisch
Farsi
Spanisch

A

aber
but
لكن
mais
امّا
pero

abstauben
to dust
نفّض التراب
épousseter
گردگیری کردن
quitar el polvo

alt
old
قديم
vieux
پير
viejo

aufhängen
to hang up
علّق
accrocher
آويختن / آويزان كردن
colgar

aufräumen
to tidy
رتب
ranger
جمع و جور کردن
ordenar

B

Baby
Baby
رضيع
bébé
کودک
bebé

bin → sein
am
كان
suis
هستم ← بودن
soy

bist → sein
are
تكون
es
هستی ← بودن
eres

bitte
please
رجاء
s'il vous/te plaît
لطفاً
por favor

Bruder
brother
أخ
frère
برادر
hermano

Bub
boy
فتى
garçon
پسر بچه
chico

bügeln
to iron
كوى
repasser
اتو کردن
planchar

C

Cousin
cousin
إبن العم
cousin
پسرعمو
primo

Cousine
cousin
ابنة العم
cousine
دخترخاله
prima

D

danke
thank you
شكرا
merci
سپاسگزارم
gracias

D

danken
to thank
شكر
remercier
سپاسگزاری کردن
dar las gracias a

das
the
ال
le
حرف تعریف معین /
جنس خنثی /
ضمیر اشاره
el

dein
your
لك
ton
مال تو
tu

dem
the
-
le
حرف تعریف معین/
حالت مفعول بواسطه
مفرد مذکر و خنثی
el

den
the
-
le
آن را / این را /
حالت مفعول بی واسطه
el

der
the
ال
le
حرف تعریف معین /
جنس مذکر
el

D

dich
you
-
te
تو را
te

die
the
ال
la
حرف تعریف معین /
جنس مؤنث و جمع
la

du
you
أنت
tu
تو
tú

E

Eltern
parents
والدان
parents
پدر و مادر
padres

F

Familie
family
عائلة
famille
خانواده
familia

G

geben
to give
أعطى
donner
دادن
dar

gern
gladly
بكل سرور
avec plaisir
با میل و رضایت
con mucho gusto

G

Geschwister
siblings
إخوة
frères et sœurs
خواهر و برادر
hermanos

gießen
to pour
سقى
verser
آب دادن
verter

groß
big
كبير
grand
بزرگ
grande

H

haben
to have
مَلَك
avoir
داشتن
tener

helfen
to help
ساعد
aider
کمک کردن
ayudar

holen
to fetch
جلب
aller chercher
رفتن و آوردن/ گرفتن
traer

I

ich
I
أنا
je
من
yo

1 Meine Familie

I

ist → sein
is
كان
est
است ← بودن
es

J

jung
young
يافع
jeune
جوان
joven

K

kehren
to sweep
كنس
balayer
جارو زدن
barrer

kein
no
لا
aucun
هیچ
ningún

klein
small
صغير
petit
کوچک
pequeño

können
to be able to
استطاع
pouvoir
توانستن
poder

L

lachen
to laugh
ضحك
rire
خندیدن
reírse

lieb
dear
محبوب
cher
مهربان
querido

lieben
to love
حب
aimer
دوست داشتن
amar

M

Mama
Mom
ماما
maman
ماما/ مادر
mamá

mein
my
لي
mon
مال من
mi

Mutter
mother
أم
mère
مادر
madre

N

O

oder
or
أو
ou
یا
o

Oma
grandma
جدة
mamie
مادر بزرگ
abuela

Onkel
uncle
عم
oncle
عمو / دایی
tío

Opa
grandpa
جد
papy
پدر بزرگ
abuelo

P

Papa
Dad
بابا
papa
بابا / پدر
papá

Q

R

S

Schwester
sister
أخت
sœur
خواهر
hermana

Sohn
son
إبن
fils
فرزند پسر
hijo

S

spülen
to rinse
جلی
faire la vaisselle
شستن ظرف
fregar

staubsaugen
to vacuum
كنس
passer l'aspirateur
جارو برقی کشیدن
pasar la aspiradora

T

Tante
aunt
عمة
tante
خاله/ عمه
tía

Tochter
daughter
إبنة
fille
فرزند دختر
hija

U

und
and
و
et
و (حرف ربط)
y

V

Vater
father
أب
père
پدر
padre

W

X

Y

Z

zu Hause
at home
في البيت
chez soi
خانه/ در خانه
en casa

2 In der Schule

der Hausmeister	**das** Bild	**der** Lehrer	**die** Tafel
caretaker	picture	teacher (m.)	blackboard
بواب	صورة	معلم	لوح
concierge	image	professeur (m.)	tableau
سرایدار	عکس / نقاشی	معلم (مرد)	تخته سیاه
concerje	imagen	profesor	pizarra

der Bleistift	**das** Heft	**der** Tisch	**der** Schüler	**der** Stuhl
pencil	notebook	table	student (m.)	chair
قلم رصاص	دفتر	طاولة	تلميذ	كرسي
crayon	cahier	table	élève (m.)	chaise
مداد	دفتر / دفترچه / کتابچه	میز	دانش آموز / شاگرد (مرد)	صندلی
lápiz	cuaderno	mesa	alumno	silla

A

also

anschauen,
er schaut an

arbeiten,
er arbeitet

auf

die **Aufgabe**,
die Aufgaben

B

basteln,
er bastelt

das **Bild**,
die Bilder

bitte

bitten,
sie bittet

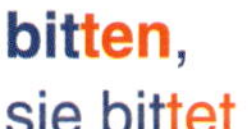

der **Bleistift**,
die Bleistifte

das **Buch**,
die Bücher

das **Bücherregal**,
die Bücherregale

der **Buntstift**,
die Buntstifte

C

der **Computer**,
die Computer

D

da

danken,
sie dankt

denken,
er denkt

doch

dürfen,
er darf

E

ein,
eine

F

das **Fenster**,
die Fenster

flach

das **Frühstück**

füllen,
er füllt

der **Füller**,
die Füller

G

H

hallo!

2 In der Schule

H

der **Hausmeister**,
die Hausmeister

das **Heft**,
die Hefte

hinter

hoch,
höher

I

im

in

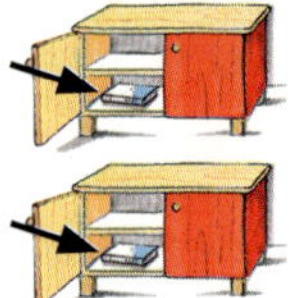

J

K

die **Kiste**,
die Kisten

die **Klasse**,
die Klassen

das **Klassenzimmer**,
die Klassenzimmer

kleben,
er klebt

der **Klebstoff**

die **Kreide**

L

legen,
er legt

L

der **Lehrer**,
die Lehrer

die **Lehrerin**,
die Lehrerinnen

das **Lehrerzimmer**

lernen,
sie lernt

lesen,
sie liest

das **Lexikon**

das **Lineal**,
die Lineale

M

malen,
sie malt

das **Mäppchen**,
die Mäppchen

N

neben

niedrig

O

der **Ordner**

P

das **Papier**

der **Partner**,
die Partner

P

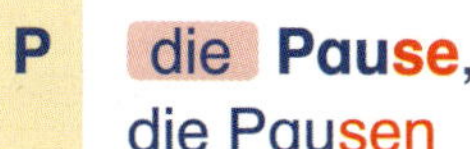

die **Pause**,
die Pausen

das **Pausenbrot**,
die Pausenbrote

der **Pinsel**,
die Pinsel

Q

der **Quatsch**

R

der **Radiergummi**,
die Radiergummis

reden,
er redet

der **Rektor**

das **Rektorat**

die **Rektorin**

rufen,
sie ruft

S

der **Satz**,
die Sätze

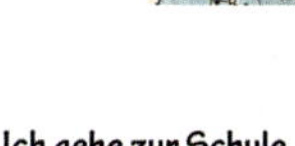

schauen,
er schaut

die **Schere**,
die Scheren

S

schneiden,
er schneidet

der **Schrank**,
die Schränke

schreiben,
er schreibt

die **Schrift**,
die Schriften

die **Schule**,
die Schulen

der **Schüler**,
die Schüler

die **Schülerin**,
die Schülerinnen

der **Schulhof**

der **Schulranzen**,
die Schulranzen

die **Schulsachen**

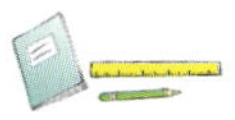

die **Schultasche**,
die Schultaschen

der **Schwamm**,
die Schwämme

das **Sekretariat**

2 In der Schule

S

die Sekretärin,
die Sekretärinnen

singen,
sie singt

spitz

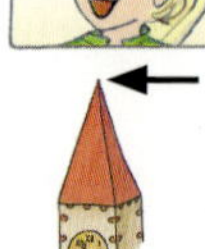

der Spitzer,
die Spitzer

die Sporthalle,
die Sporthallen

die **Sportsachen**

der Stift,
die Stifte

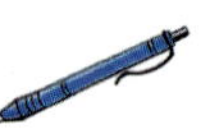

still

der Stuhl,
die Stühle

T

die Tafel,
die Tafeln

die Tasche,
die Taschen

tief

der Tisch,
die Tische

T

die Toilette,
die Toiletten

toll

die Treppe,
die Treppen

tschüs!

die Tür,
die Türen

turnen,
sie turnt

die Turnhalle,
die Turnhallen

U

V

vor

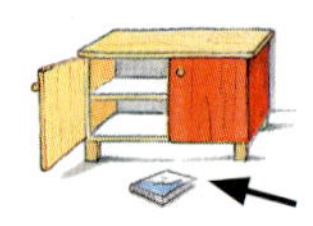

W

das Waschbecken,
die Waschbecken

die **Wasserfarben**

wer

wo

das Wort,
die Wörter

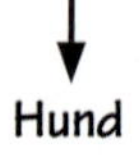

Z

der **Zeichenblock**,
die Zeichenblöcke

zeichnen,
sie zeichnet

zuhören,
sie hört zu

zwischen

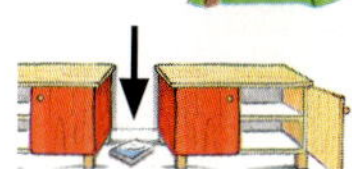

2 In der Schule

Hier findest du die Wörter zum Kapitel **In der Schule** in 5 weiteren Sprachen.

Deutsch
Englisch
Arabisch
Französisch
Farsi
Spanisch

A

also
well
يعني
alors
بنابراين
pues

anschauen
to look at
نظر
regarder
تماشا كردن / نگاه كردن
mirar

arbeiten
to work
عمل
travailler
كار كردن
trabajar

auf
on
على
sur
روىِ
en

Aufgabe
task
وظيفة
devoir
وظيفه / تكليف
tarea

B

basteln
to do handicrafts
مارس هواية
bricoler
كار دستى كردن
hacer trabajos manuales

Bild
picture
صورة
image
عكس / نقاشى
imagen

bitte
please
رجاءً
s'il vous/te plaît
لطفاً
por favor

bitten
to ask
رجاء
prier
خواهش كردن
pedir

Bleistift
pencil
قلم رصاص
crayon
مداد
lápiz

Buch
book
كتاب
livre
كتاب
libro

Bücherregal
bookshelf
رف كتب
étagère
قفسهٔ كتاب
estantería

Buntstift
coloured pencil
قلم تلوين
crayon de couleur
مداد رنگى
lápiz de color

C

Computer
Computer
حاسوب
ordinateur
كامپيوتر
ordenador

D

da
there
هناك
là
آنجا / اينجا / چونكه
allí

D

danken
to thank
شكر
remercier
سپاسگزاری کردن
dar las gracias a

denken
to think
فكر
penser
فکر کردن
pensar

doch
yet
بل
pourtant
بله / چرا
sin embargo

dürfen
to be allowed to
سمح
pouvoir
اجازه داشتن / مجاز بودن
poder

E

ein
a
-
un
یک/ یکی
(حرف تعریف نامعین)
un

F

Fenster
window
نافذة
fenêtre
پنجره
ventana

flach
flat
مستو
plat
مسطح / کم عمق
plano

Frühstück
breakfast
فطور
petit déjuner
صبحانه
desayuno

füllen
to fill
عبّأ / ملأ
remplir
پر کردن
llenar

Füller
fountain pen
قلم حبر سائل
plume
خودنويس
pluma

G

H

hallo!
hello
مرحبا
salut
سلام
hola

Hausmeister
caretaker
بواب
concierge
سرايدار
concerje

Heft
notebook
دفتر
cahier
دفتر / دفترچه / کتابچه
cuaderno

hinter
behind
خلف
derrière
پشت
detrás

hoch
high
مرتفع
haut
بلند / زیاد
alto

I

im
in the
في داخل
dans le
در
en el

in
in
في
dans
در / توی
en

J

K

Kiste
box
صندوق
caisse
جعبه / صندوق
caja

Klasse
class
صف
classe
کلاس
clase

2 In der Schule

K

Klassenzimmer
classroom
غرفة الصف
salle de classe
اتاق درس
aula

kleben
to stick
لصق
coller
چسباندن
pegar

Klebstoff
glue
مادة لاصقة
colle
مادهٔ چسبی (مایع)
pegamento

Kreide
chalk
طبشور
craie
گچ
tiza

L

legen
to put
وضع
mettre
قرار دادن / نهادن
poner

Lehrer
teacher (m.)
معلم
professeur (m.)
معلم (مرد)
profesor

Lehrerin
teacher (f.)
معلمة
professeur (f.)
معلم (زن)
profesora

Lehrerzimmer
teacher's room
غرفة المعلمين
salle des professeurs
اتاق معلمان
sala de profesores

lernen
to learn
تعلم
apprendre
آموختن
aprender

lesen
to read
قرأ
lire
خواندن
leer

Lexikon
encyclopaedia
معجم
encyclopédie
فرهنگ / واژه نامه
enciclopedia

Lineal
ruler
مسطرة
règle
خط کش
regla

M

malen
to paint
لون
peindre
نقاشی کردن
pintar

Mäppchen
pencil case
مقلمة
trousse
جامدادی
estuche

N

neben
next to
جانب
à côté de
پهلوی / کنار
al lado de

niedrig
low
منخفض
bas
کوتاه / کم
bajo

O

Ordner
folder
ملف
classeur
پوشه / زونکن
carpeta

P

Papier
paper
ورقة
papier
کاغذ
papel

Partner
partner
شريك
partenaire
شریک / همسر
compañero

Pause
break
إستراحة
récréation
زنگ تفریح
recreo

Pausenbrot
snack
سندويتش الفسحة
en-cas
نان یا ساندویچی که در
زنگ تفریح خورده می شود
bocadillo del recreo

P

Pinsel
paintbrush
فرشاة تلوين
pinceau
قلم مو
pincel

Q

Quatsch
nonsense
كلام فارغ
bêtise
مهمل گویی / لوس بازی
tonterías

R

Radiergummi
rubber
ممحاة
gomme
پاک کن
goma

reden
to talk
تكلم
parler
حرف زدن /
صحبت کردن
hablar

Rektor
headmaster
مدير
directeur
مدیر مدرسه (مرد)
director

Rektorat
headmaster's office
إدارة
bureau du directeur
دفتر مدیر مدرسه /
دفتر رئیس دانشگاه /
مدیریت
despacho del
director

Rektorin
headmistress
مديرة
directrice
مدیر مدرسه (زن)
directora

rufen
to call
نادى
appeler
صدا کردن
llamar

S

Satz
sentence
جملة
phrase
جمله
frase

schauen
to look at
شاهد
regarder
مشاهده کردن /
تماشا کردن
mirar

Schere
scissors
مقص
ciseaux
قیچی
tijeras

schneiden
to cut
قطع
couper
بریدن
cortar

Schrank
cupboard
خزانة
armoire
قفسه / گنجه
armario

schreiben
to write
كتب
écrire
نوشتن
escribir

Schrift
writing
خط
écriture
خط / دستخط
escritura

Schule
school
مدرسة
école
مدرسه
escuela

Schüler
student (m.)
تلميذ
élève (m.)
دانش آموز / شاگرد (مرد)
alumno

Schülerin
student (f.)
تلميذة
élève (f.)
دانش آموز / شاگرد (زن)
alumna

Schulhof
schoolyard
ساحة المدرسة
cour de récréation
حیاط مدرسه
patio de recreo

Schulranzen
backpack
حقيبة مدرسية
sac à dos
کیف مدرسه
mochila

S

Schulsachen
school supplies
مستلزمات مدرسية
fournitures scolaires
وسایل مدرسه
útiles escolares

Schultasche
schoolbag
حقيبة مدرسية
cartable d'écolier
کیف مدرسه
mochila

Schwamm
sponge
إسفنج
éponge
تخته پاک کن
esponja

Sekretariat
secretary's office
سكرتارية
secrétariat
دبیرخانه / دفتر
secretaría

Sekretärin
secretary
سكرتيرة
secrétaire
منشی (زن)
secretaria

singen
to sing
غنى
chanter
آواز خواندن
cantar

spitz
sharp
حاد
taillé
نوک تیز
afilado

Spitzer
pencil sharpener
مبراة
taille-crayon
مداد تراش
sacapuntas

Sporthalle
gymnasium
صالة رياضة
gymnase
سالن ورزش
gimnasio

Sportsachen
PE kit
مستلزمات الرياضة
équipement sportif
وسایل ورزش
equipo

Stift
pen
قلم
stylo
قلم
bolígrafo

still
quiet
هادئ
tranquille
آرام / بی صدا
tranquilo

Stuhl
chair
كرسي
chaise
صندلی
silla

T

Tafel
blackboard
لوح
tableau
تخته سیاه
pizarra

Tasche
bag
حقيبة
sac
کیف
bolsa

tief
deep
عميق
profond
عمیق
profundo

Tisch
table
طاولة
table
میز
mesa

Toilette
toilet
مرحاض حمام
toilettes
توالت
servicios

toll
great
رائع
super
عالی / بسیار خوب
estupendo

Treppe
staircase
درج
escalier
پلّه
escalera

tschüs!
bye
إلى اللقاء
ciao
خداحافظ
adiós

T

Tür
door
باب
porte
در
puerta

turnen
to do gymnastics
مارس الجمباز
faire de la gymnastique
ورزش کردن
hacer gimnasia

Turnhalle
gymnasium
صالة الجمباز
gymnase
سالن ورزش
gimnasio

U

V

vor
in front of
أمام
devant
جلوی / مقابل
delante de

W

Waschbecken
sink
مجلى
lavabo
دستشویی
lavabo

Wasserfarben
watercolours
ألوان مائية
aquarelle
آب رنگ ها
acuarela

wer
who
مَن
qui
کی / چه کسی
quien

wo
where
أين
où
کجا
dondé

Wort
word
كلمة
mot
واژه / لغت
palabra

X

Y

Z

Zeichenblock
sketchbook
دفتر الرسم
carnet à dessins
دفتر نقاشی
cuaderno de dibujo

zeichnen
to draw
رسم
dessiner
نقاشی کردن
dibujar

zuhören
to listen
استمع إلى
écouter
گوش دادن/ گوش کردن
escuchar

zwischen
between
بين
entre
بین / میان
entre

3 Zahlen und Rechnen

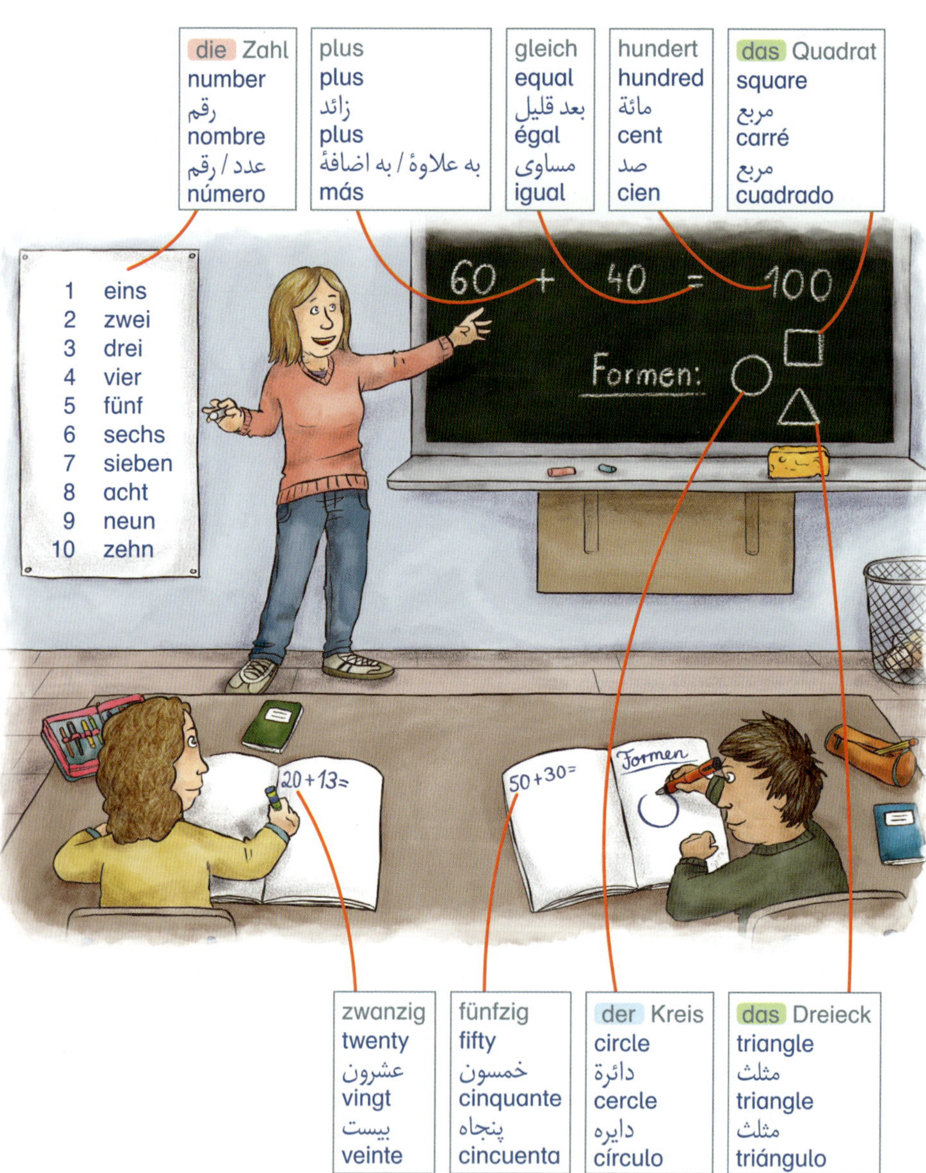

A

acht	8
achtzehn	18
achtzig	80
addieren, er addiert	2 + 2

B

C

D

dividieren, sie dividiert	4 : 2
drei	3
das **Dreieck**, die Dreiecke	
dreißig	30
dreizehn	13

E

eins	1
elf	11

F

die **Form**, die Formen	
fünf	5
fünfzehn	15
fünfzig	50

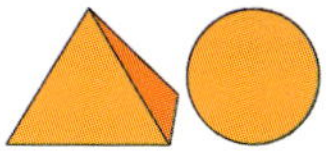

G

gleich	=

H

die **Hälfte**	
hundert	100

I

J

K

der **Kreis**, die Kreise	

L

M

malnehmen, er nimmt mal	2 · 2
minus	–
multiplizieren, sie multipliziert	2 · 2

N

neun	9
neunzehn	19
neunzig	90
die **Nummer**, die Nummern	 1 6 12

O

3 Zahlen und Rechnen

P

plus +

Q

das **Quadrat**, die Quadrate

R

rechnen, er rechnet

das **Rechteck**, die Rechtecke

S

sechs 6

sechzehn 16

sechzig 60

sieben 7

siebzehn 17

siebzig 70

subtrahieren, er subtrahiert 2 – 1

die **Summe**, die Summen 2 + 2 = 4

T

teilen, er teilt 4 : 2

U

V

vier 4

das **Viereck**, die Vierecke

vierzehn 14

vierzig 40

W

X

Y

Z

die **Zahl**, die Zahlen 1 6 12

zählen, sie zählt

zehn 10

zwanzig 20

zwei 2

zwölf 12

Hier findest du die Wörter zum Kapitel **Zahlen und Rechnen** in 5 weiteren Sprachen.

Deutsch
Englisch
Arabisch
Französisch
Farsi
Spanisch

A

acht
eight
ثمانية
huit
هشت
ocho

achtzehn
eighteen
ثمانية عشر
dis-huit
هجده
dieciocho

achtzig
eighty
ثمانون
quatre-vingt
هشتاد
ochenta

addieren
to add
جمع
additioner
اضافه کردن
sumar

B

C

D

dividieren
to divide
قسم
diviser
تقسیم کردن /
بخش کردن
dividir

drei
three
ثلاثة
trois
سه
tres

Dreieck
triangle
مثلث
triangle
مثلث
triángulo

dreißig
thirty
ثلاثون
trente
سی
treinta

dreizehn
thirteen
ثلاثة عشر
treize
سیزده
trece

E

eins
one
واحد
un
یک
uno

elf
eleven
أحد عشر
onze
یازده
once

F

Form
shape
شكل
forme
شکل
forma

fünf
five
خمسة
cinq
پنج
cinco

fünfzehn
fifteen
خمسة عشر
quinze
پانزده
quince

F

fünfzig
fifty
خمسون
cinquante
پنجاه
cincuenta

G

gleich
equal
بعد قليل
égal
مساوی
igual

H

Hälfte
half
نصف
moitié
نصف / نیمه
medio

hundert
hundred
مائة
cent
صد
cien

I

J

K

Kreis
circle
دائرة
cercle
دایره
círculo

L

M

malnehmen
to multiply
ضرب (عدداً في آخر)
multiplier
ضرب کردن در
multiplicar

minus
minus
ناقص
moins
منهای / از
menos

multiplizieren
to multiply
ضاعف
multiplier
ضرب کردن در
multiplicar

N

neun
nine
تسعة
neuf
نُه
nueve

neunzehn
nineteen
تسعة عشر
dix-neuf
نوزده
diecineuve

neunzig
ninty
تسعون
quatre-vingt-dix
نود
noventa

Nummer
number
عدد
numéro
شماره
número

O

P

plus
plus
زائد
plus
به علاوهٔ / به اضافهٔ
más

Q

Quadrat
square
مربع
carré
مربع
cuadrado

R

rechnen
to calculate
حسب
calculer
حساب کردن /
محاسبه کردن
calcular

Rechteck
rectangle
مستطيل
rectangle
مستطیل
rectángulo

S

sechs
six
ستة
six
شش
seis

sechzehn
sixteen
ستة عشر
seize
شانزده
dieciséis

S

sechzig
sixty
ستون
soixante
شصت
sesenta

sieben
seven
سبعة
sept
هفت
siete

siebzehn
seventeen
سبعة عشر
dix-sept
هفده
diecisiete

siebzig
seventy
سبعون
soixante-dix
هفتاد
setenta

subtrahieren
to subtract
طرح
soustraire
تفريق / منها /
کسر کردن از
restar

Summe
sum
مجموع
somme
حاصل جمع / جمع کل
suma

T

teilen
to divide
قسّم
diviser
بخش کردن /
تقسیم کردن
dividir

U

V

vier
four
أربعة
quatre
چهار
cuatro

Viereck
quadrilateral
رباعي الأضلاع
quadrilatère
چهارگوش
cuadrilátero

vierzehn
fourteen
أربعة عشر
quatorze
چهارده
catorce

vierzig
forty
أربعون
quarante
چهل
cuarenta

W

X

Y

Z

Zahl
number
رقم
nombre
عدد / رقم
número

zählen
to count
عدّ
compter
شمردن / حساب کردن
contar

zehn
ten
عشرة
dix
ده
diez

zwanzig
twenty
عشرون
vingt
بیست
veinte

zwei
two
إثنان
deux
دو
dos

zwölf
twelve
إثنا عشر
douze
دوازده
doce

4 Farben

grün
green
أخضر
vert
سبز
verde
weiß
white
أبيض
blanc
سفید
blanco
rot
red
أحمر
rouge
قرمز
rojo
FRISCH GESTRICHEN
schwarz
black
أسود
noir
سیاه / مشکی
negro
bunt
colourful
ملوّن
coloré
رنگارنگ / رنگی
colorido
die Farbe
colour
لون
couleur
رنگ
color
gelb
yellow
أصفر
jaune
زرد
amarillo
blau
blue
أزرق
bleu
آبی
azul

A

B blau

braun 

bunt 

C

D dunkelblau 

dunkelbraun 

dunkelgrün

dunkelrot 

E

F die Farbe, die Farben 

G gelb 

grau

grün 

H hellblau 

hellbraun 

hellgrün

H hellrot 

I

J

K

L lila 

M

N

O orange 

P pink 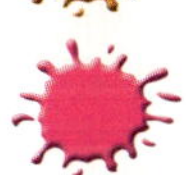

Q

R rosa 

rot 

S schwarz 

T türkis 

U

V

W weiß 

X Y Z

4 Farben

Hier findest du die Wörter zum Kapitel **Farben** in 5 weiteren Sprachen.

Deutsch
Englisch
Arabisch
Französisch
Farsi
Spanisch

A

B

blau
blue
أزرق
bleu
آبی
azul

braun
brown
بني
marron
قهوه ای
marrón

bunt
colourful
ملوّن
coloré
رنگارنگ / رنگی
colorido

C

D

dunkelblau
dark blue
أزرق غامق
bleu foncé
آبی پررنگ
azul oscuro

dunkelbraun
dark brown
بني غامق
brun foncé
قهوه ای پررنگ
marrón oscuro

dunkelgrün
dark green
أخضر غامق
vert foncé
سبز پررنگ
verde oscuro

dunkelrot
dark red
أحمر غامق
rouge foncé
قرمز پررنگ
rojo oscuro

E

F

Farbe
colour
لون
couleur
رنگ
color

G

gelb
yellow
أصفر
jaune
زرد
amarillo

grau
grey
رمادي
gris
خاکستری
gris

grün
green
أخضر
vert
سبز
verde

H

hellblau
light blue
أزرق فاتح
bleu clair
آبی روشن
azul claro

hellbraun
light brown
بني فاتح
marron clair
قهوه ای روشن
marrón claro

hellgrün
light green
أخضر فاتح
vert clair
سبز روشن
verde claro

H

hellrot
light red
أحمر فاتح
rouge clair
قرمز روشن
rojo claro

I

J

K

L

lila
pruple
بنفسجي
violet
بنفش
morado

M

N

O

orange
orange
برتقالي
orange
نارنجی
naranja

P

pink
bright pink
زهري
rose vif
صورتی تند
rosa vivo

Q

R

rosa
pink
وردي
rose
صورتی / گلی
rosa

rot
red
أحمر
rouge
قرمز
rojo

S

schwarz
black
أسود
noir
سیاه / مشکی
negro

T

türkis
turquoise
تركواز
turquoise
فیروزه ای
turquesa

U

V

W

weiß
white
أبيض
blanc
سفید
blanco

X

Y

Z

5 Freunde aus allen Ländern

A

Afrika

alle

alles

Amerika

Asien

aus

Australien

B

C

D

deutsch,
Deutsch sprechen

Deutschland

E

er

es

Europa

F

die **Frau**,
die Frauen

fremd,
fremde

der **Fremde**,
die Fremden

der **Freund**,
die Freunde

die **Freundin**,
die Freundinnen

G

H

heißen,
sie heißt

helfen,
ich helfe,
er hilft

herkommen

die **Hilfe**,
die Hilfen

I

ihr,
ihre

J

der **Junge**,
die Jungen

K

kennen,
er kennt

das **Kind**,
die Kinder

5 Freunde aus allen Ländern

K

kommen,
er kommt

L

leben,
er lebt

M

das **Mädchen**,
die Mädchen

der **Mann**,
die Männer

mit

N

der **Name**,
die Namen

Nordamerika

O

P

Q

R

S

seid (ihr seid) → sein

sie

sind → sein

Südamerika

T

U

V

W

wir

woher

X

Y

Z

zusammen

Hier findest du die Wörter zum Kapitel **Freunde aus allen Ländern** in 5 weiteren Sprachen.

Deutsch
Englisch
Arabisch
Französisch
Farsi
Spanisch

A

Afrika
Africa
إفريقيا
Afrique
آفریقا
África

alle
everyone
جميع
tous
همه
todos

alles
everything
كله
tout
همه چیز
todo

Amerika
America
أمريكا
Amérique
آمریکا
América

Asien
Asia
آسيا
Asie
آسیا
Asia

aus
from
مِن
de
از
de

Australien
Australia
أستراليا
Australie
استرالیا
Australia

B

C

D

deutsch
German
ألماني
allemand
آلمانی
alemán

Deutschland
Germany
ألمانيا
Allemagne
آلمان
Alemania

E

er
he
هو
il
او (مرد)
él

es
it
-
il
آن/ او (خنثی)
él

Europa
Europe
أوروبا
Europe
اروپا
Europa

F

Frau
woman
امرأة
femme
خانم / زن
mujer

fremd
foreign
غريب
étranger
غریب / نا آشنا / خارجی
extranjero

5 Freunde aus allen Ländern

F

Fremde
foreigner
الغريب
étranger
خارجی / غریبه
extranjero

Freund
friend (m.)
صديق
ami
دوست (مرد)
amigo

Freundin
friend (f.)
صديقة
amie
دوست (زن)
amiga

G

H

heißen
to be called
سمّى
s'appeler
نامیده شدن / نام داشتن
llamarse

helfen
to help
ساعد
aider
کمک کردن
ayudar

herkommen
to come from
أتى
venir de
به اینجا آمدن /
از جایی آمدن
venir de

Hilfe
help
مساعدة
aide
کمک
ayuda

I

ihr
her
أنتم
son
شماها، مال شماها /
به او، مال او
su

J

Junge
boy
ولد
garçon
پسر / پسربچه / پسرک
chico

K

kennen
to know
عرف
connaître
شناختن / آشنا بودن
conocer

Kind
child
طفل
enfant
بچه / فرزند
niño

kommen
to come
أتى
venir
آمدن
venir

L

leben
to live
عاش
vivre
زندگی کردن
vivir

M

Mädchen
girl
بنت
fille
دختر / دختر بچه
chica

Mann
man
رجل
homme
مرد / شوهر / نفر
hombre

mit
with
مع
avec
با / به وسیلهٔ
con

N

Name
name
اسم
nom
نام / اسم
nombre

Nordamerika
North America
أمريكا الشمالية
Amérique du Nord
آمریکای شمالی
Norteamérica

O

P

Q

R

S

seid → sein
are
كنتم
êtes
هستید ← بودن
sois

sie
she / they
هي
elle / ils
او (زن)
ella / ellos

sind → sein
are
-
sont
هستیم / هستند ← بودن
son

Südamerika
South America
أمريكا الجنوبية
Amérique du Sud
آمریکای جنوبی
Sudamérica

T

U

V

W

wir
we
نحن
nous
ما
nosotros

woher
from where
مِن أين
d'où
از کجا
de donde

X

Y

Z

zusammen
together
معاً
ensemble
با هم / با یکدیگر
juntos

6 Freizeit, Spiel und Sport

A

der **Ausflug**, die Ausflüge

B

der **Bach**, die Bäche

der **Ball**, die Bälle

der **Berg**, die Berge

C

D

der **Drachen**, die Drachen

E

der **Eimer**, die Eimer

F

fangen, sie fängt

die **Ferien**

der **Film**, die Filme

die **Flasche**, die Flaschen

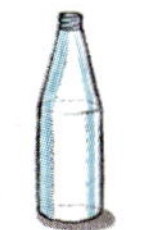

die **Freude**, die Freuden

F

sich **freuen**, er freut sich

G

H

die **Hexe**, die Hexen

hüpfen, sie hüpft

I

J

K

der **Kaiser**, die Kaiser

die **Karte**, die Karten

das **Karussell**, die Karussells

der **Koffer**, die Koffer

L

die **Landkarte**, die Landkarten

M

machen, er macht

N

6 Freizeit, Spiel und Sport

O

P

die **Puppe**,
die Puppen

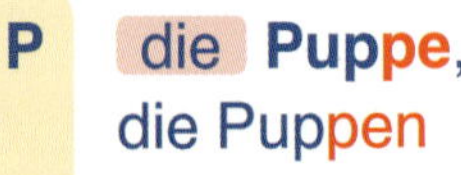

das **Puzzle**,
die Puzzles

Q

die **Quelle**,
die Quellen

R

die **Reise**,
die Reisen

reisen,
sie reist

rollen,
er rollt

der **Roller**,
die Roller

der **Rucksack**,
die Rucksäcke

die **Rutsche**,
die Rutschen

S

der **Sandkasten**,
die Sandkästen

die **Schaufel**,
die Schaufeln

S

die **Schaukel**,
die Schaukeln

schlagen,
er schlägt

schreien,
er schreit

schwimmen,
sie schwimmt

der **See**,
die Seen

das **Skateboard**,
die Skateboards

sollen,
er soll

spazieren gehen,
er geht spazieren

das **Spiel**,
die Spiele

spielen,
er spielt

der **Spielplatz**,
die Spielplätze

die **Spielsachen**

S

der **Sport**

die **Sporthose**,
die Sporthosen

die **Sportschuhe**

die **Sporttasche**,
die Sporttaschen

springen,
es springt

das **Springseil**,
die Springseile

stampfen,
er stampft

der **Stein**,
die Steine

der **Stock**,
die Stöcke

T

der **Teddy**,
die Teddys

die **Trinkflasche**,
die Trinkflaschen

U

üben,
er übt

U

der **Urlaub**,
die Urlaube

V

versuchen,
er versucht

W

das **Wasser**

winken,
er winkt

die **Wippe**,
die Wippen

wollen,
er will

X

Y

Z

6 Freizeit, Spiel und Sport

Hier findest du die Wörter zum Kapitel **Freizeit, Spiel und Sport** in 5 weiteren Sprachen.

Deutsch
Englisch
Arabisch
Französisch
Farsi
Spanisch

A

Ausflug
excursion
نزهة
excursion
گردش / گشت و گذار
excursión

B

Bach
stream
جدول الماء
ruisseau
جوی / نهر
riachuelo

Ball
ball
كرة
ballon
توپ
pelota

Berg
mountain
جبل
montagne
کوه
montaña

C

D

Drachen
kite
تنين / طائرة ورقية
cerf-volant
بادبادک
cometa

E

Eimer
bucket
دلو
seau
سطل / دلو
cubo

F

fangen
to catch
لقط
attraper
گرفتن
atrapar

Ferien
holidays
عطلة
vacances
تعطیلات / ایام تعطیل
vacaciones

Film
film
فيلم
film
فیلم
película

Flasche
bottle
زجاجة
bouteille
بطری
botella

Freude
joy
سرور
joie
شادی / خوشحالی
alegría

sich freuen
to be pleased
فرح
se réjouir
خوشحال شدن /
خوشحال بودن
alegrarse

G

H

Hexe
witch
ساحرة
sorcière
جادوگر (زن)
bruja

hüpfen
to hop
قفز
sautiller
جست و خیز کردن/
لی لی کردن
brincar

I

J

K

Kaiser
emperor
قيصر
empereur
قیصر / امپراتور
emperador

Karte
card
ورق اللعب
carte
ورق
carta

Karussell
merry-go-round
دواخة
manège
چرخ و فلک
tiovivo

Koffer
suitcase
حقيبة سفر
valise
چمدان
maleta

L

Landkarte
map
خريطة
carte
نقشه جغرافی
mapa

M

machen
to do
فعل
faire
انجام دادن
hacer

N

O

P

Puppe
doll
دمية
poupée
عروسک
muñeca

Puzzle
puzzle
أحجية الصور المقطوعة
puzzle
معما / پازل
rompecabezas

Q

Quelle
source
مصدر
source
چشمه / سرچشمه
fuente

R

Reise
trip
رحلة
voyage
مسافرت / سفر
viaje

reisen
to travel
سافر
voyager
مسافرت کردن /
سفر رفتن
viajar

rollen
to roll
لفّ
rouler
غلتاندن / گرداندن
rodar

Roller
scooter
سكوتر
trottinette
رورورک
patinete

Rucksack
backpack
حقيبة ظهر
sac à dos
کوله پشتی
mochila

Rutsche
slide
زحليقة
glissière
سرسره
tobogán

S

Sandkasten
sandpit
صندوق رملي
bac à sable
جایگاه خاک بازی بچه ها
cajón de arena

Schaufel
spade
مِجرفة
pelle
بیل / بیلچه
pala

Schaukel
swing
أرجوحة
balançoire
تاب
columpio

schlagen
to hit
ضرب
battre
زدن
batir

schreien
to scream
صرّخ
crier
داد زدن / فریاد کشیدن
gritar

S

schwimmen
to swim
سبح
nager
شنا كردن
nadar

See
lake
بحيرة
lac
درياچه
lago

Skateboard
skateboard
لوح تزلج
skateboard
اسكيت بورد
skateboard

sollen
to ought to
يجب عليه ان
devoir
مجبور بودن / ناگزير بودن
deber

spazieren gehen
to go for a walk
مشى
se promener
پياده روى كردن
dar un paseo

Spiel
game
لعبة
jeu
بازى
juego

spielen
to play
لعب
jouer
بازى كردن
jugar

S

Spielplatz
playground
ملعب
aire de jeux
زمين بازى
parque infantil

Spielsachen
toys
ألعاب
jouets
وسايل بازى
juguetes

Sport
sport
رياضة
sport
ورزش
deporte

Sporthose
shorts
بنطال رياضة
short
شلوار ورزشى
pantalones cortos

Sportschuhe
trainers
حذاء رياضي
chaussures de sport
كفش ورزشى
zapatillas de deporte

Sporttasche
sports bag
حقيبة رياضة
sac de sport
كيف ورزشى
bolsa de deporte

springen
to jump
قفز
sauter
پريدن / جهيدن / جستن
saltar

S

Springseil
skipping rope
حبل قفز
corde à sauter
طناب پرش
cuerda de saltar

stampfen
to stamp
دكّ
trépigner
پا به زمين كوبيدن /
له كردن
patalear

Stein
stone
حجر
pierre
سنگ
piedra

Stock
stick
عصا
bout de bois
عصا / چوب دستى
palo

T

Teddy
teddy bear
دبدوب
ours en peluche
تدى / خرس
osito de peluche

Trinkflasche
water bottle
زجاجة شرب
gourde
بطرى آب
cantimplora

U

üben
to practice
مرّن / درّب
s'exercer
تمرين كردن
ensayer

Urlaub
holiday
عطلة
vacances
تعطيلات / مرخصى
vacaciones

V

versuchen
to try
جرّب / حاول
essayer
سعى كردن /
تلاش كردن
intentar

W

Wasser
water
ماء
eau
آب
agua

winken
to wave
لوّح
saluer d'un signe de
la main
اشاره كردن /
دست تكان دادن
saludar con la mano

Wippe
seesaw
أرجوحة
bascule
الاّكلنگ
balancín

wollen
to want
أراد
vouloir
خواستن
querer

X

Y

Z

7 Feste und Jahreszeiten

der Sommer
summer
صيف
été
تابستان
verano

der Frühling
spring
ربيع
printemps
بهار
primavera

der Kalender
calendar
تقويم
calendrier
تقویم
calendario

das Zuckerfest
Eid al-Fitr
عيد الفطر
'Aïd al-Fitr
عید فطر
Eid al-Fitr

die Uhr
clock
ساعة
horloge
ساعت
reloj

der Herbst
autumn
خريف
automne
پائیز
otoño

der Winter
winter
شتاء
hiver
زمستان
invierno

der Geburtstag
birthday
عيد ميلاد
anniversaire
روز تولد
cumpleaños

Ostern
Easter
عيد الفصح
Pâques
عید پاک
Pascua

A

ab

der **Abend**,
die Abende

abends

der **Advent**

der **Adventskranz**,
die Adventskränze

am

der **Anfang**,
die Anfänge

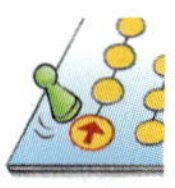

der **April**

der **August**

B

bald

bekommen,
er bekommt

C

der **Christbaum**,
die Christbäume

der **Clown**,
die Clowns

D

dann

der **Dezember**

der **Dienstag**,
die Dienstage

der **Donnerstag**,
die Donnerstage

E

das **Ende**,
die Enden

F

Fasching

der **Februar**

die **Feier**,
die Feiern

feiern,
er feiert

das **Fest**,
die Feste

der **Freitag**,
die Freitage

froh

früh,
früher

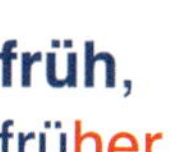

der **Frühling**

G

der **Geburtstag**,
die Geburtstage

7 Feste und Jahreszeiten

G gestern

H der Herbst

heute

I immer

J das Jahr,
die Jahre

der Jahreskreis

die Jahreszeit,
die Jahreszeiten

der Januar

der Juli

der Juni

K der Kalender,
die Kalender

der Karneval

die Kerze,
die Kerzen

L das Licht,
die Lichter

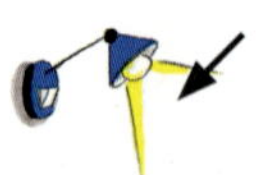

M der Mai

M der März

die Minute,
die Minuten

mittags

die Mitte

der Mittwoch,
die Mittwoche

der Monat,
die Monate

der Montag,
die Montage

der Morgen,
die Morgen

morgen

morgens

N nach

der Nachmittag,
die Nachmittage

nächste

die Nacht,
die Nächte

N

nachts

nie

der **Nikolaus**

der **November**

nun

O

der **Oktober**

der **Osterhase**

Ostern

P

Q

R

S

der **Samstag**,
die Samstage

schenken,
sie schenkt

die **Sekunde**,
die Sekunden

der **September**

der **Sommer**

S

der **Sonntag**,
die Sonntage

spät,
später

die **Stunde**,
die Stunden

T

der **Tag**,
die Tage

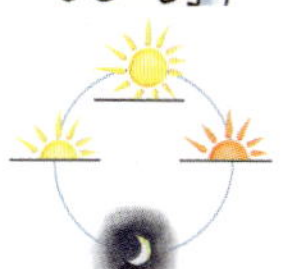

U

übermorgen

die **Uhr**,
die Uhren

die **Uhrzeit**,
die Uhrzeiten

um

V

vorgestern

W

wann

Weihnachten

der **Weihnachtsbaum**,
die Weihnachtsbäume

werden,
er wird

wie

W

wieder

wie viel

der **Winter**

die **Woche**,
die Wochen

der **Wochenplan**,
die Wochenpläne

der **Wochentag**,
die Wochentage

der **Wunsch**,
die Wünsche

wünschen,
sie wünscht

X

Y

Z

der **Zeiger**,
die Zeiger

die **Zeit**,
die Zeiten

das **Zuckerfest**

Hier findest du die Wörter zum Kapitel **Feste und Jahreszeiten** in 5 weiteren Sprachen.

Deutsch
Englisch
Arabisch
Französisch
Farsi
Spanisch

A

ab
from
مِن
à partir de
از
a partir de

Abend
evening
مساء
soir
غروب / سر شب
noche

abends
in the evening
مساءً
dans le soir
شبها / غروبها
por la noche

Advent
Advent
عيد البشارة
Avent
چهار هفته پیش از میلاد مسیح و خصوصاً هر یک از یکشنبه های این چهار هفته
Adviento

Adventskranz
Advent wreath
إكليل عيد البشارة
couronne de l'Avent
تاج گلی برای روی میز که در آن چهار شمع می گذارند و این شمعها در هر چهار یکشنبهٔ پیش از میلاد مسیح یکی پس از دیگری روشن می شوند.
corona de Adviento

am
on the
بتاريخ
au
در / مشغول کاری بودن
en el

Anfang
beginning
بداية
début
آغاز / شروع
principio

April
April
نيسان
avril
ماه آپریل
abril

August
August
آب
août
ماه آگوست
agosto

B

bald
soon
قريباً
bientôt
به زودی
pronto

bekommen
to get
استلم
recevoir
دریافت کردن
recibir

C

Christbaum
Christmas tree
شجرة الميلاد
sapin de Noël
درخت کریسمس
árbol de Navidad

Clown
clown
مُهرج
clown
دلقک
payaso

7 Feste und Jahreszeiten

D

dann
then
ثم
puis
سپس / پس از آن / آنگاه
entonces

Dezember
December
كانون الأول
décembre
ماه دسامبر
diciembre

Dienstag
Tuedsay
يوم الثلاثاء
mardi
سه شنبه
martes

Donnerstag
Thursday
يوم الخميس
jeudi
پنجشنبه
jueves

E

Ende
end
نهاية
fin
پایان / انتها
fin

F

Fasching
carnival
كارنفال
carnaval
جشن فاشینگ (کارناوال)
carnaval

Februar
February
شباط
février
ماه فوریه
febrero

F

Feier
celebration
حفلة
fête
جشن
fiesta

feiern
to celebrate
احتفل
fêter
جشن گرفتن
celebrar

Fest
holiday
إحتفال
fête
جشن / مهمانی
fiesta

Freitag
Friday
يوم الجمعة
vendredi
جمعه
viernes

froh
happy
سعيد
content
خوشحال
contento

früh
early
مبكر
tôt
زود / به زودی
temprano

Frühling
spring
ربيع
printemps
بهار
primavera

G

Geburtstag
birthday
عيد ميلاد
anniversaire
روز تولد
cumpleaños

gestern
yesterday
أمس
hier
دیروز
ayer

H

Herbst
autumn
خريف
automne
پائیز
otoño

heute
today
اليوم
aujourd'hui
امروز
hoy

I

immer
always
دائماً
toujours
همیشه
siempre

J

Jahr
year
سنة
an
سال
año

Jahreskreis
cycle of the year
دائرة السنة
cycle de l'année
چرخهٔ سال / یک سال تمام
ciclo del año

J

Jahreszeit
season
فصول السنة
saison
فصل
estación

Januar
January
كانون الثاني
janvier
ماه ژانویه
enero

Juli
July
تموز
juillet
ماه ژوئیه
julio

Juni
June
حزيران
juin
ماه ژوئن
junio

K

Kalender
calendar
تقويم
calendrier
تقویم
calendario

Karneval
carnival
كارنفال
carnaval
کارناوال
carnaval

Kerze
candle
شمعة
bougie
شمع
vela

L

Licht
light
ضوء
lumière
نور / روشنایی
luz

M

Mai
May
أيار
mai
ماه مه
mayo

März
March
آذار
mars
ماه مارس
marzo

Minute
minute
دقيقة
minute
دقیقه
minuto

mittags
at noon
ظهراً
à midi
ظهرها / هنگام ظهر
al mediodía

Mitte
middle
وسط
milieu
میان / مرکز
medio

Mittwoch
Wednesday
يوم الأربعاء
mercredi
چهارشنبه
miercóles

Monat
month
شهر
mois
ماه
mes

Montag
Monday
يوم الإثنين
lundi
دوشنبه
lunes

Morgen
morning
الصباح
matin
صبح / بامداد
(la) mañana

morgen
tomorrow
غداً
demain
فردا
mañana

morgens
in the morning
صباحاً
le matin
صبح ها
por las mañanas

N

nach
after
بعد
après
بعد از / به سوی
después de

Nachmittag
afternoon
بعد الظهر
après-midi
بعد از ظهر
tarde

N

nächste
next
تالي
prochain
بعد / بعدی
próximo

Nacht
night
ليل
nuit
شب
noche

nachts
at night
ليلاً
la nuit
شب ها
por la noche

nie
never
أبداً
jamais
هرگز
nunca

Nikolaus
St Nicholas' Day
نيكولاوس
fête de Saint-Nicolas
جشن نیکلاس
Fiesta de San Nicolás

November
November
تشرين الثاني
novembre
ماه نوامبر
noviembre

nun
now
الآن
maintenant
حالا / اکنون
ahora

O

Oktober
October
تشرين الأول
octobre
ماه اکتبر
octubre

Osterhase
Easter bunny
أرنب عيد الفصح
lapin de Pâques
خرگوش مخصوص
عید پاک
conejo de Pascua

Ostern
Easter
عيد الفصح
Pâques
عید پاک
Pascua

P Q R

S

Samstag
Saturday
يوم السبت
samedi
شنبه
sábado

schenken
to give
أهدى
donner
هدیه دادن
dar

Sekunde
second
ثانية
seconde
ثانیه
segundo

September
September
أيلول
septembre
ماه سپتامبر
septiembre

Sommer
summer
صيف
été
تابستان
verano

Sonntag
Sunday
يوم الأحد
dimanche
یکشنبه
domingo

spät
late
متأخر
tard
دیر / دیروقت
tarde

Stunde
hour
ساعة
heure
ساعت
hora

T

Tag
day
يوم
jour
روز
día

U

übermorgen
day after tomorrow
بعد غداً
après-demain
پس فردا
pasado mañana

U

Uhr
clock
ساعة
horloge
ساعت
reloj

Uhrzeit
time
وقت
heure
وقت / زمان
hora

um
at
حول
à
دور / اطراف / در حدود
a

V

vorgestern
day before yesterday
قبل الأمس
avant-hier
پریروز
anteayer

W

wann
when
متى
quand
کِی / چه وقت
cuándo

Weihnachten
Christmas
عيد الميلاد
Noël
کریسمس / میلاد مسیح
Navidad

Weihnachtsbaum
Christmas tree
شجرة عيد الميلاد
sapin de Noël
درخت کریسمس
árbol de Navidad

werden
to become
أصبح
devenir
شدن
volverse

wie
how
كيف
comment
چطور / چگونه / مانند
cómo

wieder
again
مرة أخرة
de nouveau
دوباره
de nuevo

wie viel
how much
كم
combien
چقدر / چند تا
cuánto

Winter
winter
شتاء
hiver
زمستان
invierno

Woche
week
أسبوع
semaine
هفته
semana

Wochenplan
weekly schedule
جدول أسبوعي
plan hebdomadaire
برنامهٔ هفتگی
plan semanal

Wochentag
weekday
يوم عمل
jour de la semaine
روز کاری (غیر تعطیل)
día de la semana

Wunsch
wish
أمنية
souhait
آرزو / خواسته
deseo

wünschen
to wish
تمنى
souhaiter
آرزو کردن / خواستن
desear

X

Y

Z

Zeiger
hand of a clock
مؤشر
aiguille d'une horloge
عقربهٔ ساعت
manecilla del reloj

Zeit
time
فترة / وقت
temps
وقت / زمان / موقع
tiempo

Zuckerfest
Eid al-Fitr
عيد الفطر
'Aïd al-Fitr
عید فطر
Eid al-Fitr

8 Essen und Trinken

A

das **Abendessen**,
die Abendessen

abräumen,
er räumt ab

abtrocknen,
sie trocknet ab

die **Ananas**,
die Ananasse

der **Apfel**,
die Äpfel

B

backen,
sie backt

die **Banane**,
die Bananen

bestreichen,
er bestreicht

die **Birne**,
die Birnen

bitter

das **Bonbon**,
die Bonbons

brauchen,
er braucht

das **Brot**,
die Brote

das **Brötchen**,
die Brötchen

die **Butter**

C

D

decken,
sie deckt
den Tisch

die **Dose**,
die Dosen

der **Durst**

durstig

E

das **Ei**,
die Eier

eingießen,
er gießt ein

einschenken,
er schenkt ein

das **Eis**

die **Erdbeere**,
die Erdbeeren

8 Essen und Trinken

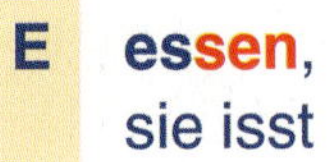

E

essen,
sie isst

etwas

F

fest

die **Flasche**,
die Flaschen

das **Fleisch**

flüssig

frisch

die **Frucht**,
die Früchte

das **Frühstück**

G

die **Gabel**,
die Gabeln

das **Gemüse**

das **Glas**,
die Gläser

die **Gurke**,
die Gurken

H

der **Honig**

der **Hunger**

H

hungrig

I

J

jetzt

das / der **Joghurt**

K

der **Kaffee**,
die Kaffees

die **Kanne**,
die Kannen

die **Karotte**,
die Karotten

die **Kartoffel**,
die Kartoffeln

der **Käse**

die **Kirsche**,
die Kirschen

die **Kiwi**,
die Kiwis

der **Knoblauch**

kochen,
er kocht

der **Kohl**

K

das **Kraut**,
die Kräuter

der **Kuchen**,
die Kuchen

L

der **Löffel**,
die Löffel

M

der **Mais**

die **Marmelade**,
die Marmeladen

das **Mehl**

die **Melone**,
die Melonen

das **Messer**,
die Messer

die **Milch**

das **Mittagessen**,
die Mittagessen

mögen,
er mag

die **Möhre**,
die Möhren

das **Müsli**

N

die **Nektarine**,
die Nektarinen

die **Nudel**,
die Nudeln

O

das **Obst**

die **Orange**,
die Orangen

P

der / die **Paprika**,
die Paprikas

der **Pfeffer**

der **Pfirsich**,
die Pfirsiche

die **Pflaume**,
die Pflaumen

die **Pizza**,
die Pizzas

die **Pommes**

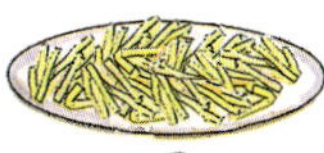

Q

der **Quark**

R

der **Reis**

rühren,
er rührt

S

der **Saft**,
die Säfte

der **Salat**,
die Salate

das **Salz**

salzig

sauer

die **Schale**,
die Schalen

schälen,
sie schält

scharf,
schärfer

die **Scheibe**,
die Scheiben

der **Schinken**,
die Schinken

schlecht

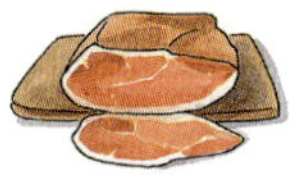

schlucken,
er schluckt

schmecken,
es schmeckt

S

schneiden,
er schneidet

die **Schokolade**,
die Schokoladen

die **Schüssel**,
die Schüsseln

die **Serviette**,
die Servietten

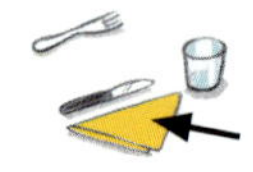

der **Spinat**

die **Suppe**,
die Suppen

süß

T

die **Tasse**,
die Tassen

der **Tee**,
die Tees

der **Teller**,
die Teller

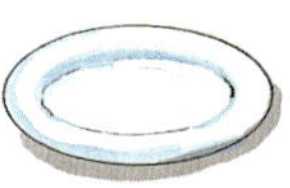

die **Tischdecke**,
die Tischdecken

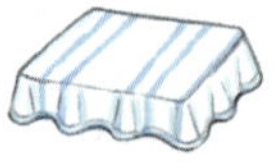

die **Tomate**,
die Tomaten

T

die **Traube**,
die Trauben

trinken,
sie trinkt

U

V

W

welche,
welcher,
welches

die **Wurst**,
die Würste

X

Y

Z

die **Zitrone**,
die Zitronen

der **Zucker**

die **Zwiebel**,
die Zwiebeln

8 Essen und Trinken

Hier findest du die Wörter zum Kapitel **Essen und Trinken** in 5 weiteren Sprachen.

Deutsch
Englisch
Arabisch
Französisch
Farsi
Spanisch

A

Abendessen
dinner
عشاء
dîner
شام
cena

abräumen
to clean up
رفع ما على المائدة
nettoyer
جمع کردن سفره یا میز
limpiar

abtrocknen
to dry
نشّف
sécher
خشک کردن
secar

Ananas
pineapple
أناناس
ananas
آناناس
piña

Apfel
apple
تفاح
pomme
سیب
manzana

B

backen
to bake
خَبَزَ
faire cuire au four
پختن (شیرینی و پیتزا و از این قبیل)
cocer al horno

Banane
banana
موز
banane
موز
plátano

bestreichen
to spread
دهّن
tartiner
مالیدن / پخش کردن
untar

Birne
pear
أجاص
poire
گلابی
pera

bitter
bitter
مُر
amer
تلخ
amargo

Bonbon
sweet
حلوى
bonbon
آبنبات
dulce

brauchen
to need
احتاج
avoir besoin de
نیاز داشتن
necesitar

Brot
bred
خُبز
pain
نان
pan

Brötchen
bread roll
خُبز صغير مدور
petit pain
نان کوچک
panecillo

Butter
butter
زبدة
beurre
کره
mantequilla

C

D

decken
to cover
حضّر الطاولة
couvrir
میز چیدن /
سفره پهن کردن
cubrir

Dose
can
علبة
boîte
قوطی / کنسرو
lata

Durst
thirst
عطش
soif
تشنگی
sed

durstig
thirsty
عطشان
assoiffé
تشنه
sediento

E

Ei
egg
بيض
œuf
تخم مرغ
huevo

eingießen
to pour
صبّ
verser
ریختن چای (ومشروبات)
echar

einschenken
to serve a drink
صبّ
servir une boisson
ریختن چای (ومشروبات)
servir una bebida

E

Eis
ice cream
بوظة
glace
بستنی
helado

Erdbeere
strawberry
فراولة
fraise
توت فرنگی
fresa

essen
to eat
اكل
manger
خوردن
comer

etwas
something
شيء
quelque chose
چیزی / مقداری / اندکی
algo

F

fest
firm
يابس
ferme
محکم / سفت
firme

Flasche
bottle
زجاجة
bouteille
بطری
botella

Fleisch
meat
لحم
viande
گوشت
carne

F

flüssig
liquid
سائل
liquide
مایع
líquido

frisch
fresh
طازج
frais
تازه
fresco

Frucht
fruit
فاكهة
fruit
میوه
fruta

Frühstück
breakfast
فطور
petit-déjeuner
صبحانه
desayuno

G

Gabel
fork
شوكة
fourchette
چنگال
tenedor

Gemüse
vegetables
خضار
légumes
سبزی / سبزیجات
verduras

Glas
glass
كأس
verre
لیوان
vaso

8 Essen und Trinken

G

Gurke
cucumber
خيار
concombre
خیار
pepino

H

Honig
honey
عسل
miel
عسل
miel

Hunger
hunger
جوع
faim
گرسنگی
hambre

hungrig
hungry
جوعان
affamé
گرسنه
hambriento

I

J

jetzt
how
الآن
maintenant
حالا / اکنون
ahora

Joghurt
yogurt
لبن
yaourt
ماست
yogur

K

Kaffee
coffee
قهوة
café
قهوه
café

Kanne
pot
إبريق
cafetière
قوری
cafetera

Karotte
carrot
جزر
carotte
هویج
zanahoria

Kartoffel
potato
بطاطا
pomme de terre
سیب زمینی
patata

Käse
cheese
جبنة
fromage
پنیر
queso

Kirsche
cherry
كرز
cerise
گیلاس
cereza

Kiwi
kiwi
كيوي
kiwi
کیوی
kiwi

K

Knoblauch
garlic
ثوم
ail
سیر
ajo

kochen
to cook
طبخ
cuisiner
پختن / آشپزی کردن
cocinar

Kohl
cabbage
ملفوف
chou
کلم
repollo

Kraut
herb
عشب
herb
گیاه / علف
hierba

Kuchen
cake
كيك
gâteau
شیرینی (تازه) / کیک
pastel

L

Löffel
spoon
ملعقة
cuillère
قاشق
cuchara

M

Mais
corn
ذرة
maïs
ذرّت
maíz

M

Marmelade
jam
مربى
confiture
مربا
confitura

Mehl
flour
طحين
farine
آرد
harina

Melone
melon
بطيخ
melon
هندوانه
melón

Messer
knife
سكين
couteau
چاقو
cuchillo

Milch
milk
حليب
lait
شیر
leche

Mittagessen
lunch
غداء
déjeuner
ناهار
almuerzo

mögen
to like
أحب
aimer
علاقه داشتن
gustar

M

Möhre
carrot
جزر
carotte
هویج / زردک
zanahoria

Müsli
muesli
موسلي
muesli
غلات و خشکبار خشک
شده که صبح ها می خورند
muesli

N

Nektarine
nectarine
خوخ
nectarine
شلیل
nectarina

Nudel
noodle
معكرونة
nouille
رشته فرنگی / ماکارونی
fideo

O

Obst
fruit
فاكهة
fruit
میوه
fruta

Orange
orange
برتقال
orange
پرتغال
naranja

P

Paprika
pepper
فلفل أحمر
poivron
فلفل دلمه ای
pimiento

P

Pfeffer
pepper
فلفل
poivre
فلفل
pimienta

Pfirsich
peach
دُرّة
pêche
هلو
melocotón

Pflaume
plum
برقوق
prune
آلو
ciruela

Pizza
pizza
بيتزا
pizza
پیتزا
pizza

Pommes
chips
شرائح البطاطا المقلية
frites
سیب زمینی سرخ کرده
patatas fritas

Q

Quark
curd cheese
اللبن الخاثر
fromage blanc
ماست چکیده
queso batido alemán

R

Reis
rice
ارز
riz
برنج
arroz

8 Essen und Trinken

R

rühren
to stir
حرك
remuer
هم زدن
revolver

S

Saft
juice
عصير
jus
آب میوه
jugo

Salat
salad
سلطة
salade
سالاد
ensalada

Salz
salt
ملح
sel
نمک
sal

salzig
salty
مالح
salé
شور
salado

sauer
sour
حامض
aigre
ترش
agrio

Schale
peel
قشرة
peau
ظرف تو گود / پیاله
piel

S

schälen
to peel
قشّر
éplucher
پوست کندن
pelar

scharf
spicy
حار
piquant
تند
picante

Scheibe
slice
شريحة
tranche
برش / ورقه
rebanada

Schinken
ham
لحم من فخذ الخنزير
jambon
ژامبون
jamón

schlecht
bad
سيء
mauvais
بد
malo

schlucken
to swallow
إبتلع
avaler
قورت دادن / فرو دادن
tragar

schmecken
to taste
تذوق
goûter
چشیدن / مزه مزه کردن
gustar

S

schneiden
to cut
قطع
couper
بریدن
cortar

Schokolade
chocolate
شوكولاتة
chocolat
شکلات
chocolate

Schüssel
bowl
مفتاح
bol
کاسه / قدح
bol

Serviette
napkin
منديل
serviette
دستمال سفره
servilleta

Spinat
spinach
سبانخ
épinards
اسفناج
espinaca

Suppe
soup
شوربة
soupe
سوپ
sopa

süß
sweet
حلو
sucré
شیرین
dulce

T

Tasse
cup
فنجان
tasse
فنجان
taza

Tee
tea
شاي
thé
چای
té

Teller
plate
صحن
assiette
بشقاب
plato

Tischdecke
tablecloth
مفرش السُفرة
nappe
رومیزی / سفره
mantel

Tomate
tomato
بندورة
tomate
گوجه فرنگی
tomate

Traube
grape
عنب
raisin
انگور
uva

trinken
to drink
شرب
boire
نوشیدن
beber

U

V

W

welche
which
أي
quel
كدام
cuál

Wurst
sausage
نقانق
saucisse
سوسیس / کالباس
salchicha

X

Y

Z

Zitrone
lemon
ليمون
citron
لیمو
limón

Zucker
sugar
سكر
sucre
شکر
azúcar

Zwiebel
onion
بصل
oignon
پیاز
cebolla

9 Einkaufen und Straßenverkehr

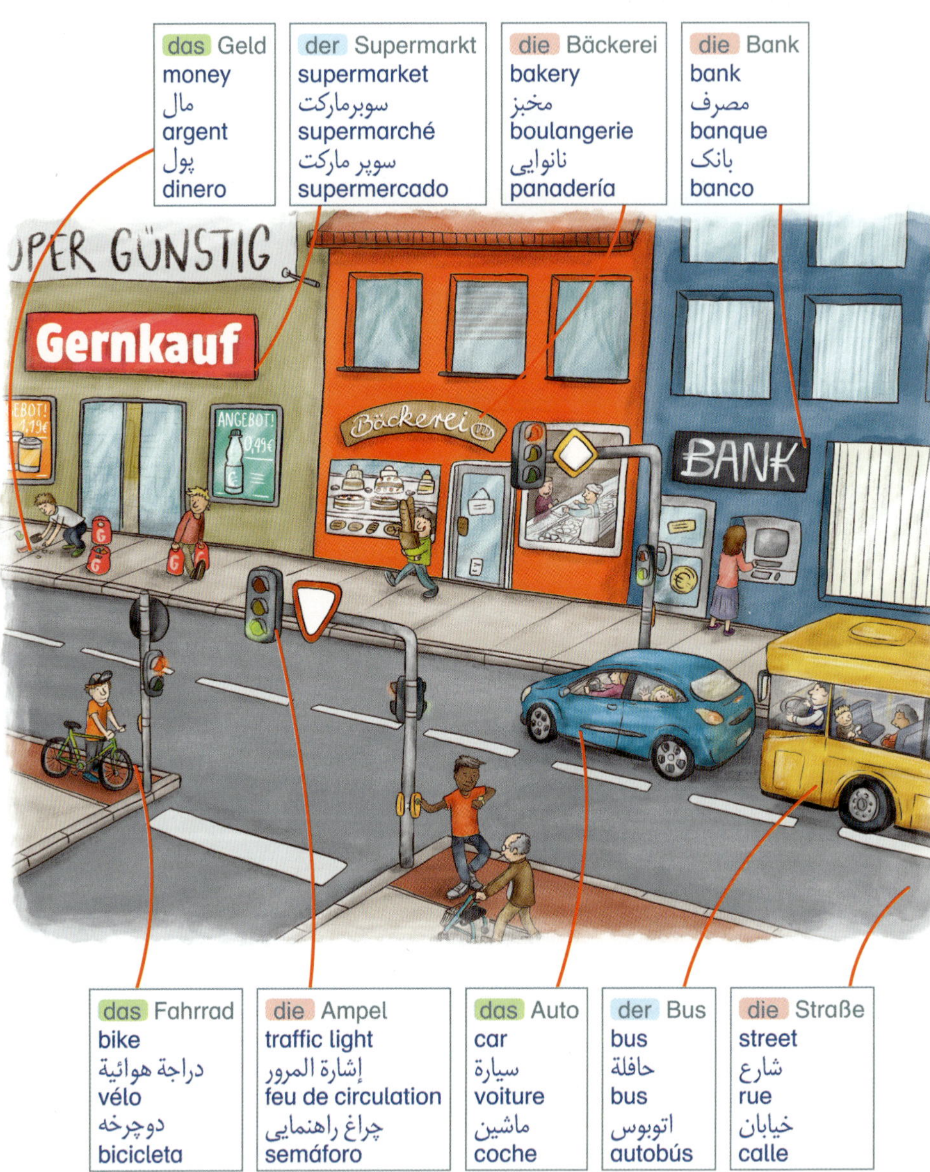

A

abwiegen,
er wiegt ab

die **Ampel**,
die Ampeln

aufpassen,
er passt auf

das **Auto**,
die Autos

B

der **Bäcker**,
die Bäcker

die **Bäckerei**,
die Bäckereien

die **Bank**,
die Banken

bezahlen,
sie bezahlt

billig 5 € 200 €

der **Blumenladen**,
die Blumenläden

bringen,
er bringt

der **Buchladen**,
die Buchläden

B

der **Bus**,
die Busse

die **Bushaltestelle**,
die Bushaltestellen

C

der **Cent** (ct),
die Cent

D

das **Dorf**,
die Dörfer

durch

E

einkaufen,
er kauft ein

die **Einkaufstasche**,
die Einkaufstaschen

die **Einkaufstüte**,
die Einkaufstüten

der **Einkaufswagen**,
die Einkaufswagen

die **Eisdiele**,
die Eisdielen

der **Euro** (€),
die Euros

F

fahren,
er fährt

9 Einkaufen und Straßenverkehr

F

die **Fahrkarte**,
die Fahrkarten

das **Fahrrad**,
die Fahrräder

die **Fahrt**,
die Fahrten

die **Feuerwehr**

finden,
er findet

G

die **Gefahr**,
die Gefahren

der **Gehweg**,
die Gehwege

das **Geld**,
die Gelder

der **Geldbeutel**,
die Geldbeutel

H

halten,
er hält

der **Herr**,
die Herren

hier

I

ins

J

ja

jetzt

K

die **Kasse**,
die Kassen

kaufen,
er kauft

das **Kaufhaus**,
die Kaufhäuser

das **Kino**,
die Kinos

der **Korb**,
die Körbe

kosten,
es kostet

L

langsam

die **Laterne**,
die Laternen

laut

leicht

leise

die **Leute**

L

links

M

machen,
er macht

man

der **Markt**,
die Märkte

der **Metzger**,
die Metzger

die **Metzgerei**,
die Metzgereien

müssen,
sie muss

N

nein

nicht

nichts

O

oft

P

der **Platz**,
die Plätze

die **Polizei**

die **Post**

P

der **Preis**,
die Preise

Q

R

rechts

die **Regel**,
die Regeln

rennen,
er rennt

reparieren,
er repariert

S

das **Schild**,
die Schilder

schnell

der **Schreibwarenladen**,
die Schreibwarenläden

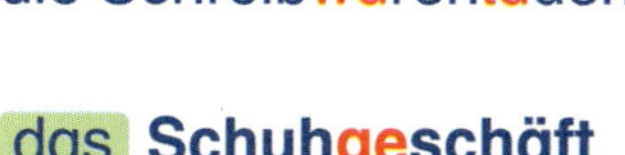

das **Schuhgeschäft**,
die Schuhgeschäfte

schwer

sparen,
er spart

das **Spielzeuggeschäft**,
die Spielzeuggeschäfte

9 Einkaufen und Straßenverkehr

S

die **Stadt**,
die Städte

stellen,
er stellt

die **Straße**,
die Straßen

die **Straßenbahn**,
die Straßenbahnen

suchen,
sie sucht

der **Supermarkt**,
die Supermärkte

T

das **Taxi**,
die Taxis

teuer,
teurer

U

V

der **Verkehr**

viel,
mehr

W

die **Waage**,
die Waagen

W

warten,
sie wartet

was

wenig

wohin

X

Y

Z

zahlen,
sie zahlt

der **Zug**,
die Züge

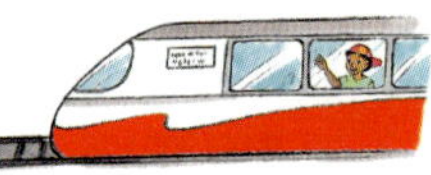

zum

zur

Hier findest du die Wörter zum Kapitel **Einkaufen und Straßenverkehr** in 5 weiteren Sprachen.

Deutsch
Englisch
Arabisch
Französisch
Farsi
Spanisch

A

abwiegen
to weigh
وزن
peser
وزن كردن
pesar

Ampel
traffic light
إشارة المرور
feu de circulation
چراغ راهنمایی
semáforo

aufpassen
to watch out
انتبه
faire attention
مواظب بودن /
احتیاط کردن
tener cuidado

Auto
car
سيارة
voiture
ماشین
coche

B

Bäcker
baker
خباز
boulanger
نانوا
panadero

Bäckerei
bakery
مخبز
boulangerie
نانوایی
panadería

Bank
bank
مصرف
banque
بانک
banco

bezahlen
to pay
دفع
payer
پرداخت کردن
pagar

billig
cheap
رخيص
bon marché
ارزان
barato

Blumenladen
flower shop
محل بيع الزهور
magasin de fleurs
گلفروشی
tienda de flores

bringen
to bring
جلب
apporter
آوردن
traer

Buchladen
bookstore
مكتبة
librarie
کتابفروشی
librería

Bus
bus
حافلة
bus
اتوبوس
autobús

Bushaltestelle
bus stop
محطة الحافلة
arrêt de bus
ایستگاه اتوبوس
parada de autobús

C

Cent
cent
سنت
centime
سنت
(یک صدم واحد پول اروپا)
céntimo

9 Einkaufen und Straßenverkehr

D

Dorf
village
قرية
village
روستا / دهات
pueblo

durch
through
عبر
à travers
از میان / از طریق / سرتاسر
a través de

E

einkaufen
to shop
تسوق
faire les magasins
خرید کردن
hacer compras

Einkaufstasche
shopping bag (reusable)
حقيبة تسوق
sac à provision (réutilisable)
کیفِ خرید
bolsa de compras (reutilizable)

Einkaufstüte
shopping bag
كيس تسوق
sac à provision
کیسهٔ خرید
bolsa de compras

Einkaufswagen
shopping trolley
عربة التسوق
chariot
چرخ خرید
carrito

E

Eisdiele
ice cream parlour
محل لبيع البوظة
glacier
بستنی فروشی
heladería

Euro
euro
يورو
euro
یورو
euro

F

fahren
to drive
ساق
conduire
راندن / رفتن (با وسیلهٔ نقلیه)
conducir

Fahrkarte
ticket
تذكرة
billet
بلیت
boleto

Fahrrad
bike
دراجة هوائية
vélo
دوچرخه
bicicleta

Fahrt
ride
رحلة
voyage
رانندگی / حرکت
viaje

Feuerwehr
fire brigade
إطفائية
pompiers
آتش نشانی
cuerpo de bomberos

F

finden
to find
وجد
trouver
پیدا کردن
encontrar

G

Gefahr
danger
خطر
danger
خطر
peligro

Gehweg
sidewalk
ممشى
trottoir
پیاده رو
acera

Geld
money
مال
argent
پول
dinero

Geldbeutel
wallet
محفظة
porte-monnaie
کیف پول
cartera

H

halten
to hold
أمسك
tenir
نگهداشتن / ایست
tener

Herr
Mr
سيد
monsieur
آقا
señor

H

hier
here
هنا
ici
اینجا
aquí

I

ins
into
إلى ال
dans
به / در / توی / داخل
én

J

ja
yes
نعم
oui
بله
sí

jetzt
now
الآن
maintenant
الان / اکنون
ahora

K

Kasse
cash register
صندوق
caisse
صندوق
caja

kaufen
to buy
اشترى
acheter
خریدن
comprar

Kaufhaus
department store
مجمع
grand magasin
فروشگاه بزرگ
gran almacén

Kino
cinema
سينما
cinéma
سینما
cine

Korb
basket
سلة
panier
سبد
cesta

kosten
to cost
كلّف
coûter
قیمت داشتن / خرج برداشتن / هزینه
costar

L

langsam
slow
بطيء
lent
آهسته / آرام
lento

Laterne
streetlamp
قنديل
réverbère
فانوس
farol

laut
loud
عال
fort
بلند / پر صدا
fuerte

leicht
light
سهل
léger
سبک
ligero

leise
quiet
منخفض الصوت
tranquille
آهسته / یواش
tranquilo

Leute
people
ناس
gens
مردم
gente

links
to the left
يسار
à gauche
چپ / سمت چپ
a la izquierda

M

machen
to do
فعل
faire
انجام دادن
hacer

man
one
أحد
on
آدم / انسان / هر کسی
se

Markt
market
سوق
marché
بازار
mercado

Metzger
butcher
لحام
boucher
قصّاب / گوشت فروش
carnicero

9 Einkaufen und Straßenverkehr

M

Metzgerei
butcher shop
جزارة
boucherie
قصّابی / گوشت فروشی
carnicería

müssen
to have to
وجب
falloir
باید / ناچار / ناگزیر بودن
tener que

N

nein
no
لا
non
نه
no

nicht
not
ليس
ne pas
پیشوند نفی فعل / نه
no

nichts
nothing
لا شيء
rien
هیچ / هیچ چیز / هیچی
nada

O

oft
often
غالباً
souvent
اغلب
a menudo

P

Platz
square
مكان
place
میدان
plaza

Polizei
police
شرطة
police
پلیس
policía

Post
postal service
بريد
service postal
پست
servicio de correos

Preis
price
سعر
prix
قیمت
precio

Q

R

rechts
to the right
يمين
à droite
راست / سمت راست
a la derecha

Regel
rule
قاعدة
règle
اصول / مقررات
regla

rennen
to run
ركض
courir
دویدن
correr

reparieren
to repair
صلّح
réparer
تعمیر کردن
reparar

S

Schild
sign
لافتة
panneau
تابلو / پلاک
letrero

schnell
fast
سريع
rapide
تند / سریع
rápido

Schreibwaren-laden
stationary store
مكتبة / قرطاسية
papeterie
مغازهٔ لوازم تحریر فروشی
papelería

Schuhgeschäft
shoe store
محل أحذية
magasin de chausseures
کفّاشی
zapatería

schwer
heavy
صعب
lourd
سنگین
pesado

S

sparen
to save
توفير
épargner
پس انداز کردن
ahorrar

Spielzeug-geschäft
toy store
محل بيع ألعاب
magasin de jouets
مغازهٔ اسباب بازی فروشی
tienda de juguetes

Stadt
town
مدينة
ville
شهر
ciudad

stellen
to put
وضع
mettre
گذاشتن / قرار دادن
poner

Straße
street
شارع
rue
خیابان
calle

Straßenbahn
tram
ترام
tram
تراموا
tranvía

suchen
to look for
بحث
chercher
جستجو کردن / گشتن
buscar

S

Supermarkt
supermarket
سوبرماركت
supermarché
سوپر مارکت
supermercado

T

Taxi
taxi
سيارة أجرة
taxi
تاکسی
taxi

teuer
expensive
باهظ
cher
گران
caro

U

V

Verkehr
traffic
سير / مرور
circulation
عبور و مرور / ترافیک
circulación

viel
much
كثير
beaucoup
زیاد / خیلی
mucho

W

Waage
scale
ميزان
balance
ترازو
balanza

W

warten
to wait
انتظر
attendre
صبر کردن
esperar

was
what
ماذا
que
چه / چی؟
qué

wenig
little
قليل
peu
کم
poco

wohin
where
إلى أين
où
به کجا؟
á donde

X

Y

Z

zahlen
to count
دفع
compter
پرداختن پول
contar

Zug
train
قطار
train
قطار
tren

Z

zum
to the
إلى ال
au
پیش / به / به طرف
al

zur
to the
إلى ال
à la
به / به طرف
a la

das Kleid
dress
فستان
robe
پیراهن زنانه
vestido

die Jeans
jeans
جينز
jean
شلوار جین / جین
jeans

der Rock
skirt
تنورة
jupe
دامن
falda

das T-Shirt
t-shirt
تيشرت
tee-shirt
تی شرت
camiseta

die Jacke
jacket
سترة
veste
کت / ژاکت
chaqueta

die Socke
sock
جورب
chaussette
جوراب ساق کوتاه
calcetín

der Schuh
shoe
حذاء
chaussure
کفش
zapato

die Hose
trousers
سروال
pantalon
شلوار
pantalones

der Pullover
jumper
بلوفر / كنزة
pull-over
پولیور
jersey

die Unterhose
pants
سروال داخلي
slip
زیرشلواری / شورت
calzoncillos, bragas

10 Kleidung

A

anhaben,
er hat an

anziehen,
er zieht sie an

sich **anziehen**,
sie zieht sich an

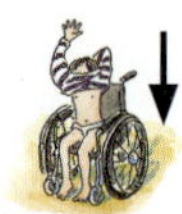

aufknöpfen,
sie knöpft auf

aufmachen,
er macht auf

aufsetzen,
sie setzt auf

ausziehen,
er zieht sie aus

sich **ausziehen**,
sie zieht sich aus

B

der **Badeanzug**,
die Badeanzüge

die **Badehose**,
die Badehosen

die **Bluse**,
die Blusen

C

D

dick

dünn

E

einpacken,
sie packt ein

eng

F

fein

G

gepunktet

gestreift

grob,
gröber

der **Gummistiefel**,
die Gummistiefel

der **Gürtel**,
die Gürtel

H

der **Handschuh**,
die Handschuhe

hässlich

das **Hemd**,
die Hemden

die **Hose**,
die Hosen

H

der **Hut**,
die Hüte

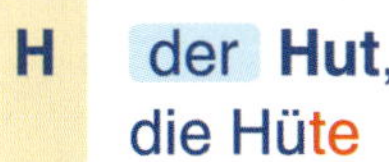

I

J

die **Jacke**,
die Jacken

die **Jeans**

K

kalt,
kälter

kariert

das **Kleid**,
die Kleider

die **Kleidung**

der **Klettverschluss**,
die Klettverschlüsse

der **Knopf**,
die Knöpfe

kurz,
kürzer

L

lang,
länger

M

der **Mantel**,
die Mäntel

M

die **Mütze**,
die Mützen

N

die **Nadel**,
die Nadeln

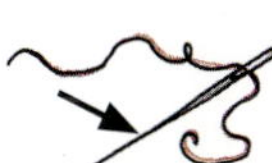

neu

O

P

passen,
es passt

der **Pullover**,
die Pullover

Q

R

die **Regenjacke**,
die Regenjacken

der **Reißverschluss**,
die Reißverschlüsse

der **Ring**,
die Ringe

der **Rock**,
die Röcke

S

die **Sandale**,
die Sandalen

der **Schal**,
die Schals

10 Kleidung

S

der **Schnürsenkel**,
die Schnürsenkel

schön

der **Schuh**,
die Schuhe

sein,
seine

die **Socke**,
die Socken

die **Sonnenbrille**,
die Sonnenbrillen

der **Stiefel**,
die Stiefel

der **Strumpf**,
die Strümpfe

die **Strumpfhose**,
die Strumpfhosen

T

tragen,
er trägt

das **T-Shirt**,
die T-Shirts

der **Turnschuh**,
die Turnschuhe

U

sich **umziehen**,
er zieht sich um

das **Unterhemd**,
die Unterhemden

die **Unterhose**,
die Unterhosen

V

W

waschen,
sie wäscht

weit,
weiter

X

Y

Z

zubinden,
er bindet zu

zuknöpfen,
sie knöpft zu

zumachen,
er macht zu

Hier findest du die Wörter zum Kapitel **Kleidung** in 5 weiteren Sprachen.

Deutsch
Englisch
Arabisch
Französisch
Farsi
Spanisch

A

anhaben
to wear
ارتدى
porter
بر تن داشتن در بر داشتن
llevar

anziehen
to put on
لبس
mettre
پوشاندن/
پوشیدن (لباس)
ponerse

sich anziehen
to get dressed
ارتدى ملابسه
s'habiller
لباس خود را پوشیدن
vestirse

aufknöpfen
to unbutton
فكّ
déboutonner
دکمه های چیزی
را باز کردن
desabrochar

aufmachen
to open
فتح
ouvrir
باز کردن
abrir

aufsetzen
to put on
وضع
mettre
قرار دادن / گذاشتن
ponerse

ausziehen
to take off
خلع الثياب
enlever
کندن لباس
quitarse

sich ausziehen
to get undressed
خلع ثيابه
se déshabiller
لباس خود را کندن
desvestirse

B

Badeanzug
swimsuit
لباس سباحة
maillot de bain
لباس شنا
traje de baño

Badehose
swimming trunks
سروال السباحة
short de bain
شلوار شنا / مایو
bañador

Bluse
blouse
بلوزة
blouse
بلوز
blusa

C

D

dick
fat
سمين
gros
کلفت / ضخیم / چاق
gordo

dünn
thin
نحيف
mince
باریک / نازک / لاغر
delgado

E

einpacken
to pack
غلّف
emballer
بار بستن / چمدان بستن
envolver

eng
tight
ضيق
serré
تنگ
apretado

10 Kleidung

F

fein
fine
ناعم
fin
ظريف / ريز / نازک
fino

G

gepunktet
with polka dots
منقط
à pois
خال خالی
con lunares

gestreift
striped
مخطط
à rayures
راه راه
de rayas

grob
coarse
جاف
grossier
درشت / ضخيم / خشن
tosco

Gummistiefel
wellington boots
حذاء من المطاط
bottes en caoutchouc
چکمه پلاستیکی
botas de goma

Gürtel
belt
حزام
ceinture
کمربند
cinturón

H

Handschuh
glove
قفاز
gant
دستکش
guante

H

hässlich
ugly
قبيح
laid
زشت / بدترکیب
feo

Hemd
shirt
قميص
chemise
پیراهن
camisa

Hose
trousers
سروال
pantalon
شلوار
pantalones

Hut
hat
قبعة
chapeau
کلاه
sombrero

I

J

Jacke
jacket
سترة
veste
کت / ژاکت
chaqueta

Jeans
jeans
جينز
jean
شلوار جین / جین
jeans

K

kalt
cold
بارد
froid
سرد
frío

kariert
plaid
مخطط بنماذج من المربعات
à carreaux
چارخانه / چهارخانه
a cuadros

Kleid
dress
فستان
robe
پیراهن زنانه
vestido

Kleidung
clothing
ملابس
vêtements
رخت و لباس / پوشاک
ropa

Klettverschluss
velcro®
لاصق فيلكرو
velcro®
بست قلاب دار
velcro®

Knopf
button
زر
bouton
دکمه
botón

kurz
short
قصير
court
کوتاه
corto

L

lang
long
طويل
long
بلند
largo

M

Mantel
coat
معطف
manteau
مانتو / پالتو
abrigo

Mütze
cap
طاقية
bonnet
کلاه
gorro

N

Nadel
needle
دبوس
aiguille
سوزن
aguja

neu
new
جديد
nouveau
جدید / نو
nuevo

O

P

passen
to fit
لاق على
aller bien
مناسب بودن / اندازه بودن
ir bien

Pullover
jumper
بلوفر / كنزة
pull-over
پولیور
jersey

Q

R

Regenjacke
raincoat
معطف المطر
imperméable
بارانی
impermeable

Reißverschluss
zip
سحاب
fermeture Éclair®
زیپ
cremallera

Ring
ring
خاتم
bague
حلقه
anillo

Rock
skirt
تنورة
jupe
دامن
falda

S

Sandale
sandal
صندل
sandale
صندل / دمپایی
sandalia

Schal
scarf
وشاح
écharpe
شال / دستمال گردن
bufanda

Schnürsenkel
shoelace
رباط الحذاء
lacet
بند کفش
cordón

schön
beautiful
جميل
beau
زیبا / قشنگ
hermoso

Schuh
shoe
حذاء
chaussure
کفش
zapato

sein
his
له
son
مال او / مال آن
su

Socke
sock
جورب
chaussette
جوراب ساق کوتاه
calcetín

Sonnenbrille
sunglasses
نظارة شمسية
lunettes de soleil
عینک آفتابی
gafas de sol

10 Kleidung

S

Stiefel
boots
حذاء شتوي
botte
چکمه
bota

Strumpf
stocking
جورب بنطلون
bas
جوراب ساق بلند
media

Strumpfhose
pantyhose
جورب بنطلون
collant
جوراب شلواری
medias

T

tragen
to wear
ارتدى
porter
پوشیدن
llevar

T-Shirt
t-shirt
تيشرت
tee-shirt
تی شرت
camiseta

Turnschuh
trainer
حذاء رياضي
chaussure de sport
کفش ورزشی
zapatilla de deporte

U

sich umziehen
to get changed
بدل ملابسه
se changer
لباس خود را عوض کردن
cambiarse

Unterhemd
vest
فانلة
maillot de corps
زیرپوش / زیرپیراهنی
camiseta

Unterhose
pants
سروال داخلي
slip
زیرشلواری / شورت
calzoncillos / bragas

V

W

waschen
to wash
غسل
laver
شستن
lavar

weit
wide
بعيد
large
گشاد
ancho

X

Y

Z

zubinden
to tie up
ربط
lacer
بستن (بند کفش)
atar

zuknöpfen
to button up
زر قميص
boutonner
با دکمه بستن
abrochar

zumachen
to close
أغلق
fermer
بستن
cerrar

das Haar
hair
شعر
cheveu
مو
pelo
die Hand
hand
يد
main
دست
mano
das Gesicht
face
وجه
visage
صورت
cara
die Nase
nose
أنف
nez
بینی / دماغ
nariz
der Mund
mouth
فم
bouche
دهان
boca
der Arm
arm
ذراع
bra
بازو
brazo
das Ohr
ear
أذن
oreille
گوش
oreja
das Auge
eye
عين
œil
چشم
ojo
der Fuß
foot
قدم
pied
پا (از قوزک تا نوک انگشتان)
pie
das Bein
leg
رجل
jambe
پا (از لگن خاصره تا انگشتان)
pierna

11 Mein Körper

A

der **Arm**,
die Arme

das **Auge**,
die Augen

B

der **Bauch**,
die Bäuche

das **Bein**,
die Beine

sich **bewegen**,
sie bewegt sich

blinzeln,
er blinzelt

die **Brille**,
die Brillen

die **Brust**

bürsten,
sie bürstet

C

D

E

der **Ellbogen**,
die Ellbogen

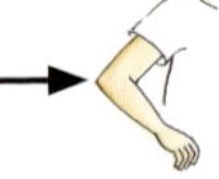

F

der **Finger**,
die Finger

F

fühlen,
er fühlt

der **Fuß**,
die Füße

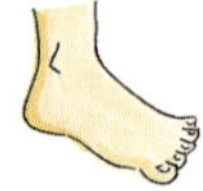

G

gähnen,
er gähnt

gehen,
er geht

das **Gesicht**,
die Gesichter

glatt

H

das **Haar**,
die Haare

sich die **Haare waschen**,
er wäscht sich
die Haare

der **Hals**,
die Hälse

die **Hand**,
die Hände

hart,
härter

die **Haut**

H

hören, sie hört

hüpfen, sie hüpft

I

J

K

das **Kinn**

klatschen, er klatscht

das **Knie**, die Knie
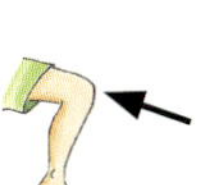

der **Kopf**, die Köpfe

der **Körper**, die Körper

das **Körperteil**, die Körperteile
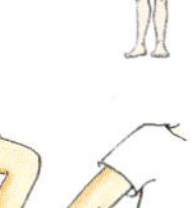

L

laufen, er läuft

liegen, er liegt

die **Lippe**, die Lippen

L

lockig

M

der **Mund**, die Münder

N

die **Nase**, die Nasen

nicken, er nickt

O

das **Ohr**, die Ohren
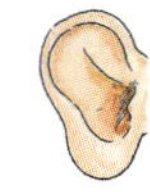

P

der **Po**, die Pos

Q

R

rau

rennen, er rennt

riechen, sie riecht

der **Rücken**, die Rücken

S

schmecken, sie schmeckt

die **Schulter**, die Schultern

11 Mein Körper

S

schütteln,
er schüttelt

sehen,
sie sieht

sitzen,
er sitzt

der **Spiegel**,
die Spiegel

sprechen,
er spricht

die **Stirn**,
die Stirnen

T

tasten,
sie tastet

U

V

W

weich

winken,
er winkt

X

Y

Z

der **Zeh**,
(die Zehe),
die Zehen

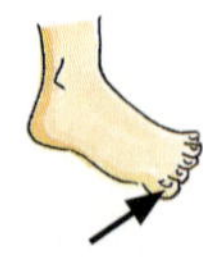

die **Zunge**,
die Zungen

Hier findest du die Wörter zum Kapitel **Mein Körper** in 5 weiteren Sprachen.

Deutsch
Englisch
Arabisch
Französisch
Farsi
Spanisch

A

Arm
arm
ذراع
bras
بازو
brazo

Auge
eye
عين
œil
چشم
ojo

B

Bauch
belly
بطن
ventre
شکم
barriga

Bein
leg
رجل
jambe
پا (از لگن خاصره تا انگشتان)
pierna

sich bewegen
to move
تحرك
bouger
حرکت کردن
moverse

blinzeln
to blink
غمز
cligner
چشمک زدن
parpadear

Brille
glasses
نظارة
lunettes
عینک
gafas

Brust
chest
صدر
poitrine
سینه
pecho

bürsten
to brush
مشط
brosser
برس زدن
cepillar

C

D

E

Ellbogen
elbow
كوع
coude
آرنج
codo

F

Finger
finger
إصبع
doigt
انگشت دست
dedo

fühlen
to feel
شَعَرَ
sentir
لمس کردن / حس کردن
sentir

Fuß
foot
قدم
pied
پا (از قوزک تا نوک انگشتان)
pie

G

gähnen
to yawn
ثاوب
bâiller
خمیازه کشیدن
bostezar

G

gehen
to go
مشى
aller
رفتن / راه رفتن
ir

Gesicht
face
وجه
visage
صورت
cara

glatt
smooth
ناعم
lisse
صاف
suave

H

Haar
hair
شعر
cheveu
مو
pelo

sich die Haare waschen
to wash one's hair
غسل شعره
se laver les cheveux
موهای خود را شستن
lavarse el cabello

Hals
neck
رقبة
cou
گلو
cuello

Hand
hand
يد
main
دست
mano

hart
hard
قاس
dur
سفت / سخت / خشن
duro

Haut
skin
بشرة
peau
پوست
piel

hören
to hear
سمع
entendre
شنیدن
oír

hüpfen
to hop
قفز
sautiller
جست و خیز کردن / لی لی کردن
brincar

I

J

K

Kinn
chin
ذقن
menton
چانه
mentón

klatschen
to clap
صفق
frapper dans ses mains
دست زدن / تحسین کردن
dar palmadas

Knie
knee
ركبة
genou
زانو
rodilla

Kopf
head
رأس
tête
سر
cabeza

Körper
body
جسم
corps
بدن
cuerpo

Körperteil
body part
أجزاء الجسم
partie du corps
عضو بدن
parte del cuerpo

L

laufen
to walk
مشى
marcher
راه رفتن
caminar

L

liegen
to lie
استلقى
s'allonger
دراز کشیدن
echarse

Lippe
lip
شفة
lèvre
لب
labio

lockig
curly
مجعد
bouclé
مجعد / فرفری
rizado

M

Mund
mouth
فم
bouche
دهان
boca

N

Nase
nose
أنف
nez
بینی / دماغ
nariz

nicken
to nod
ثنى / حنى
faire oui de la tête
سر تکان دادن
inclinar la cabeza

O

Ohr
ear
أذن
oreille
گوش
oreja

P

Po
bottom
مؤخرة
derrière
پشت / تحت / ماتحت
trasero

Q

R

rau
rough
خشن
rêche
زبر / ناصاف
áspero

rennen
to run
ركض
courir
دویدن / دو (مسابقه)
correr

riechen
to smell
شم
sentir
بوییدن
oler

Rücken
back
ظهر
dos
پشت / کول
espalda

S

schmecken
to taste
تذوق
goûter
چشیدن / مزه مزه کردن
gustar

S

Schulter
shoulder
كتف
épaule
شانه
hombro

schütteln
to shake
هزّ
secouer
تکان دادن
sacudir

sehen
to see
رأى
voir
دیدن
ver

sitzen
to sit
جلس
être assis
نشستن
estar sentado

Spiegel
mirror
مرآة
miroir
آینه
espejo

sprechen
to speak
تكلم
parler
حرف زدن / صحبت کردن
hablar

Stirn
forehead
جبين
front
پیشانی
frente

T

tasten
to touch
تحسس
toucher
لمس کردن /
دست مالیدن روی چیزی
tocar

U

V

W

weich
soft
ناعم
doux
نرم / لطیف
suave

winken
to wave
لاح
saluer d'un signe de la main
اشاره کردن /
دست تکان دادن
saludar con la mano

X

Y

Z

Zeh
toe
إصبع القدم
orteil
انگشت پا
dedo del pie

Z

Zunge
tongue
لسان
langue
زبان
lengua

die Tablette	das Pflaster	der Krankenwagen
tablet	adhesive plaster	ambulance
حبة دواء	لاصق طبي	سيارة إسعاف
comprimé	pansement	ambulance
قرص	چسب زخم	آمبولانس
pastilla	esparadrapo	ambulancia

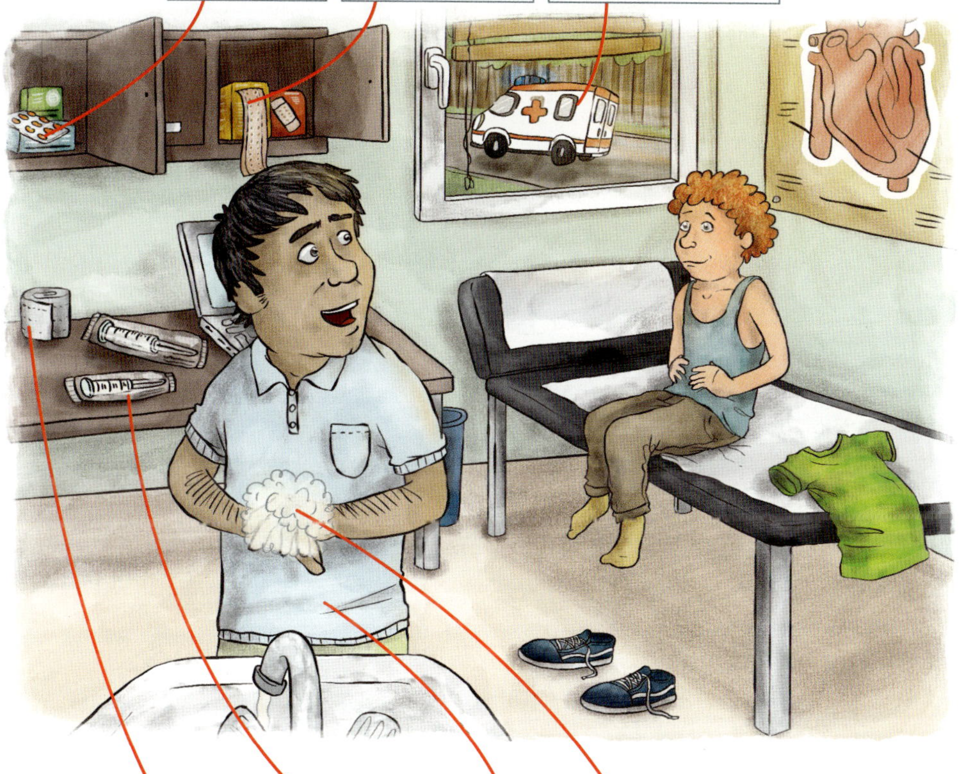

der Verband	die Spritze	der Arzt	sich die Hände waschen
bandage	injection	doctor	to wash one's hands
ضماد	إبرة	طبيب	غسل اليدين
bandage	piqûre	médecin	se laver les mains
نوار زخم بندی	آمپول	دکتر (مرد)	دستهای خود را شستن
vendaje	inyección	médico	lavarse las manos

12 Gesundheit

A

antworten,
sie antwortet

der **Arzt**,
die Ärzte

die **Ärztin**,
die Ärztinnen

B

bleiben,
er bleibt

die **Bürste**,
die Bürsten

C

D

dir

dreckig

E

F

fallen,
er fällt

das **Fieber**

der **Föhn**,
die Föhne

föhnen,
sie föhnt

F

fragen,
er fragt

G

gesund,
gesunde
(der gesunde Zahn),
gesünder

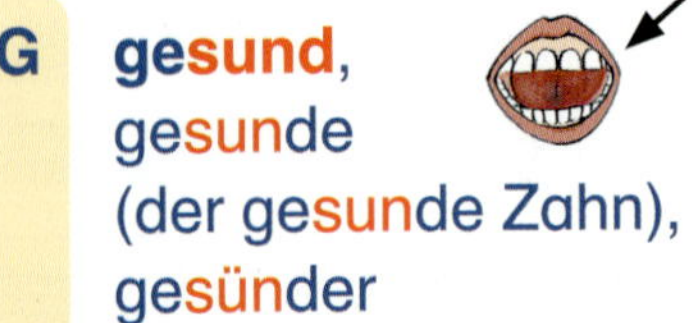

die **Gesundheit**

gut,
besser

H

sich die **Hände waschen**,
sie wäscht
sich die Hände

das **Handtuch**,
die Handtücher

I

ihm

J

K

der **Kamm**,
die Kämme

kämmen,
er kämmt

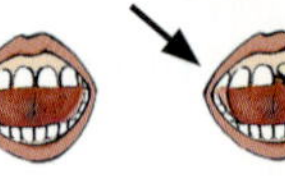

krank,
kränker

das **Krankenbett**,
die Krankenbetten

K

das **Krankenhaus**,
die Krankenhäuser

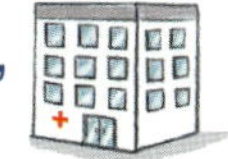

die **Krankenschwester**,
die Krankenschwestern

der **Krankenwagen**,
die Krankenwagen

die **Krankheit**,
die Krankheiten

L

M

die **Medizin**

mir

N

nehmen,
sie nimmt

O

P

das **Pflaster**,
die Pflaster

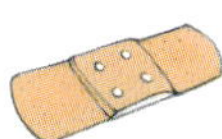

pflegen,
sie pflegt

die **Pille**,
die Pillen

putzen,
sie putzt

Q

R

S

sagen,
er sagt

sauber

schlucken,
er schluckt

schmutzig

schon

die **Seife**,
die Seifen

das **Shampoo**,
die Shampoos

so

die **Spritze**,
die Spritzen

T

die **Tablette**,
die Tabletten

tun,
er tut

U

untersuchen,
er untersucht

V

der **Verband**,
die Verbände

verbinden,
er verbindet

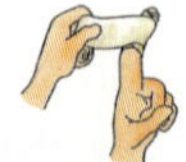

W

weh,
wehtun,
es tut weh

X

Y

Z

der **Zahn**,
die Zähne

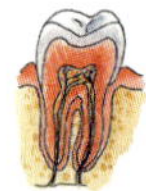

die **Zahnbürste**,
die Zahnbürsten

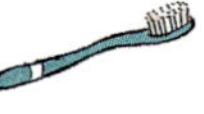

die **Zahnpasta**

zeigen,
sie zeigt

Gesundheit 12

Hier findest du die Wörter zum Kapitel **Gesundheit** in 5 weiteren Sprachen.

Deutsch
Englisch
Arabisch
Französisch
Farsi
Spanisch

A

antworten
to answer
أجاب
répondre
پاسخ دادن
contestar

Arzt
doctor
طبيب
médecin
دکتر (مرد)
médico

Ärztin
doctor (f.)
طبيبة
médecin (f.)
دکتر (زن)
médica

B

bleiben
to stay
بقى
reste
ماندن
quedarse

Bürste
brush
فرشاة
brosse
برس
cepillo

C

D

dir
you
لك
te
به تو / برای تو
te

dreckig
dirty
متسخ
sal
کثیف
sucio

E

F

fallen
to fall
سقط / وقع
tomber
افتادن
caer

Fieber
fever
حمى
fièvre
تب
fiebre

Föhn
hairdryer
مجفف الشعر
sèche-cheveaux
سشوار
secador de pelo

föhnen
to blow-dry
جفّف الشعر
se sécher les cheveaux
سشوار کشیدن
secarse el pelo

fragen
to ask
سأل
demander
سؤال کردن
preguntar

G

gesund
healthy
معافى / بصحه جيدة
en bonne santé
سالم
sano

Gesundheit
health
الصحة
santé
سلامت
salud

gut
good
جيد
bon
خوب
bueno

12 Gesundheit

H

sich die Hände waschen
to wash one's hands
غسل اليدين
se laver les mains
دستهای خود را شستن
lavarse las manos

Handtuch
towel
منشفة
serviette
حوله
toalla

I

ihm
him
له
lui
به او / برای او (مرد)
le

J

K

Kamm
comb
مشط
peigne
شانه
peine

kämmen
to comb
مشّط
peigner
شانه کشیدن
peinar

krank
ill
مريض
malade
ناسالم / مریض
enfermo

Krankenbett
sickbed
سرير المريض
lit de malade
تخت بیمار
lecho de enfermo

Krankenhaus
hospital
مستشفى
hôpital
بیمارستان
hospital

Krankenschwester
nurse
ممرضة
infirmière
پرستار
enfermera

Krankenwagen
ambulance
سيارة إسعاف
ambulance
آمبولانس
ambulancia

Krankheit
illness
مرض
maladie
بیماری
enfermedad

L

M

Medizin
medecine
طب
médecine
دارو
medicina

mir
me
لي
me
به من / برای من
me

N

nehmen
to take
أخذ
prendre
گرفتن / برداشتن / مصرف کردن
tomar

O

P

Pflaster
adhesive plaster
لاصق طبي
pansement
چسب زخم
esparadrapo

pflegen
to nurse
إعتنى
soigner
مراقبت / مواظبت کردن / پرستاری
cuidar

Pille
pill
حبة دواء
pilule
قرص
píldora

putzen
to clean
نظّف
nettoyer
تمیز کردن / مسواک زدن
limpiar

Q

R

S

sagen
to say
قال
dire
گفتن
decir

sauber
clean
نظيف
propre
تمیز
limpio

schlucken
to swallow
بلع
avaler
قورت دادن / فرو دادن
tragar

schmutzig
dirty
وسخ
sal
کثیف
sucio

schon
already
مسبقاً
déjà
همین حالا / الان /
به این زودی / دیگر /
همین / همان
ya

Seife
soap
صابون
savon
صابون
jabón

S

Shampoo
shampoo
شامبو
shampooing
شامپو
champú

so
thus
هكذا
ainsi
اینطور / چنین /
به این نحو / بدینسان
así

Spritze
injection
إبرة
piqûre
آمپول
inyección

T

Tablette
tablet
حبة دواء
comprimé
قرص
pastilla

tun
to do
فعل
faire
انجام دادن
hacer

U

untersuchen
to examine
فحص طبي
examiner
معاینه کردن
examinar

V

Verband
bandage
ضماد
bandage
نوار زخم بندی
vendaje

V

verbinden
to bandage
ضمّد
bander
پانسمان کردن یا
بستن زخم
vendar

W

wehtun
to hurt
ألم
faire mal
درد
doler

X

Y

Z

Zahn
tooth
سن
dent
دندان
diente

Zahnbürste
toothbrush
فرشاة اسنان
brosse à dents
مسواک
cepillo de dientes

Zahnpasta
toothpaste
معجون اسنان
dentifrice
خمیردندان
pasta de dientes

zeigen
to show
أرى
montre
نشان دادن
mostrar

die Dusche
shower
غرفة الدوش
douche
دوش
ducha

die Tür
door
باب
porte
در
puerta

der Kühlschrank
refrigerator
ثلاجة
réfrigérateur
يخچال
frigorífico

der Herd
cooker
فرن
cuisinière
گاز
cocina

das Sofa
sofa
أريكة
sofa
كاناپه
sofá

das Regal
set of shelves
رف
étagère
قفسهٔ کتاب
estantería

das Waschbecken
sink
مغسلة
lavabo
دستشویی
lavabo

das Bad
bathroom
حمام
salle de bains
حمام
cuarto de baño

die Toilette
toilet
مرحاض
toilette
توالت
inodoro

die Küche
kitchen
مطبخ
cuisine
آشپزخانه
cocina

das Wohnzimmer
living room
غرفة الجلوس
salon
اتاق نشیمن
sala de estar

A

an

arm,
ärmer

B

das **Bad**,
die Bäder

baden,
sie badet

die **Badewanne**,
die Badewannen

der **Balkon**,
die Balkone

die **Bank**,
die Bänke

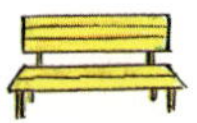

das **Bett**,
die Betten

bis

der **Boden**,
die Böden

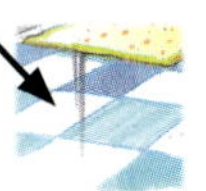

der **Brief**,
die Briefe

der **Briefkasten**,
die Briefkästen

C

D

das **Dach**,
die Dächer

die **Decke**,
die Decken

die **Dusche**,
die Duschen

E

die **Ecke**,
die Ecken

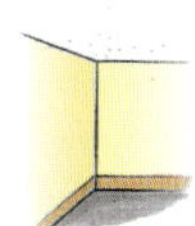

das **Esszimmer**,
die Esszimmer

F

der **Fernseher**,
die Fernseher

der **Flur**,
die Flure

für

G

die **Garage**,
die Garagen

der **Garten**,
die Gärten

gehören,
es gehört mir

H

hängen,
es hängt

13 Wohnen

H

das Haus, die Häuser

die Hausnummer, die Hausnummern

der Herd, die Herde

I

J

K

der Kamin, die Kamine

der Keller, die Keller

das Kinderzimmer, die Kinderzimmer

die Klingel, die Klingeln

die Küche, die Küchen

der Kühlschrank, die Kühlschränke

L

die Lampe, die Lampen

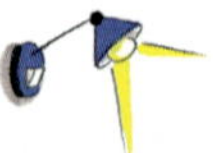

M

N

O

P

putzen, er putzt

Q

R

das Regal, die Regale

reich

S

schlafen, sie schläft

das Schlafzimmer, die Schlafzimmer

der Schrank, die Schränke

der Sessel, die Sessel

das Sofa, die Sofas

stehen, er steht

T

das **Telefon**,
die Telefone

der **Teppich**,
die Teppiche

die **Toilette**,
die Toiletten

die **Treppe**,
die Treppen

die **Tür**,
die Türen

U

über

uns,
unser,
unsere

unten

unter

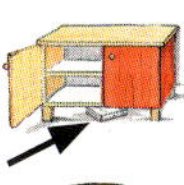

V

die **Vase**,
die Vasen

W

die **Wand**,
die Wände

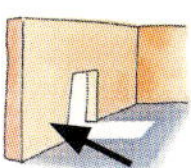

das **Waschbecken**,
die Waschbecken

W

wohnen,
er wohnt

das **Wohnzimmer**,
die Wohnzimmer

X

Y

Z

das **Zimmer**,
die Zimmer

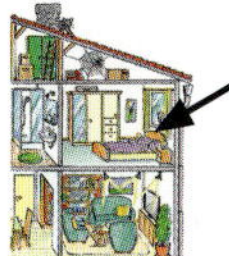

13 Wohnen

Hier findest du die Wörter zum Kapitel **Wohnen** in 5 weiteren Sprachen.

Deutsch
Englisch
Arabisch
Französisch
Farsi
Spanisch

A

an
at
إلى
à
در / نزد
en

arm
poor
فقير
pauvre
فقير
pobre

B

Bad
bathroom
حمام
salle de bains
حمام
cuarto de baño

baden
bathe
استحمّ
se baigner
استحمام كردن /
حمام گرفتن
bañarse

Badewanne
bath
حوض الإستحمام
baignoire
وان حمام
bañera

Balkon
balcony
شرفة
balcon
بالكن
balcón

Bank
bench
مقعد
banc
نيمكت
banco

Bett
bed
سرير
lit
تختخواب
cama

bis
until
إلى
jusqu'à
تا
hasta

Boden
floor
أرضية
sol
زمين
suelo

Brief
letter
رسالة
lettre
نامه
carta

Briefkasten
letterbox
صندوق البريد
boîte aux lettres
صندوق نامه
buzón

C

D

Dach
roof
سقف خارجي
toit
سقف
tejado

Decke
blanket
سقف داخلي
couverture
رانداز / لحاف / پتو
manta

Dusche
shower
غرفة الدوش
douche
دوش
ducha

E

Ecke
corner
زاوية
coin
گوشه
esquina

Esszimmer
dining room
غرفة الطعام
salle à manger
اتاق ناهارخوری
comedor

F

Fernseher
television
تلفاز
télévision
تلویزیون
televisor

Flur
hall
ممر
couloir
راهرو
pasillo

für
for
من أجل
pour
برای
para

G

Garage
garage
كراج
garage
گاراژ / پارکینگ
garaje

Garten
garden
حديقة
jardin
حياط / باغ
jardín

gehören
to belong to
خص
appartenir
تعلق داشتن / متعلق بودن
pertenecer

H

hängen
to hang
علّق
accrocher
آویزان بودن
colgar

Haus
house
بيت
maison
خانه
casa

Hausnummer
house number
رقم المنزل
número de rue
پلاک خانه
número de calle

Herd
cooker
فرن
cuisinière
گاز
cocina

I

J

K

Kamin
fireplace
مدفأة الحطب
cheminée
دودکش / کوره
chimenea

Keller
cellar
قبو
cave
انبار
sótano

Kinderzimmer
nursery
غرفة الأطفال
chambre d'enfant
اتاق بچه ها
cuarto del niño

Klingel
doorbell
جرس
sonnette
زنگ
timbre

Küche
kitchen
مطبخ
cuisine
آشپزخانه
cocina

Kühlschrank
refrigerator
ثلاجة
réfrigérateur
یخچال
frigorífico

L

Lampe
lamp
مصباح
lampe
چراغ
lámpara

M

N

O

P

putzen
to clean
نظف
nettoyer
تميز كردن
limpiar

Q

R

Regal
set of shelves
رف
étagère
قفسهٔ کتاب
estantería

reich
rich
غني
riche
ثروتمند
rico

S

schlafen
to sleep
نام
dormir
خوابیدن
dormir

Schlafzimmer
bedroom
غرفة النوم
chambre
اتاق خواب
dormitorio

Schrank
cupboard
خزانة
armoire
کمد / گنجه
armario

Sessel
armchair
أريكة ذات مقعد واحد
fauteuil
مبل / صندلی راحتی
sillón

Sofa
sofa
أريكة
sofa
کاناپه
sofá

stehen
to stand
وقف
être
ایستادن
estar

T

Telefon
telephone
هاتف
téléphone
تلفن
teléfono

Teppich
carpet
سجاد
tapis
فرش
alfombra

Toilette
toilet
مرحاض
toilette
توالت
inodoro

Treppe
staircase
درج
escalier
پلّه / پلّکان
escalera

Tür
door
باب
porte
در
puerta

U

über
above
فوق
au-dessus de
بالای
encima de

uns
us
لنا
nous
به ما / برای ما
nos

unten
below
في الأسفل
vers le bas
پایین / زیر
abajo

unter
under
تحت
sous
پایینِ / زیرِ
debajo de

V

Vase
vase
مزهرية
vase
گلدان
florero

W

Wand
wall
جدار
mur
دیوار
muro

W

Waschbecken
sink
مغسلة
lavabo
دستشویی
lavabo

wohnen
to reside
سكن
habiter
زندگی کردن /
سکونت داشتن
vivir

Wohnzimmer
living room
غرفة الجلوس
salon
اتاق نشیمن
sala de estar

X

Y

Z

Zimmer
room
غرفة
chambre
اتاق
cuarto

14 Tiere und Pflanzen

A

der **Affe**,
die Affen

als

die **Ameise**,
die Ameisen

die **Amsel**,
die Amseln

das **Aquarium**,
die Aquarien

der **Ast**,
die Äste

B

der **Bär**,
die Bären

der **Bau**,
die Baue

bauen,
er baut

der **Bauer**,
die Bauern

die **Bäuerin**,
die Bäuerinnen

der **Bauernhof**,
die Bauernhöfe

B

der **Baum**,
die Bäume

beißen,
er beißt

bellen,
er bellt

die **Biene**,
die Bienen

das **Blatt**,
die Blätter

blühen,
es blüht

die **Blume**,
die Blumen

die **Blüte**,
die Blüten

böse

brüllen,
er brüllt

der **Busch**,
die Büsche

C

14 Tiere und Pflanzen

D

der **Delfin**,
die Delfine

dick

der **Dinosaurier**,
die Dinosaurier

dünn

E

das **Eichhörnchen**,
die Eichhörnchen

der **Elefant**,
die Elefanten

die **Ente**,
die Enten

der **Esel**,
die Esel

die **Eule**,
die Eulen

F

die **Feder**,
die Federn

das **Feld**,
die Felder

das **Fell**,
die Felle

der **Fisch**,
die Fische

die **Fliege**,
die Fliegen

fliegen,
sie fliegt

der **Flügel**,
die Flügel

fressen,
sie frisst

der **Frosch**,
die Frösche

der **Fuchs**,
die Füchse

das **Futter**

füttern,
er füttert

G

die **Gans**,
die Gänse

die **Gärtnerei**,
die Gärtnereien

gefährlich

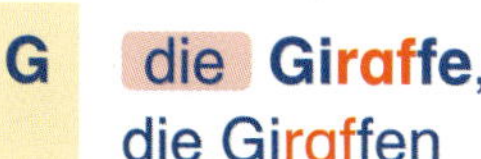

G

die **Giraffe**,
die Giraffen

das **Gras**,
die Gräser

H

der **Hahn**,
die Hähne

der **Hai**,
die Haie

der **Hamster**,
die Hamster

harmlos

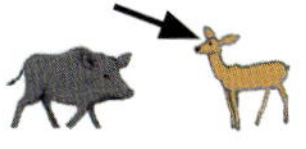

der **Hase**,
die Hasen

das **Haustier**,
die Haustiere

die **Hecke**,
die Hecken

der **Hirsch**,
die Hirsche

das **Huhn**,
die Hühner

der **Hund**,
die Hunde

I

der **Igel**,
die Igel

J

K

der **Käfer**,
die Käfer

die **Katze**,
die Katzen

klettern,
sie klettert

knurren,
er knurrt

krabbeln,
sie krabbelt

kriechen,
er kriecht

das **Krokodil**,
die Krokodile

die **Kröte**,
die Kröten

die **Kuh**,
die Kühe

L

das **Laub**

14 Tiere und Pflanzen

L

der **Löwe**,
die Löwen

M

die **Maus**,
die Mäuse

das **Meerschweinchen**,
die Meerschweinchen

miauen,
sie miaut

N

das **Nest**,
die Nester

das **Nilpferd**,
die Nilpferde

O

P

der **Papagei**,
die Papageien

das **Pferd**,
die Pferde

die **Pflanze**,
die Pflanzen

pflanzen,
er pflanzt

das **Pony**,
die Ponys

Q

quaken,
er quakt

R

der **Rabe**,
die Raben

die **Ratte**,
die Ratten

die **Raupe**,
die Raupen

das **Reh**,
die Rehe

der **Rüssel**,
die Rüssel

S

der **Sand**

sandig

saufen,
sie säuft

das **Schaf**,
die Schafe

die **Schildkröte**,
die Schildkröten

die **Schlange**,
die Schlangen

S

schleichen,
sie schleicht

der **Schmetterling**,
die Schmetterlinge

die **Schnecke**,
die Schnecken

schwach,
schwächer

das **Schwein**,
die Schweine

der **Seehund**,
die Seehunde

die **Spinne**,
die Spinnen

springen,
es springt

der **Stall**,
die Ställe

die **Stange**,
die Stangen

der **Stängel**,
die Stängel

stark,
stärker

der **Strauch**,
die Sträucher

streicheln,
er streichelt

T

das **Tier**,
die Tiere

der **Tiger**,
die Tiger

U

V

der **Vogel**,
die Vögel

W

der **Wald**,
die Wälder

der **Weg**,
die Wege

der **Wellensittich**,
die Wellensittiche

die **Wiese**,
die Wiesen

wild

das **Wildschwein**,
die Wildschweine

W

der **Wolf**,
die Wölfe

der **Wurm**,
die Würmer

die **Wurzel**,
die Wurzeln

X

Y

Z

zahm

das **Zebra**,
die Zebras

die **Ziege**,
die Ziegen

der **Zoo**,
die Zoos

Hier findest du die Wörter zum Kapitel **Tiere und Pflanzen** in 5 weiteren Sprachen.

Deutsch
Englisch
Arabisch
Französisch
Farsi
Spanisch

A

Affe
monkey
قرد
singe
میمون
mono

als
as
عندما
comme
وقتی / از / به عنوان
como

Ameise
ant
نملة
fourmi
مورچه
hormiga

Amsel
blackbird
شحرور
merle
توکا (پرنده)
mirlo

Aquarium
fish tank
حوض السمك
aquarium
آکواریوم
acuario

Ast
branch
غصن
branche
شاخه
rama

B

Bär
bear
دب
ours
خرس
oso

Bau
construction
بناء
construction
لانه / سوراخ
construcción

bauen
to build
بنى
construire
ساختن / درست کردن
construir

Bauer
farmer (m.)
فلاح
fermier
کشاورز / دهقان (مرد)
granjero

Bäuerin
farmer (f.)
فلاحة
fermière
کشاورز / دهقان (زن)
granjera

Bauernhof
farm
مزرعة
ferme
مزرعه / خانهٔ دهقانی
granja

Baum
tree
شجرة
arbre
درخت
árbol

beißen
to bite
عض
mordre
گاز زدن / گاز گرفتن
morder

bellen
to bark
عوى
aboyer
پارس کردن
ladrar

14 Tiere und Pflanzen

B

Biene
bee
نحلة
abeille
زنبور
abeja

Blatt
leaf
ورقة
feuille
برگ
hoja

blühen
to bloom
زهر
fleurir
شکوفه دادن / گُل کردن
florecer

Blume
flower
وردة
fleur
گُل
flor

Blüte
blossom
زهرة
fleur
گُل
flor

böse
evil
شرير
mauvais
عصبانی / دلخور /
ناراحت / بد
malo

brüllen
to yell
صرّخ
hurler
غریدن / غرش کردن
gritar

Busch
bush
شجيرة
buisson
بوته / درختچه
arbusto

C

D

Delfin
dolphin
دلفين
dauphin
دلفین
delfín

dick
thick
سمين
épais
کلفت / ضخیم / چاق
grueso

Dinosaurier
dinosaur
ديناصور
dinosaure
دایناسور
dinosaurio

dünn
thin
نحيف
maigre
باریک / نازک / لاغر
delgado

E

Eichhörnchen
squirrel
سنجاب
écureuil
سنجاب
ardilla

Elefant
elephant
فيل
éléphant
فیل
elefante

Ente
duck
بطة
canard
اردک
pato

Esel
donkey
حمار
âne
خر
burro

Eule
owl
بومة
chouette
جغد
búho

F

Feder
feather
ريشة
plume
پر
pluma

Feld
field
حقل
champ
مزرعه
campo

F

Fell
fur
فرو
pelage
پوست
pelaje

Fisch
fish
سمك
poisson
ماهی
pez

Fliege
fly
ذبابة
mouche
مگس
mosca

fliegen
to fly
طار
voler
پرواز کردن
volar

Flügel
wing
جناح
aile
بال
ala

fressen
to eat
أكل
manger
غذا خوردن / مثل حیوان خوردن / بلعیدن
comer

F

Frosch
frog
ضفدع
grenouille
قورباغه
rana

Fuchs
fox
ثعلب
renard
روباه
zorro

Futter
feed
طعام الحيوانات
nourriture
غذای حیوانات
pienso

füttern
to feed
أطعم الحيوانات
donner à manger
غذا دادن به (حیوانات)
dar de comer

G

Gans
goose
إوزة
oie
غاز
ganso

Gärtnerei
garden centre
مشتل
jardinerie
باغداری / نهالستان
centro de jardinería

gefährlich
dangerous
خطير
dangereux
خطرناک
peligroso

G

Giraffe
giraffe
زرافة
girafe
زرّافه
jirafa

Gras
grass
حشيش
herbe
چمن / سبزه / علف
hierba

H

Hahn
rooster
ديك
coq
خروس
gallo

Hai
shark
سمك القرش
requin
کوسه
tiburón

Hamster
hamster
جربوع
hamster
هامستر / کیسه دهان
hámster

harmlos
harmless
غير مؤذي
inoffensif
بی آزار
inofensivo

Hase
hare
أرنب
lièvre
خرگوش
liebre

14 Tiere und Pflanzen

H

Haustier
pet
حيوان أليف
animal de compaigne
جانور اهلی
mascota

Hecke
hedge
سياج عشبي
haie
چپر / پرچین / بیشهٔ انبوه
seto

Hirsch
deer
غزال بري
cerf
گوزن
ciervo

Huhn
hen
دجاجة
poule
مرغ
gallina

Hund
dog
كلب
chien
سگ
perro

I

Igel
hedgehog
قنفذ
hérisson
جوجه تیغی
erizo

J

K

Käfer
beetle
خنفساء
scarabée
سوسک
escarabajo

Katze
cat
قطة
chat
گربه
gato

klettern
to climb
تسلق
grimper
بالا رفتن / صخره نوردی
subir

knurren
to growl
خرير القطة
grogner
دندان قروچه کردن / خرخر کردن
gruñir

krabbeln
to crawl
زحف
marcher à quatre pattes
چاردست و پا راه رفتن
gatear

kriechen
to crawl
زحف
ramper
خزیدن / سینه خیز رفتن
arrastrarse

K

Krokodil
crocodile
تمساح
crocodile
کروکودیل / سوسمار
crocodrilo

Kröte
toad
علجوم
crapaud
وزغ
sapo

Kuh
cow
بقرة
vache
گاو
vaca

L

Laub
folliage
ورق الشجر المتساقط
feuillage
شاخ و برگ
follaje

Löwe
lion
أسد
lion
شیر
león

M

Maus
mouse
فأر
souris
موش
ratón

Meerschweinchen
guinea pig
خنزير البحر
cochon d'Inde
خوکچهٔ هندی
cobayo

M

miauen
to meow
مواء القط
miauler
میو میو کردن
maullar

N

Nest
nest
عش
nid
لانه / آشیانه
nido

Nilpferd
hippopotamus
فرس النهر
hippopotame
اسب آبی
hipopótamo

O

P

Papagei
parrot
ببغاء
perroquet
طوطی
loro

Pferd
horse
حصان
cheval
اسب
caballo

Pflanze
plant
نبتة
plante
گیاه
planta

P

pflanzen
to plant
زرع
planter
کاشتن
plantar

Pony
pony
حصان صغير
poney
پونی / اسب کوچک
poni

Q

quaken
to quack
نعق
faire coin-coin
غور غور کردن
graznar

R

Rabe
raven
غراب
corbeau
کلاغ / غراب
cuervo

Ratte
rat
جرذ
rat
موش صحرایی
rata

Raupe
caterpillar
يرقة
chenille
کِرم
oruga

Reh
deer
غزال
chevreuil
آهو / گوزن کوچک
corzo

R

Rüssel
trunk
خرطوم الفيل
trompe
خرطوم
trompa

S

Sand
sand
رمل
sable
شن / ماسه
arena

sandig
sandy
رملي
sablonneux
شنی / ماسه ای
arenoso

saufen
to guzzle
شرب
bouffer
آب خوردن جانوران
zampar

Schaf
sheep
خروف
mouton
گوسفند
oveja

Schildkröte
tortoise
سلحفاة
tortue
لاک پشت
tortuga

Schlange
snake
ثعبان
serpent
مار
serpiente

S

schleichen
to slither
انسلّ
ramper
پاورچین رفتن
deslizarse

Schmetterling
butterfly
فراشة
papillon
پروانه
mariposa

Schnecke
snail
حلزون
escargot
حلزون
caracol

schwach
weak
ضعيف
faible
ضعيف / ناتوان
débil

Schwein
pig
خنزير
cochon
خوک
cerdo

Seehund
seal
كلب البحر
phoque
فُک / سگ ماهی
foca

Spinne
spider
عنكبوت
araignée
عنکبوت
araña

S

springen
to jump
قفز
sauter
پریدن
saltar

Stall
stall
حظيرة
stalle
اصطبل / طویله
establo

Stange
pole
عصا
barre
میله
barra

Stängel
stem
عود
tige
ساقه
tallo

stark
strong
قوي
fort
قوی / نیرومند
fuerte

Strauch
shrub
غصن
arbuste
درختچه / بوته
arbusto

streicheln
to pet
داعب
caresser
نوازش کردن
acariciar

T

Tier
animal
حيوان
animal
حیوان
animal

Tiger
tiger
نمر
tigre
ببر
tigre

U

V

Vogel
bird
طير
oiseau
پرنده
pájaro

W

Wald
forest
غابة
forêt
جنگل
bosque

Weg
path
طريق
chemin
جاده / راه
camino

Wellensittich
budgie
ببغاء كناري
perruche
مرغ عشق
periquito

W

Wiese
meadow
مرج
prairie
علفزار / سبزه زار / مرتع
prado

wild
wild
بري
sauvage
وحشی / رام نشده
salvaje

Wildschwein
wild boar
خنزير بري
sanglier
گراز
jabalí

Wolf
wolf
ذئب
loup
گرگ
lobo

Wurm
worm
دودة
ver
کِرم
lombriz

Wurzel
root
جذر / أصل
racine
ریشه
raíz

X

Y

Z

zahm
tame
أليف
domestique
رام / اهلی
domesticado

Zebra
zebra
حمار وحشي
zèbre
گورخر
cebra

Ziege
goat
ماعز
chèvre
بُز
cabra

Zoo
zoo
حديقة الحيوانات
zoo
باغ وحش
zoo

15 Wetter

der Blitz
lightning
برق
foudre
برق / صاعقه
rayo
die Wolke
cloud
غيمة
nuage
ابر
nube
der Regenbogen
rainbow
قوس قزح
arc-en-ciel
رنگین کمان
arco iris
die Sonne
son
شمس
soleil
خورشید
sol
der Schnee
snow
ثلج
neige
برف
nieve
der Wind
wind
رياح
vent
باد
viento

A

B

bei

beobachten, sie beobachtet

bewölkt

der Blitz, die Blitze

blitzen, es blitzt

C

D

denn

der Donner

donnern, es donnert

dunkel, dunkler

E

das Eis

die Erde

F

frieren, sie friert

G

das Gewitter, die Gewitter

H

der Hagel

hageln, es hagelt

heiß

hell, heller

der Himmel

I

J

K

kalt, kälter

die Kälte

L

M

messen, er misst

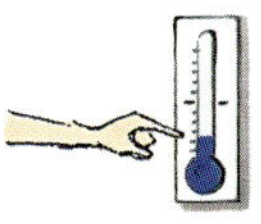

der Mond, die Monde

N

nass

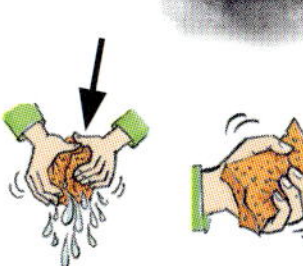

15 Wetter

N

der **Nebel**,
die Nebel

neblig

O

P

Q

R

der **Regen**

der **Regenbogen**,
die Regenbogen

regnen,
es regnet

S

scheinen,
es scheint

der **Schirm**,
die Schirme

der **Schnee**

schneien,
es schneit

schwitzen,
er schwitzt

die **Sonne**,
die Sonnen

sonnig

der **Stern**,
die Sterne

der **Sturm**,
die Stürme

stürmen,
es stürmt

T

die **Temperatur**,
die Temperaturen

das **Thermometer**,
die Thermometer

trocken

U

V

W

warm,
wärmer

die **Wärme**

warum

weil

das **Wetter**

W

der **Wetterbericht**,
die Wetterberichte

der **Wind**,
die Winde

windig

die **Wolke**,
die Wolken

X

Y

Z

15 Wetter

Hier findest du die Wörter zum Kapitel **Wetter** in 5 weiteren Sprachen.

Deutsch
Englisch
Arabisch
Französisch
Farsi
Spanisch

A

B

bei
at
عند
à
نزد / پیش / پهلو / در / کنار
en

beobachten
to observe
راقب
observer
مشاهده کردن / زیر نظر گرفتن / دیدن
observar

bewölkt
cloudy
غائم
nuageux
ابری
nublado

Blitz
lightning
برق
foudre
برق / صاعقه
rayo

blitzen
to flash (with lightning)
بَرَقَ
faire des éclairs
برق زدن / صاعقه زدن
relampaguear

C

D

denn
for
لأن
car
زیرا / چون / مگر / پس
pues

Donner
thunder
رعد
tonnerre
رعد / تندر / آسمان غره
trueno

donnern
to thunder
رَعَدَ
tonner
رعد زدن / غریدن آسمان
tronar

dunkel
dark
مظلم
noir
تیره / تاریک
oscuro

E

Eis
ice
جليد
glace
یخ
hielo

Erde
earth
أرض
terre
زمین
tierra

F

frieren
to freeze
يتجمد
geler
یخ زدن / لرزیدن
helar

G

Gewitter
thunderstorm
عاصفة جوية
orage
هوای طوفانی / منقلب / رعد و برق
tormenta

H

Hagel
hail
بَرَد
grêle
تگرگ
granizo

H

hageln
to hail
نزول البَرَد
grêler
تگرگ باریدن
granizar

heiß
hot
حار
chaud
گرم
cálido

hell
bright
صافي
clair
روشن
soleado

Himmel
sky
سماء
ciel
آسمان
cielo

I

J

K

kalt
cold
بارد
froid
سرد
frío

Kälte
cold
برودة
froid
سرما
frío

L

M

messen
to measure
قاس
mesurer
اندازه گیری کردن
medir

Mond
moon
قمر
lune
ماه
luna

N

nass
wet
مبلول
pleuvieux
خیس / مرطوب
lluvioso

Nebel
fog
ضباب
brouillard
مه
niebla

neblig
foggy
جو ضبابي
brumeux
مِه آلود
brumoso

O

P

Q

R

Regen
rain
مطر
pluie
باران
lluvia

Regenbogen
rainbow
قوس قزح
arc-en-ciel
رنگین کمان
arco iris

regnen
to rain
أمطرت السماء
pleuvoir
باریدن
llover

S

scheinen
to shine
أشرقت الشمس
briller
تابیدن
brillar

Schirm
umbrella
مظلة
parapluie
چتر
paraguas

Schnee
snow
ثلج
neige
برف
nieve

schneien
to snow
تثلج
neiger
برف باریدن
nevar

15 Wetter

S

schwitzen
to sweat
عرق
transpirer
عرق کردن
transpirar

Sonne
son
شمس
soleil
خورشید
sol

sonnig
sunny
مشمس
ensoleilé
آفتابی
soleado

Stern
star
نجم
étoile
ستاره
estrella

Sturm
storm
عاصفة
tempête
توفان
tormenta

stürmen
to storm
عصف
faire tempête
توفانی شدن
hacer tormenta

T

Temperatur
temperature
درجة الحرارة
température
دما
temperatura

Thermometer
thermometer
مقياس الحرارة
thermomètre
دما سنج
termómetro

trocken
dry
جاف
sec
خشک
seco

U

V

W

warm
warm
دافئ
chaud
گرم
cálido

Wärme
warmth
حرارة
chaleur
گرما
calor

warum
why
لماذا
pourquoi
چرا
por qué

weil
because
لأن
parce que
چون / برای اینکه
porque

Wetter
weather
طقس
temps
هوا
tiempo

Wetterbericht
weather report
النشرة الجوية
météo
گزارش هوا
boletín
meteorológico

Wind
wind
رياح
vent
باد
viento

windig
windy
جو عاصف
venteux
بادی
ventoso

Wolke
cloud
غيمة
nuage
ابر
nube

X

Y

Z

Hinweise zum Wörterbuch

In dem Wörterverzeichnis im blauen Teil sind alle Wörter nach dem Abc geordnet.

Auf jeder Seite siehst du das **Abc** am Rand. Wenn du zum Beispiel ein Wort mit dem Anfangsbuchstaben **C** suchst, dann blättere die Seiten so lange um, bis du den dunkel gefärbten Buchstaben **C** siehst. Auf diesen Seiten findest du dein Wort mit **C**.

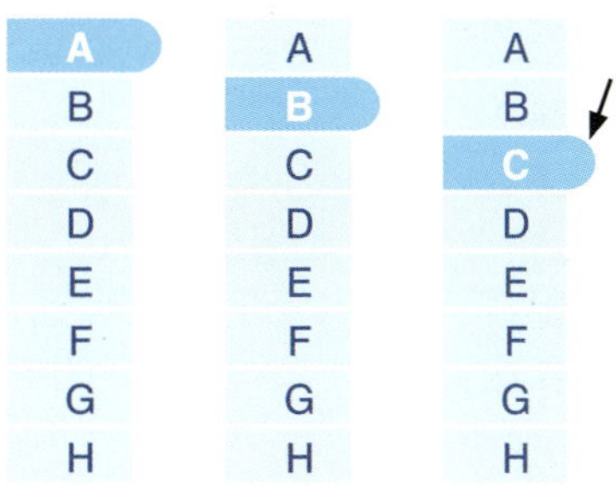

Wenn ein **neuer Buchstabe** beginnt, findest du einen blauen Button, in dem der Buchstabe steht.

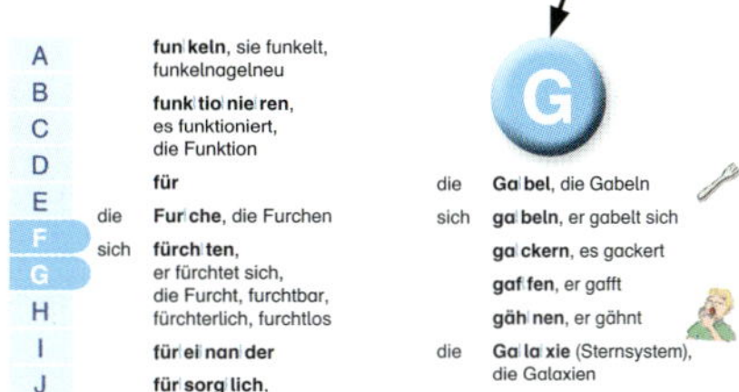

A B C D E F G H I J

fun|keln, sie funkelt, funkelnagelneu

funk|tio|nie|ren, es funktioniert, die Funktion

für

die **Fur|che**, die Furchen

sich **fürch|ten**, er fürchtet sich, die Furcht, furchtbar, fürchterlich, furchtlos

für|ei|nan|der

für|sorg|lich,

G

die **Ga|bel**, die Gabeln

sich **ga|beln**, er gabelt sich

ga|ckern, es gackert

gaf|fen, er gafft

gäh|nen, er gähnt

die **Ga|la|xie** (Sternsystem), die Galaxien

Die ersten Buchstaben des ersten und des letzten Wortes einer Seite stehen ganz oben auf der Seite. Das hilft dir, ein Wort schneller zu finden.

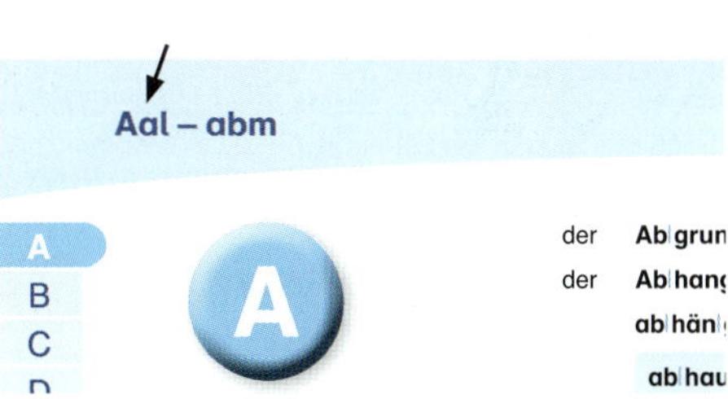

Die **Hauptstichwörter** sind **fett gedruckt**. Hinter ihnen stehen verwandte Wörter.

der **Abend**, die Abende

das **Abend|es|sen**, die Abendessen

abends

Hinweise zum Wörterbuch

Senkrechte Striche zeigen dir, wie du ein Wort am Zeilenende trennen kannst.

der **Buch|sta|be**,
die Buchstaben,
buchstabieren
sie buchstabiert

Nomen (Namenwörter) stehen mit ihrem **Artikel (Begleiter)** im Singular (Einzahl) und im Plural (Mehrzahl). Manchmal findest du danach auch weitere Wörter dieser Wortfamilie.

der **Gast**, die Gäste,
das Gasthaus,
die Gaststätte,
gastfreundlich

Einige zusammengesetzte Wörter findest du nicht im Wörterbuch. Überlege, aus welchen Wörtern das zusammengesetzte Wort besteht, und suche diese Wörter.

das Ohr **der Ring**

der Ohrring

Verben (Tunwörter) sind in der Grundform und mit den **Personalpronomen (persönlichen Fürwörtern) er**, **sie** oder **es** eingeordnet. Bei unregelmäßigen Verben sind auch die Vergangenheitsformen angegeben.

es|sen, sie isst, sie aß,
sie hat gegessen

Adjektive (Eigenschaftswörter) können gesteigert werden. Adjektive, bei denen die Steigerungsformen von der Grundform abweichen, sind mit allen Formen angegeben.

groß, größer, am größten

In den blauen Infokästen findest du Bilder und Erklärungen zu besonderen Wörtern. Diese werden gleich oder ähnlich geschrieben, haben aber unterschiedliche Bedeutungen.

die **Gei|ge**, die Geigen

geil

die **Gei|sel**, die Geiseln

der **Geist**, geistig
Der Geist ist der Verstand des Menschen.

der **Geist**, die Geister
Es gibt keine Geister.

der **Geist|li|che**, die Geistlichen, geistlich
Ein Geistlicher ist ein Priester.

gei|zig, der Geiz

das **Ge|jam|mer**

der **Aal**, die Aale

das **Aas**

ab

die **Ab|bil|dung**,
die Abbildungen

ab|bre|chen,
er bricht ab,
er brach ab,
er hat abgebrochen

das **Abc**

der **Abend**, die Abende

das **Abend|es|sen**,
die Abendessen

abends

das **Aben|teu|er**,
die Abenteuer,
abenteuerlich

aber

der **Aber|glau|be**,
abergläubisch

ab|fah|ren, sie fährt ab,
sie fuhr ab,
sie ist abgefahren,
die Abfahrt

der **Ab|fall**, die Abfälle

der **Ab|flug**, die Abflüge

der **Ab|fluss**, die Abflüsse

das **Ab|gas**, die Abgase

der **Ab|grund**, die Abgründe

der **Ab|hang**, die Abhänge

ab|hän|gig

ab|hau|en,
er haut ab,
er hieb ab,
er hat abgehauen
Er hieb den Ast ab.

ab|hau|en,
er haut ab,
er haute ab,
er ist abgehauen
Er haute aus dem Gefängnis ab.

ab|ho|len, er holt ab

das **Abi|tur**

ab|küh|len, es kühlt ab

ab|kür|zen, er kürzt ab,
die Abkürzung

ab|le|gen, er legt ab

ab|leh|nen, er lehnt ab,
die Ablehnung

ab|len|ken,
sie lenkt ab,
die Ablenkung

die **Ab|ma|chung**,
die Abmachungen

ab|mel|den,
er meldet ab,
die Abmeldung

abmessen,
sie misst ab,
sie maß ab,
sie hat abgemessen,
die Abmessung

abonnieren
(regelmäßig geliefert bekommen, z. B. eine Zeitschrift),
er abonniert,
das Abonnement

abräumen,
er räumt ab

abrechnen,
er rechnet ab,
die Abrechnung

abreisen, sie reist ab,
die Abreise

abreißen, sie reißt ab,
sie riss ab,
sie hat abgerissen,
der Abriss

der **Absatz**,
die Absätze
An meinem Schuh ist der Absatz abgebrochen.

der **Absatz**,
die Absätze
An dieser Stelle im Text gibt es einen Absatz.

abschalten,
er schaltet ab

der **Abschied**,
die Abschiede

abschleppen,
sie schleppt ab,
das Abschleppseil

abschließen,
er schließt ab,
er schloss ab,
er hat abgeschlossen,
der Abschluss

abschmecken,
sie schmeckt ab

abschneiden,
er schneidet ab,
er schnitt ab,
er hat abgeschnitten,
der Abschnitt

abschreiben,
sie schreibt ab,
sie schrieb ab,
sie hat abgeschrieben

abseits,
im Abseits stehen,
er steht im Abseits

absenden,
er sendet ab,
er sandte ab,
er hat abgesandt,
der Absender

die **Absicht**, die Absichten,
absichtlich

absolut

abspülen, er spült ab

abstammen,
sie stammt ab,
die Abstammung

der **Abstand**, die Abstände

ab|stau|ben, er staubt ab

ab|stel|len, er stellt ab

der **Ab|stieg**, die Abstiege

ab|stim|men, sie stimmt ab, die Abstimmung

ab|stür|zen, er stürzt ab, der Absturz

das **Ab|teil**, die Abteile

die **Ab|tei|lung**, die Abteilungen

ab|tren|nen, sie trennt ab

ab|trock|nen, sie trocknet ab

ab|wärts

der **Ab|wasch**, abwaschen, sie wäscht ab, sie wusch ab, sie hat abgewaschen, abwaschbar

sich **ab|wech|seln**, er wechselt sich ab, die Abwechslung, abwechselnd

ab|weh|ren, sie wehrt ab, die Abwehr

ab|we|send, die Abwesenheit

ab|wie|gen, er wiegt ab, er wog ab, er hat abgewogen

das **Ab|zei|chen**, die Abzeichen

ab|zwei|gen, er zweigt ab, die Abzweigung

ach!

die **Ach|se**, die Achsen

die **Ach|sel**, die Achseln

acht, achtmal, der Achte — **8**

ach|ten, er achtet, die Achtung, achtlos

die **Ach|ter|bahn**, die Achterbahnen

acht|zehn — **18**

acht|zig — **80**

der **Acker**, die Äcker

die **Ac|tion** (sprich: Äkschn; ereignisreiche Handlung)

ad|die|ren (zusammenzählen), sie addiert, die Addition — **2 + 2**

die **Ader**, die Adern

das **Ad|jek|tiv** (Wiewort, Eigenschaftswort), die Adjektive

der **Ad|ler**, die Adler

ad|op|tie|ren, er adoptiert, die Adoption

die **Ad|res|se**, die Adressen, adressieren, sie adressiert

der **Ad|vent**, der Adventskalender

der **Ad|vents|kranz**, die Adventskränze

das **Ad|verb** (Umstandswort des Ortes, der Zeit u. a.), die Adverbien

der **Af|fe**, die Affen

Af|ri|ka, die Afrikaner, afrikanisch

die **AG** (Arbeitsgemeinschaft), die AGs

die **Ag|gres|si|on** (angriffsbereite Stimmung), die Aggressionen, aggressiv (angriffsbereit)

ah|nen, er ahnt, die Ahnung, ahnungslos

ähn|lich, die Ähnlichkeit

der **Ahorn**, die Ahorne

die **Äh|re**, die Ähren

das **Aids** (sprich: Eyds; Immunkrankheit)

der **Air|bag** (sprich: Ähr-bäg; Luftkissen im Auto, das sich bei einem Aufprall automatisch aufbläst), die Airbags

das **Ak|kor|de|on**, die Akkordeons

der **Ak|ku** (Akkumulator), die Akkus

der **Ak|ku|sa|tiv** (Wenfall), die Akkusative

der **Ak|ro|bat**, die Akrobaten, die Akrobatin

die **Ak|te**, die Akten

die **Ak|ti|on**, die Aktionen

ak|tiv, die Aktivität

ak|tu|ell

akut (heftig, dringend)

der **Alarm**, die Alarme, alarmieren, sie alarmiert

Al|ba|ni|en, die Albaner, albanisch

al|bern, die Albernheit

der **Alb|traum**, auch: Alptraum, die Albträume

das **Al|bum**, die Alben

die **Al|ge**, die Algen

das **Ali|bi**, die Alibis

der **Al|ko|hol**, alkoholfrei

das **All** (Weltall)

Al|lah (Name Gottes im Islam)

al|le

die **Al|lee**, die Alleen

al|lein

al|ler|dings

die **Al|ler|gie** (überempfindliche Reaktion des Körpers), die Allergien, allergisch

Al|ler|hei|li|gen (katholisches Fest zu Ehren aller Heiligen)

al|ler|lei

al|les, alles Gute, vor allem

all|ge|mein, im Allgemeinen

all|mäh|lich (nach und nach)

der **All|tag**, alltäglich

die **Alm**, die Almen

die **Al|pen**

das **Al|pha|bet**, alphabetisch

als

al|so

alt, älter, am ältesten

der **Al|tar**, die Altäre

die **Al|ten|pfle|ge**, der Altenpfleger, die Altenpflegerin

das **Al|ter**, das Altersheim

das **Alu|mi|ni|um**, die Alufolie

am

der **Ama|teur**, die Amateure, die Amateurin

die **Amei|se**, die Ameisen

Ame|ri|ka, die Amerikaner, amerikanisch

die **Am|pel**, die Ampeln

die **Am|sel**, die Amseln

Ams|ter|dam (Hauptstadt der Niederlande), die Amsterdamer

das **Amt**, die Ämter, amtlich

an

die **Ana|nas**, die Ananasse

an|bau|en, sie baut an, der Anbau

an|bie|ten, sie bietet an, sie bot an, sie hat angeboten

der **An|blick**

die **An|dacht**, die Andachten, andächtig

an|dau|ernd

das **An|den|ken**, die Andenken

an|de|re

an|de|rer|seits

än|dern, sie ändert, die Änderung

an|ders

der **An|drang**

an|ei|nan|der

an|er|ken|nen, sie erkennt an, sie erkannte an, sie hat anerkannt, die Anerkennung

der **An|fall**, die Anfälle, anfällig

der **An|fang**, die Anfänge, der Anfänger, die Anfängerin, anfangs

an|fan|gen, er fängt an, er fing an, er hat angefangen

an|fas|sen, sie fasst an

an|feu|ern, er feuert an

an|for|dern, sie fordert an, die Anforderung

der **An|füh|rer**, die Anführer, die Anführerin, anführen, sie führt an

das **An|füh|rungs|zei|chen**, die Anführungszeichen

an|ge|ben, sie gibt an, sie gab an, sie hat angegeben, der Angeber, die Angeberin

an|geb|lich

das **An|ge|bot**, die Angebote

der **An|ge|hö|ri|ge**, die Angehörigen, die Angehörige

der **An|ge|klag|te**, die Angeklagten, die Angeklagte, anklagen, er klagt an

die **An|gel**, die Angeln, der Angler, die Anglerin, angeln, sie angelt

die **An|ge|le|gen|heit**, die Angelegenheiten

an|ge|nehm

der **An|ge|stell|te**, die Angestellten, die Angestellte

sich **an|ge|wöh|nen**, er gewöhnt sich an

an|grei|fen, sie greift an, sie griff an, sie hat angegriffen, der Angriff

die **Angst**, die Ängste, sich ängstigen, sie ängstigt sich, ängstlich

an|ha|ben, er hat an, er hatte an, er hat angehabt

an|hal|ten, er hält an, er hielt an, er hat angehalten

der **An|hän|ger**, die Anhänger, die Anhängerin

der **An|hän|ger**, die Anhänger

die **Ani|ma|ti|on** (Bewegung der Figuren in Trickfilmen), die Animationen

An|ka|ra (Hauptstadt der Türkei)

der **An|ker**, die Anker, ankern, sie ankert

die **An|kla|ge**, die Anklagen, anklagen, er klagt an

an|klop|fen, sie klopft an

an|kom|men, sie kommt an, sie kam an, sie ist angekommen

an|kreu|zen, er kreuzt an

die **An|kunft**

die **An|la|ge**, die Anlagen

der **An|lass**, die Anlässe, anlässlich

der **An|lauf**, die Anläufe

sich **an|leh|nen**, er lehnt sich an

die **An|lei|tung**, die Anleitungen

an|ma|len, er malt an

sich **an|mel|den**, er meldet sich an, die Anmeldung

an|neh|men, sie nimmt an, sie nahm an, sie hat angenommen, die Annahme

die **An|non|ce** (sprich: A-nong-se; Zeitungsanzeige), die Annoncen, annoncieren, er annonciert

der **Ano|rak**, die Anoraks

der **An|pfiff**, die Anpfiffe

an|pflan|zen, sie pflanzt an

an|pro|bie|ren, er probiert an

an|re|den, sie redet an, die Anrede

an|ru|fen, er ruft an, er rief an, er hat angerufen, der Anruf

die **An|sa|ge**, die Ansagen

an|schau|en, er schaut an, anschaulich

die **An|schau|ung**, die Anschauungen

an|schei|nend

an|schlie|ßen, er schließt an, er schloss an, er hat angeschlossen, der Anschluss

an|schlie|ßend

sich **an|schnal|len**, sie schnallt sich an

die **An|schrift**, die Anschriften

an|se|hen, sie sieht an, sie sah an, sie hat angesehen

die **An|sicht**, die Ansichten

an|spit|zen, er spitzt an, der Spitzer

der **An|spruch**, die Ansprüche

der **An|stand**, anständig

sich **an|ste|cken**, sie steckt sich an, die Ansteckung, ansteckend

an|ste|hen, sie steht an, sie stand an, sie hat angestanden

an|stel|len, er stellt an, die Anstellung

an|sto|ßen, er stößt an, er stieß an, er hat angestoßen, der Anstoß

sich **an|stren|gen**, er strengt sich an, die Anstrengung, anstrengend

die **Ant|ark|tis** (Gebiet um den Südpol), antarktisch

der **An|teil**, die Anteile

die **An|ten|ne**, die Antennen

der **An|trag**, die Anträge

die **Ant|wort**, die Antworten

ant|wor|ten, sie antwortet

an|wei|sen (jemandem einen Auftrag geben), sie weist an, sie wies an, sie hat angewiesen, die Anweisung

an|wen|den, er wendet an, er wendete an/wandte an, er hat angewendet/angewandt, die Anwendung

an|we|send, die Anwesenheit

die **An|zahl**

A B C D E F G H I J K L M N O P Q R S T U V W X Y Z

A B C D E F G H I J K L M N O P Q R S T U V W X Y Z

an|zah|len, sie zahlt an, die Anzahlung

an|zei|gen, er zeigt an, die Anzeige

an|zie|hen, er zieht an, er zog an, er hat angezogen

sich **an|zie|hen**, sie zieht sich an, sie zog sich an, sie hat sich angezogen, der Anzug

an|zün|den, sie zündet an

der **Ap|fel**, die Äpfel

die **Ap|fel|si|ne**, die Apfelsinen

die **Apo|the|ke**, die Apotheken, der Apotheker, die Apothekerin

der **Ap|pa|rat**, die Apparate

der **Ap|pe|tit**, appetitlich

der **Ap|plaus** (Beifall), applaudieren, er applaudiert

die **Ap|ri|ko|se**, die Aprikosen

der **Ap|ril**, der Aprilscherz

das **Aqua|ri|um**, die Aquarien

der **Äqua|tor**

Ara|bi|en, die Araber, arabisch

die **Ar|beit**, die Arbeiten, der Arbeiter, die Arbeiterin, der Arbeitgeber, die Arbeitgeberin, der Arbeitnehmer, die Arbeitnehmerin, der Arbeitsplatz

ar|bei|ten, sie arbeitet

ar|beits|los, die Arbeitslosigkeit, der Arbeitslose, die Arbeitslose

der **Ar|chi|tekt**, die Architekten, die Architektin, die Architektur

är|gern, er ärgert, der Ärger, ärgerlich

sich **är|gern**, sie ärgert sich

das **Ar|gu|ment** (Begründung), die Argumente

die **Ark|tis** (Gebiet um den Nordpol), arktisch

der **Arm**, die Arme

arm, ärmer, am ärmsten, die Armut

der **Är|mel**, die Ärmel

ar|ro|gant

die **Art**, die Arten

ar|tig

der **Ar|ti|kel**, die Artikel
Jedes Nomen hat einen Artikel.

der **Hund**

der **Ar|ti|kel**, die Artikel
In dem Geschäft gibt es diesen Artikel nicht.

der **Ar|ti|kel**, die Artikel
In der Zeitung steht ein interessanter Artikel.

der **Ar|tist**, die Artisten, die Artistin

der **Arzt**, die Ärzte

die **Ärz|tin**, die Ärztinnen

die **Asche**

Asi|en, die Asiaten, asiatisch

der **As|phalt**, asphaltieren, er asphaltiert

das **Ass**, die Asse
Beim Kartenspiel legt er sein letztes Ass ab.

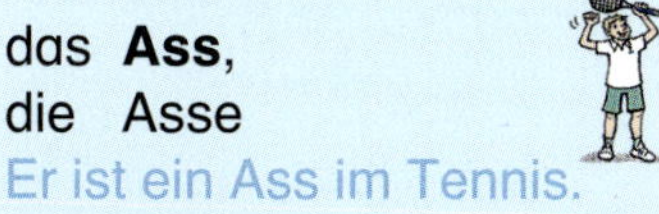

das **Ass**, die Asse
Er ist ein Ass im Tennis.

der **As|sis|tent**, die Assistenten, die Assistentin

der **Ast**, die Äste

das **Asth|ma** (Atemwegserkrankung), der Asthmaanfall

der **As|tro|naut**, die Astronauten, die Astronautin

das **Asyl** (Zufluchtsort), die Asyle, der Asylbewerber, die Asylbewerberin

der **Atem**, die Atmung, atmen, er atmet, atemlos

Athen (Haupstadt Griechenlands), die Athener

der **Ath|let** (Wettkämpfer im Sport), die Athleten, die Athletin

der **At|lan|tik** (Weltmeer)

der **At|las**, die Atlanten / Atlasse

die **At|mos|phä|re**, die Atmosphären
Das Raumschiff tritt in die Atmosphäre ein.

die **At|mos|phä|re**
Es herrscht eine freundliche Atmosphäre.

das **Atom**, die Atome, die Atombombe, das Atomkraftwerk

das **At|test** (Gutachten), die Atteste

A
B
C
D
E
F
G
H
I
J
K
L
M
N
O
P
Q
R
S
T
U
V
W
X
Y
Z

die **At|trak|ti|on**, die Attraktionen

at|trak|tiv

ät|zend

die **Au|ber|gi|ne** (sprich: O-ber-schi-ne), die Auberginen

auch

auf

auf|bau|en, er baut auf

auf|bre|chen, er bricht auf, er brach auf, er ist aufgebrochen
Er ist zu einer langen Reise aufgebrochen.

auf|bre|chen, sie bricht auf, sie brach auf, sie hat aufgebrochen
Sie hat die Tür aufgebrochen.

auf|ei|nan|der

der **Auf|ent|halt**, die Aufenthalte

die **Auf|er|ste|hung**

auf|fal|len, sie fällt auf, sie fiel auf, sie ist aufgefallen, auffallend, auffällig

auf|for|dern, er fordert auf, die Aufforderung, der Aufforderungssatz

auf|füh|ren, sie führt auf, die Aufführung

die **Auf|ga|be**, die Aufgaben

der **Auf|gang**, die Aufgänge

auf|ge|ben, er gibt auf, er gab auf, er hat aufgegeben

auf|ge|regt

auf|hän|gen, sie hängt auf

auf|hal|ten, sie hält auf, sie hielt auf, sie hat aufgehalten

auf|he|ben, er hebt auf, er hob auf, er hat aufgehoben

auf|hö|ren, sie hört auf

auf|kle|ben, er klebt auf, der Aufkleber

auf|knöp|fen, sie knöpft auf

auf|le|gen, sie legt auf

auf|ma|chen, er macht auf

auf|merk|sam, die Aufmerksamkeit

auf|neh|men, sie nimmt auf, sie nahm auf, sie hat aufgenommen, die Aufnahme

auf|pas|sen,
er passt auf

auf|räu|men,
sie räumt auf

auf|recht

sich **auf|re|gen**,
sie regt sich auf,
die Aufregung

auf|re|gend

der **Auf|satz**, die Aufsätze

auf|schlie|ßen,
er schließt auf,
er schloss auf,
er hat aufgeschlossen

auf|schrei|ben,
er schreibt auf,
er schrieb auf,
er hat aufgeschrieben

auf|set|zen,
sie setzt auf

die **Auf|sicht**

auf|ste|hen,
sie steht auf,
sie stand auf,
sie ist aufgestanden

auf|stel|len,
er stellt auf,
die Aufstellung

der **Auf|trag**, die Aufträge

auf|tre|ten, er tritt auf,
er trat auf,
er ist aufgetreten,
der Auftritt

auf|wa|chen,
sie wacht auf

auf|wach|sen,
er wächst auf,
er wuchs auf,
er ist aufgewachsen

der **Auf|wand**, aufwendig,
auch: aufwändig

auf|wärts

auf|we|cken,
sie weckt auf

auf|zäh|len,
er zählt auf,
die Aufzählung

der **Auf|zug**, die Aufzüge

das **Au|ge**, die Augen,
die Augenbraue

der **Au|gen|blick**,
die Augenblicke,
augenblicklich

der **Au|gust**

die **Au|la**, die Aulas/Aulen

aus

aus|bil|den,
er bildet aus,
die Ausbildung,
der Auszubildende,
die Auszubildende

der **Aus|blick**, die Ausblicke

die **Aus|dau|er**,
ausdauernd

sich **aus|deh|nen**,
es dehnt sich aus,
die Ausdehnung

der **Aus|druck**,
die Ausdrucke
Die Ausdrucke auf diesem Papier sehen besser aus.

der **Aus|druck**,
die Ausdrücke
Schimpfwörter sind schlimme Ausdrücke.

der **Aus|druck**,
die Ausdrücke
Die Gesichter zeigen verschiedene Ausdrücke.

aus|drü|cken,
sie drückt aus

aus|ei|nan|der

die **Aus|ei|nan|der|set|zung**,
die Auseinandersetzungen

die **Aus|fahrt**,
die Ausfahrten

der **Aus|flug**, die Ausflüge

aus|führ|lich

die **Aus|ga|be**,
die Ausgaben,
ausgeben, sie gibt aus,
sie gab aus,
sie hat ausgegeben

der **Aus|gang**,
die Ausgänge

aus|ge|rech|net

aus|ge|zeich|net

aus|glei|chen,
er gleicht aus,
er glich aus,
er hat ausgeglichen,
der Ausgleich

der **Aus|guss**,
die Ausgüsse

die **Aus|kunft**,
die Auskünfte

das **Aus|land**,
die Ausländer,
ausländisch

der **Aus|laut**, die Auslaute

aus|lei|hen,
sie leiht aus,
sie lieh aus,
sie hat ausgeliehen,
die Ausleihe

aus|ma|len, er malt aus

die **Aus|nah|me**,
die Ausnahmen,
ausnahmsweise

aus|pa|cken,
sie packt aus

aus|pro|bie|ren,
er probiert aus

der **Aus|puff**, die Auspuffe

aus|rech|nen,
er rechnet aus

die **Aus|re|de**,
die Ausreden

aus|rei|chend

aus|rei|ßen, er reißt aus, er riss aus, er ist ausgerissen

aus|ru|fen, sie ruft aus, sie rief aus, sie hat ausgerufen, der Ausruf

das **Aus|ru|fe|zei|chen**, die Ausrufezeichen

sich **aus|ru|hen**, sie ruht sich aus

aus|sa|gen, er sagt aus, die Aussage, der Aussagesatz

aus|schnei|den, er schneidet aus, er schnitt aus, er hat ausgeschnitten, der Ausschnitt

aus|se|hen, sie sieht aus, sie sah aus, sie hat ausgesehen, das Aussehen

au|ßen

der **Au|ßen|sei|ter**, die Außenseiter, die Außenseiterin

au|ßer

au|ßer|dem

au|ßer|ge|wöhn|lich

au|ßer|halb

der **Au|ßer|ir|di|sche**, die Außerirdischen, die Außerirdische, außerirdisch

äu|ßer|lich, die Äußerlichkeit

sich **äu|ßern**, er äußert sich, die Äußerung

die **Aus|sicht**, die Aussichten, aussichtslos

aus|spre|chen, sie spricht aus, sie sprach aus, sie hat ausgesprochen, die Aussprache

aus|stei|gen, sie steigt aus, sie stieg aus, sie ist ausgestiegen, der Ausstieg

aus|stel|len, er stellt aus, die Ausstellung

aus|su|chen, sie sucht aus

aus|tau|schen, er tauscht aus, der Austausch

aus|tei|len, sie teilt aus

Au|stra|li|en, die Australier, australisch

aus|wäh|len, sie wählt aus, die Auswahl

A B C D E F G H I J K L M N O P Q R S T U V W X Y Z

aus|wan|dern,
sie wandert aus,
die Auswanderung

aus|wärts,
das Auswärtsspiel

aus|wech|seln,
er wechselt aus

der **Aus|weg**, die Auswege,
ausweglos

aus|wei|chen,
er weicht aus,
er wich aus,
er ist ausgewichen

der **Aus|weis**,
die Ausweise,
sich ausweisen,
sie weist sich aus,
sie wies sich aus,
sie hat sich
ausgewiesen

aus|wen|dig

aus|zeich|nen,
er zeichnet aus,
die Auszeichnung

aus|zie|hen,
sie zieht aus,
sie zog aus,
sie ist ausgezogen
Sie ist aus der Wohnung ausgezogen.

aus|zie|hen,
er zieht sie aus,
er zog sie aus,
er hat sie ausgezogen
Er zieht ihr die Schuhe aus.

sich **aus|zie|hen**,
sie zieht sich aus,
sie zog sich aus,
sie hat sich ausgezogen
Sie zieht sich die Kleider aus.

das **Au|to**, die Autos,
der Autofahrer,
die Autofahrerin,
die Autobahn

das **Au|to|gramm**,
die Autogramme

der **Au|to|mat**,
die Automaten,
automatisch

der **Au|tor** (Verfasser,
Schriftsteller),
die Autoren, die Autorin

die **Avo|ca|do**,
die Avocados

die **Axt**, die Äxte

der **Azu|bi** (Auszubildende),
die Azubis, die Azubi

B

das **Ba|by**, die Babys, der Babysitter

der **Bach**, die Bäche

die **Ba|cke**, die Backen

ba|cken, sie backt / sie bäckt

der **Bä|cker**, die Bäcker, die Bäckerin

die **Bä|cke|rei**, die Bäckereien

das **Bad**, die Bäder

der **Ba|de|an|zug**, die Badeanzüge

die **Ba|de|ho|se**, die Badehosen

ba|den, sie badet

Ba|den-Würt|tem|berg, die Baden-Württemberger, baden-württembergisch

die **Ba|de|wan|ne**, die Badewannen

der **Bag|ger**, die Bagger, baggern, sie baggert

das **Ba|guette** (sprich: Ba-gett), die Baguettes

die **Bahn**, die Bahnen, der Bahnhof

die **Bak|te|rie**, die Bakterien

ba|lan|cie|ren (sprich: ba-long-ßie-ren), sie balanciert, die Balance (sprich: Ba-longs)

bald

der **Bal|ken**, die Balken

der **Bal|kon**, die Balkone / Balkons

der **Ball**, die Bälle

der **Ball**, die Bälle

bal|len (die Faust …), sie ballt

das **Bal|lett**

der **Bal|lon**, die Ballone / Ballons

der **Bam|bus**

die **Ba|na|ne**, die Bananen

das **Band**, die Bänder

der **Band**, die Bände

die **Band** (sprich: Bähnd), die Bands

die **Ban|de** (Räuber …), die Banden

A B C D E F G H I J K L M N O P Q R S T U V W X Y Z

die **Bank**,
die Bänke

die **Bank**,
die Banken,
das Bankkonto

der **Bär**, die Bären

bar, das Bargeld, bargeldlos

bar|fuß

der **Bart**, die Bärte, bärtig

der **Ba|sar**, die Basare

das **Ba|si|li|kum**

der **Bas|ket|ball**, die Basketbälle

der **Bast** (Pflanzenfaser)

bas|teln, er bastelt, die Bastelei

die **Bat|te|rie**, die Batterien

der **Bau**,
die Bauten

der **Bau**,
die Baue

der **Bau|ar|bei|ter**, die Bauarbeiter, die Bauarbeiterin

der **Bauch**, die Bäuche, der Bauchnabel, das Bauchweh

bau|en, er baut, baufällig

der **Bau|er**, die Bauern, bäuerlich

die **Bäue|rin**, die Bäuerinnen

der **Bau|ern|hof**, die Bauernhöfe

der **Baum**, die Bäume

bau|meln, sie baumelt

die **Baum|wol|le**

der **Bau|stein**, die Bausteine

die **Bau|stel|le**, die Baustellen

Bay|ern, die Bayern, bayerisch

die **Ba|zil|le** (Krankheitserreger), die Bazillen

be|ach|ten, er beachtet

der **Be|am|te**, die Beamten, die Beamtin

be|an|tra|gen, sie beantragt

be|ant|wor|ten, er beantwortet

be|ar|bei|ten, sie bearbeitet

be|ben, sie bebt, das Beben

der **Be|cher**, die Becher

das **Be|cken**,
die Be|cken

das **Be|cken**,
die Be|cken

das **Be|cken**,
die Be|cken

sich **be|dan|ken**,
er bedankt sich

der **Be|darf**

be|dau|ern,
sie bedauert,
das Bedauern,
bedauerlich

be|de|cken, sie bedeckt

be|den|ken, er bedenkt,
er bedachte,
er hat bedacht,
die Bedenken

be|deu|ten,
es bedeutet,
die Bedeutung,
bedeutend,
bedeutungslos

be|die|nen, er bedient,
die Bedienung

die **Be|din|gung**,
die Bedingungen,
bedingungslos

be|dro|hen,
sie bedroht,
die Bedrohung,
bedrohlich

das **Be|dürf|nis**,
die Bedürfnisse,
bedürftig

sich **be|ei|len**, er beeilt sich

be|ein|dru|cken,
sie beeindruckt

be|ein|flus|sen,
er beeinflusst,
die Beeinflussung

be|en|den, sie beendet

be|er|di|gen,
er beerdigt,
die Beerdigung

die **Bee|re**, die Beeren

das **Beet**, die Beete

be|feh|len, er befiehlt,
er befahl,
er hat befohlen,
der Befehl

be|fes|ti|gen,
sie befestigt,
die Befestigung

sich **be|fin|den**, er befindet
sich, er befand sich,
er hat sich befunden

be|frei|en, sie befreit,
die Befreiung

be|frie|di|gend,
die Befriedigung

be|fruch|ten,
sie befruchtet,
die Befruchtung

be|gabt, die Begabung

be|geg|nen,
er begegnet,
die Begegnung

sich **be|geis|tern**,
sie begeistert sich,
die Begeisterung

be|gin|nen, es beginnt,
es begann,
es hat begonnen,
der Beginn

be|glei|ten,
sie begleitet,
die Begleitung

be|gra|ben, er begräbt,
er begrub,
er hat begraben,
das Begräbnis

be|grei|fen, er begreift,
er begriff,
er hat begriffen,
der Begriff

be|grün|den,
sie begründet,
die Begründung

be|grü|ßen, er begrüßt,
die Begrüßung

be|hal|ten, er behält,
er behielt,
er hat behalten

der **Be|häl|ter**, die Behälter

be|han|deln,
sie behandelt,
die Behandlung

be|har|ren, er beharrt,
beharrlich

be|haup|ten,
sie behauptet,
die Behauptung

be|herr|schen,
er beherrscht,
die Beherrschung

be|hilf|lich

be|hin|dern,
sie behindert

be|hin|dert,
die Behinderung,
der Behinderte,
die Behinderte

die **Be|hör|de**,
die Behörden

be|hü|ten, er behütet

be|hut|sam

bei, beim

bei|brin|gen,
sie bringt bei,
sie brachte bei,
sie hat beigebracht

beich|ten, er beichtet,
die Beichte

bei|de, beides

bei|ei|nan|der

der **Bei|fah|rer**,
die Beifahrer,
die Beifahrerin

der **Bei|fall**

beige (sprich:
behsch; sandfarben)

das **Beil**, die Beile

das **Bein**, die Beine

bei|na|he

bei|sam|men

das **Bei|spiel**, die Beispiele, zum Beispiel (z. B.)

bei|ßen, er beißt, er biss, er hat gebissen

bei|tra|gen, sie trägt bei, sie trug bei, sie hat beigetragen, der Beitrag

be|kannt, der Bekannte, die Bekannte, die Bekanntschaft

die **Be|klei|dung**

be|kom|men, er bekommt, er bekam, er hat bekommen

der **Be|lag**, die Beläge

be|läs|ti|gen, sie belästigt, die Belästigung

be|lei|di|gen, er beleidigt, die Beleidigung

be|leuch|ten, sie beleuchtet, die Beleuchtung

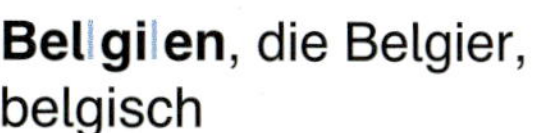

Bel|gi|en, die Belgier, belgisch

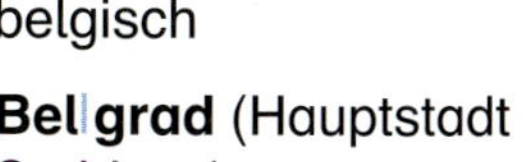

Bel|grad (Hauptstadt Serbiens), die Belgrader

be|lie|big

be|liebt, die Beliebtheit

bel|len, er bellt, das Gebell

be|loh|nen, sie belohnt, die Belohnung

be|ma|len, er bemalt, die Bemalung

be|mer|ken, sie bemerkt, die Bemerkung

sich **be|mü|hen**, er bemüht sich, die Bemühung

be|nach|rich|ti|gen, sie benachrichtigt, die Benachrichtigung

sich **be|neh|men**, er benimmt sich, er benahm sich, er hat sich benommen, das Benehmen

be|nei|den, sie beneidet

be|nen|nen, sie benennt, sie benannte, sie hat benannt

be|no|ten, er benotet, die Benotung

be|nö|ti|gen, sie benötigt

be|nut|zen, er benutzt, die Benutzung

das **Ben|zin**

be|ob|ach|ten, sie beobachtet, die Beobachtung

A B C D E F G H I J K L M N O P Q R S T U V W X Y Z

be|quem, die Bequemlichkeit

be|ra|ten, er berät, er beriet, er hat beraten, die Beratung

be|rech|ti|gen, sie berechtigt, die Berechtigung

der **Be|reich**, die Bereiche

be|reit, die Bereitschaft

be|reits

be|reu|en, er bereut

der **Berg**, die Berge, bergig, der Bergsteiger, die Bergsteigerin

ber|gen, er birgt, er barg, er hat geborgen, die Bergung

der **Be|richt**, die Berichte

be|rich|ten, er berichtet

be|rich|ti|gen, sie berichtigt

Ber|lin (Hauptstadt Deutschlands), die Berliner, berlinerisch

Bern (Hauptstadt der Schweiz), die Berner

be|rück|sich|ti|gen, sie berücksichtigt, die Berücksichtigung

der **Be|ruf**, die Berufe, beruflich, berufstätig

sich **be|ru|hi|gen**, er beruhigt sich, die Beruhigung

be|rühmt, die Berühmtheit

be|rüh|ren, sie berührt, die Berührung

die **Be|sat|zung**, die Besatzungen

be|schä|di|gen, er beschädigt, die Beschädigung

sich **be|schäf|ti|gen**, sie beschäftigt sich, die Beschäftigung

der **Be|scheid**, die Bescheide

die **Be|schei|den|heit**, bescheiden

be|schei|ni|gen, er bescheinigt, die Bescheinigung

be|sche|ren, sie beschert, die Bescherung

be|schleu|ni|gen, sie beschleunigt, die Beschleunigung

be|schlie|ßen, er beschließt, er beschloss, er hat beschlossen, der Beschluss

be|schmut|zen, sie beschmutzt

sich **be|schrän|ken**, er beschränkt sich, die Beschränkung

be|schrei|ben, sie beschreibt, sie beschrieb, sie hat beschrieben, die Beschreibung

be|schrif|ten, er beschriftet, die Beschriftung

be|schul|di|gen, sie beschuldigt, die Beschuldigung

be|schüt|zen, er beschützt

sich **be|schwe|ren**, sie beschwert sich, die Beschwerde

be|sei|ti|gen, er beseitigt, die Beseitigung

der **Be|sen**, die Besen

be|set|zen, sie besetzt, die Besetzung

be|sich|ti|gen, er besichtigt, die Besichtigung

be|sie|gen, sie besiegt

sich **be|sin|nen**, sie besinnt sich, sie besann sich, sie hat sich besonnen, die Besinnung

be|sit|zen, er besitzt, er besaß, er hat besessen, der Besitz, der Besitzer, die Besitzerin

be|son|ders

be|sor|gen, sie besorgt, die Besorgung

be|spre|chen, er bespricht, er besprach, er hat besprochen, die Besprechung

bes|ser → gut, am besten, die Besserung

sich **bes|sern**, sie bessert sich

be|stä|ti|gen, er bestätigt, die Bestätigung

be|stäu|ben, sie bestäubt, die Bestäubung

be|ste|chen, er besticht, er bestach, er hat bestochen, die Bestechung

das **Be|steck**, die Bestecke

be|ste|hen, sie besteht, sie bestand, sie hat bestanden

be|stel|len, er bestellt, die Bestellung

am **bes|ten** → gut, besser, das Beste

die **Bes|tie**, die Bestien

be|stim|men, sie bestimmt, die Bestimmung

be|stra|fen, er bestraft, die Bestrafung

be|strei|chen, er bestreicht, er bestrich, er hat bestrichen

be|su|chen, er besucht, der Besuch, der Besucher, die Besucherin

die **Be|täu|bung**, die Betäubungen

sich **be|tei|li|gen**, sie beteiligt sich, die Beteiligung

be|ten, er betet, das Gebet

der **Be|ton**

be|to|nen, er betont, die Betonung

be|trach|ten, sie betrachtet, die Betrachtung

der **Be|trag**, die Beträge

be|treu|en, er betreut, die Betreuung, der Betreuer, die Betreuerin

der **Be|trieb**, die Betriebe

be|trü|gen, er betrügt, er betrog, er hat betrogen, der Betrug, der Betrüger, die Betrügerin

das **Bett**, die Betten

bet|teln, sie bettelt, der Bettler, die Bettlerin

sich **beu|gen**, er beugt sich

die **Beu|le**, die Beulen

be|ur|tei|len, sie beurteilt, die Beurteilung

die **Beu|te**

der **Beu|tel**, die Beutel

die **Be|völ|ke|rung**

be|vor

be|vor|zu|gen, sie bevorzugt

be|wa|chen, sie bewacht, die Bewachung

be|wah|ren, er bewahrt

sich **be|wäh|ren**, sie bewährt sich, die Bewährung

die **Be|wäs|se|rung**, bewässern, sie bewässert

sich **be|we|gen**, sie bewegt sich, die Bewegung, beweglich, bewegungslos

be|wei|sen, er beweist, er bewies, er hat bewiesen, der Beweis

sich **be|wer|ben**, er bewirbt sich, er bewarb sich, er hat sich beworben, die Bewerbung

be|wil|li|gen, sie bewilligt, die Bewilligung

be|woh|nen, sie bewohnt, der Bewohner, die Bewohnerin

be|wölkt, die Bewölkung

be|wun|dern, sie bewundert, die Bewunderung

be|wusst, bewusstlos, das Bewusstsein

be|zah|len, sie bezahlt, die Bezahlung

be|zeich|nen, sie bezeichnet, die Bezeichnung

be|zie|hen, er bezieht, er bezog, er hat bezogen

die **Be|zie|hung**, die Beziehungen

der **Be|zirk**, die Bezirke

der **Be|zug**, die Bezüge, bezüglich

die **Bi|bel**, die Bibeln

der **Bi|ber**, die Biber

die **Bib|lio|thek**, die Bibliotheken, der Bibliothekar, die Bibliothekarin

bie|gen, er biegt, er bog, er hat gebogen, die Biegung, biegsam

die **Bie|ne**, die Bienen

das **Bier**, die Biere

das **Biest**, die Biester

bie|ten, sie bietet, sie bot, sie hat geboten

der **Bi|ki|ni**, die Bikinis

das **Bild**, die Bilder, das Bilderbuch, der Bildschirm

sich **bil|den**, er bildet sich, die Bildung

bil|lig

5 € 200 €

bin → sein

bin|den, er bindet, er band, er hat gebunden, die Binde, die Bindung, der Bindestrich

das **Bin|de|wort** (Konjunktion), die Bindewörter

die **Bio|lo|gie**, biologisch

A B C D E F G H I J K L M N O P Q R S T U V W X Y Z

die **Bir|ke**, die Birken

die **Bir|ne**, die Birnen

bis, bisher

der **Bi|schof**, die Bischöfe, die Bischöfin

der **Biss**, die Bisse, bissig

ein **biss|chen**

bist → sein

das **Bit** (Informationseinheit), die Bits

die **Bit|te**, die Bitten

bit|te

bit|ten, sie bittet, sie bat, sie hat gebeten

bit|ter

blä|hen, es bläht

die **Blä|hung**, die Blähungen

die **Bla|ma|ge** (sprich: Bla-mah-sche), die Blamagen, sich blamieren, sie blamiert sich

blank

die **Bla|se**, die Blasen

bla|sen, er bläst, er blies, er hat geblasen

blass, blasser/blässer, am blassesten/blässesten

das **Blatt**, die Blätter

blät|tern, sie blättert

blau, das Blau, das Blaulicht

das **Blech**, die Bleche

das **Blei**, bleifrei

blei|ben, er bleibt, er blieb, er ist geblieben, die Bleibe

bleich

der **Blei|stift**, die Bleistifte

blen|den, sie blendet

bli|cken, er blickt, der Blick

blind, der Blinde, die Blinde, die Blindenschrift

der **Blind|darm**

blin|ken, sie blinkt

der **Blin|ker**, die Blinker

blin|zeln, er blinzelt

der **Blitz**, die Blitze

blit|zen, es blitzt

der **Block**, die Blöcke

die **Block|flö|te**, die Blockflöten

blöd/blöde, der Blödsinn

blö|ken, es blökt

blond

bloß

blub|bern, es blubbert

blü|hen, es blüht

die **Blu|me**, die Blumen, der Blumenstrauß, die Blumenvase

der **Blu|men|kohl**

der **Blu|men|la|den**, die Blumenläden

die **Blu|se**, die Blusen

das **Blut**, bluten, er blutet, blutig

die **Blü|te**, die Blüten

der **Bock**, die Böcke, bockig

der **Bo|den**, die Böden

der **Bo|den|see**

der **Bo|gen**, die Bogen

die **Boh|ne**, die Bohnen

boh|ren, sie bohrt

der **Boh|rer**, die Bohrer, die Bohrmaschine

die **Bo|je**, die Bojen

die **Bom|be**, die Bomben

der **Bon** (Kassenzettel), die Bons

das/der **Bon|bon**, die Bonbons

das **Boot**, die Boote

der **Bord|stein**, die Bordsteine

bor|gen, sie borgt

die **Bör|se** (Wertpapiermarkt), die Börsen

die **Bors|te**, die Borsten

die **Bö|schung**, die Böschungen

bö|se, boshaft

Bos|ni|en-Her|ze|go|wi|na, die Bosnier, bosnisch, die Herzegowiner

der **Bo|te**, die Boten, die Botin

die **Bot|schaft**, die Botschaften

die **Bou|tique** (sprich: Bu-tiek; kleines Geschäft), die Boutiquen

bo|xen, er boxt, der Boxer, die Boxerin

der **Brand**, die Brände

Bran|den|burg, die Brandenburger, brandenburgisch

die **Bran|dung**

bra|ten, er brät, er briet, er hat gebraten, der Braten, die Bratpfanne, die Bratwurst

Bra|tis|la|va (Hauptstadt der Slowakei)

der **Brauch**, die Bräuche, das Brauchtum

brau|chen, er braucht, brauchbar

brau|en, er braut, die Brauerei

braun, das Braun

sich **bräu|nen**, sie bräunt sich, die Bräune

die **Brau|se**, die Brausen, brausen, es braust

die **Braut**, die Bräute, der Bräutigam, das Brautkleid, das Brautpaar

brav

bra|vo!

bre|chen, es bricht, es brach, es ist gebrochen, der Bruch

der **Brei**, die Breie, breiig

breit, die Breite

Bre|men, die Bremer, bremisch

brem|sen, sie bremst, die Bremse

bren|nen, es brennt, es brannte, es hat gebrannt, das Brennholz

die **Brenn|nes|sel**, die Brennnesseln

das **Brett**, die Bretter

die **Bre|zel**, die Brezeln

der **Brief**, die Briefe, die Briefmarke, der Briefträger, die Briefträgerin

der **Brief|kas|ten**, die Briefkästen

die **Bril|le**, die Brillen

brin|gen, er bringt, er brachte, er hat gebracht

die **Bri|se**, die Brisen

der **Bro|cken**, die Brocken, bröckeln, es bröckelt

bro|deln, es brodelt

der **Brok|ko|li**, auch: Broccoli

die **Brom|bee|re**, die Brombeeren

die **Bron|chi|tis** (Atemwegserkrankung)

die **Bron|ze**, die Bronzemedaille

die **Bro|sche**, die Broschen

die **Bro|schü|re**, die Broschüren

das **Brot**, die Brote

das **Bröt|chen**, die Brötchen

der **Bruch**, die Brüche, brüchig

die **Brü|cke**, die Brücken

der **Bru|der**, die Brüder, brüderlich

die **Brü|he**

brül|len, er brüllt, das Gebrüll

brum|men, er brummt

der **Brun|nen**, die Brunnen

Brüs|sel (Hauptstadt Belgiens), die Brüsseler

die **Brust**
Der Arzt untersucht seine Brust.

die **Brust**, die Brüste
Sie gibt ihrem Kind die Brust.

die **Brüs|tung**, die Brüstungen

bru|tal, die Brutalität

brü|ten, er brütet, die Brut, der Brutkasten

brut|to, der Bruttolohn

der **Bub**, die Buben

das **Buch**, die Bücher, die Bücherei

die **Bu|che**, die Buchen

das **Bü|cher|re|gal**, die Bücherregale

der **Buch|la|den**, die Buchläden

der **Buch|sta|be**, die Buchstaben, buchstabieren sie buchstabiert

die **Bucht**, die Buchten

der **Bu|ckel**, die Buckel

sich **bü|cken**, er bückt sich

Bu|da|pest (Hauptstadt Ungarns), die Budapester

bud|deln, sie buddelt

der **Bud|dha**, der Buddhismus, der Buddhist, die Buddhistin, buddhistisch

die **Bu|de**, die Buden

der **Büf|fel**, die Büffel

der **Bü|gel**, die Bügel

bü|geln, er bügelt, das Bügelbrett, das Bügeleisen

die **Büh|ne**, die Bühnen

Bu|ka|rest (Hauptstadt Rumäniens), die Bukarester

Bul|ga|ri|en, die Bulgaren, bulgarisch

der **Bul|le**, die Bullen

der **Bu|me|rang**, die Bumerangs/Bumerange

A
B
C
D
E
F
G
H
I
J
K
L
M
N
O
P
Q
R
S
T
U
V
W
X
Y
Z

bum|meln,
sie bummelt,
der Bummel

das **Bund**,
die Bunde
Sie kauft ein Bund
Kräuter.

der **Bund**,
die Bünde,
der Bundeskanzler,
die Bundeskanzlerin,
das Bundesland,
die Bundesliga,
die Bundesregierung,
die Bundesrepublik,
die Bundeswehr
Wir schließen einen Bund
fürs Leben.

der **Bund**,
die Bünde
Die Hose ist
am Bund zu eng.

das **Bün|del**, die Bündel,
bündeln, er bündelt

das **Bünd|nis**,
die Bündnisse

bunt

der **Bunt|stift**, die Buntstifte

die **Burg**, die Burgen

der **Bür|ger**, die Bürger,
die Bürgerin,
das Bürgerbüro,
der Bürgermeister,
die Bürgermeisterin

der **Bür|ger|steig**,
die Bürgersteige

das **Bü|ro**, die Büros

die **Bürs|te**, die Bürsten

bürs|ten, sie bürstet

der **Bus**, die Busse,
der Busfahrer,
die Busfahrerin

der **Busch**, die Büsche,
buschig

das **Bü|schel**, die Büschel

der **Bu|sen**, die Busen

die **Bus|hal|te|stel|le**,
die Bushaltestellen

bü|ßen, er büßt,
die Buße

die **But|ter**,
das Butterbrot,
die Buttermilch

bye-bye!
(sprich: bei-bei;
tschüss!)

das **Byte** (sprich: beit;
Informationseinheit),
die Bytes

C

ca. (circa; ungefähr)

das **Ca|brio**, die Cabrios

das **Ca|fé**, die Cafés, die Cafeteria

cam|pen, sie campt, die Camper, der Campingplatz

die **CD**, die CDs, der CD-Player, die CD-ROM

das **Cel|lo** (sprich: Tschel-lo; Streichinstrument), die Cellos/Celli

Cel|si|us (C)

der **Cent** (ct), die Cent

das **Cha|mä|le|on**, die Chamäleons

der **Cham|pi|gnon** (Pilz), die Champignons

die **Chan|ce**, die Chancen

das **Cha|os** (Unordnung), chaotisch

der **Cha|rak|ter**, die Charaktere, charakteristisch

der **Chat** (sprich: Tschätt), die Chats, chatten, sie chattet

che|cken (überprüfen), er checkt, die Checkliste

der **Chef**, die Chefs, die Chefin

die **Che|mie**, der Chemiker, die Chemikerin, chemisch

der **Chi|co|rée**, auch: Schikoree, die Chicorées

Chi|na, die Chinesen, chinesisch

der **Chi|rurg**, die Chirurgen, die Chirurgin

das **Chlor**

der **Chor** (Gesangsgruppe), die Chöre

der **Christ**, die Christen, die Christin, Christus, das Christentum, christlich

der **Christ|baum**, die Christbäume

cir|ca (ca.; ungefähr), auch: zirka

die **Ci|ty**, die Citys

cle|ver (schlau)

die **Cli|que** (Freundeskreis), die Cliquen

der **Clown**, die Clowns

cm (Zentimeter)

die/das **Co|la**, die Colas

A B C D E F G H I J K L M N O P Q R S T U V W X Y Z

das/ der **Co|mic**, die Comics, das Comicheft

der **Com|pu|ter**, die Computer

der **Con|tai|ner** (Behälter), die Container

cool

die **Corn|flakes** (sprich: Korn-fleyks)

die **Couch** (sprich: Kautsch; Liegesofa), die Couches/Couchen

das/ der **Cous|cous**, auch: Kuskus

der **Cou|sin** (sprich: Ku-seng), die Cousins

die **Cou|si|ne**, auch: Kusine, die Cousinen

der **Cow|boy**, die Cowboys

die **Creme**, auch: die Krem/Kreme, die Cremes, cremig

das **Crois|sant** (sprich: Kroa-song), die Croissants

das/ der **Cur|ry**, die Currywurst

D

da

da|bei

das **Dach**, die Dächer

der **Dachs**, die Dachse

der **Da|ckel**, die Dackel

da|durch

da|für

da|ge|gen

da|heim

da|her

da|hin

da|hin|ten

da|hin|ter

da|mals

die **Da|me**, die Damen

da|mit

däm|lich, die Dämlichkeit

der **Damm**, die Dämme, dämmen, er dämmt

die **Däm|me|rung**, dämmern, es dämmert, dämmrig

der **Dampf**, die Dämpfe, dampfen, es dampft

da|nach

da|ne|ben

Dä|ne|mark, die Dänen, dänisch

dan|ke

dan|ken, sie dankt, der Dank, dankbar, die Dankbarkeit, Danke schön!

dann

da|ran

da|rauf

da|raus

da|rin

der **Darm**, die Därme

dar|stel|len, er stellt dar, der Darsteller, die Darstellerin, die Darstellung

da|rü|ber

da|rum

da|run|ter

das

das|je|ni|ge

dass

das|sel|be

die **Da|tei**, die Dateien

der **Da|tiv** (Wemfall), die Dative, das Dativobjekt

die **Dat|tel**, die Datteln

das **Da|tum**, die Daten

dau|ern, es dauert, die Dauer, dauerhaft, dauernd

der **Dau|men**, die Daumen

da|von

da|vor

da|zu

da|zu|ge|hö|ren, sie gehört dazu

da|zwi|schen

die **DDR** (Deutsche Demokratische Republik)

das **Deck** (Stockwerk im Schiff), die Decks

die **De|cke**, die Decken

der **De|ckel**, die Deckel

de|cken, sie deckt

de|fekt (kaputt), der Defekt

deh|nen, er dehnt, die Dehnung

der **Deich**, die Deiche

die **Deich|sel**, die Deichseln

dein, deine, deiner, deinem, deinen

de|ko|rie|ren, sie dekoriert, die Dekoration

der **Del|fin**, auch: Delphin, die Delfine

die **Del|le**, die Dellen

dem

dem|nach

dem|nächst

die **De|mo|kra|tie** (Staatsform, in der die Herrschaft vom Volk ausgeht), die Demokratien, demokratisch

de|mons|trie|ren, er demonstriert, die Demonstration

die **De|mut**, demütig

den

de|nen

den|ken, er denkt, er dachte, er hat gedacht, denkbar

das **Denk|mal**, die Denkmäler

denn

den|noch

das **Deo** (Deodorant), die Deos

die **De|po|nie** (Müllabladeplatz), die Deponien

der

der|ar|tig

derb

de|ren

der|je|ni|ge

der|sel|be

des

des|halb

der **Desk|top**, die Desktops

des|sen

das **Des|sert**, die Desserts

des|to (je … desto …)

des|we|gen

das **De|tail** (sprich: Deh-tai), die Details

der **De|tek|tiv**, die Detektive, die Detektivin

deu|ten, sie deutet, die Deutung

deut|lich

deutsch, auf Deutsch, Deutsch sprechen, Deutsch lernen, der Deutschunterricht

Deutsch|land, die Deutschen

der **De|zem|ber**

der/das **De|zi|me|ter** (1 dm = 10 cm)

d. h. (das heißt)

der **Dia|be|tes** (Zuckerkrankheit), der Diabetiker, die Diabetikerin

dia|go|nal (schräglaufend), die Diagonale

der **Dia|lekt**, die Dialekte

der **Dia|log**, die Dialoge

der **Dia|mant**, die Diamanten

die **Di|ät**, die Diäten

dich

dicht, die Dichte

dich|ten, sie dichtet, die Dichtung, der Dichter, die Dichterin

dick

das **Di|ckicht**

die

der **Dieb**, die Diebe, die Diebin, der Diebstahl

die|je|ni|ge

die **Die|le**, die Dielen

die|nen, er dient, der Diener, die Dienerin

der **Dienst**, die Dienste, dienstlich, die Dienstleistung

der **Diens|tag**, die Dienstage, dienstags

dies, diesem, diesen

der **Die|sel**

die|sel|be

die|ser, diese, dieses

dies|mal, aber: dieses Mal

die **Dif|fe|renz** (Unterschied), die Differenzen

di|gi|tal, die Digitalkamera, die Digitaluhr

das **Dik|tat**, die Diktate, diktieren, sie diktiert

die **Dik|ta|tur** (Staatsform, bei der die Herrschaft von einer Person ausgeht), die Diktaturen, der Diktator, die Diktatorin, diktatorisch

der **Dill** (Gewürzpflanze)

das **Ding**, die Dinge

der **Di|no|sau|ri|er**, die Dinosaurier

dir

di|rekt

der **Di|rek|tor**, die Direktoren, die Direktorin

der **Di|ri|gent**, die Dirigenten, die Dirigentin, dirigieren, er dirigiert

A B C D E F G H I J K L M N O P Q R S T U V W X Y Z

das **Dirndl** (Trachtenkleid), die Dirndln

die **Dis|co** (Discothek), auch: Disko, die Discos

dis|ku|tie|ren, sie diskutiert, die Diskussion

das **Dis|play**, die Displays

die **Dis|tanz**, die Distanzen

die **Dis|tel**, die Disteln

die **Dis|zi|plin** (Einhaltung von Regeln), diszipliniert

di|vi|die|ren (teilen), sie dividiert, der Dividend, die Division, der Divisor **4 : 2**

der **DJ** (Discjockey), die DJs

doch

der **Docht**, die Dochte

der **Dok|tor** (Dr.), die Doktoren, die Doktorin

das **Do|ku|ment**, die Dokumente

der **Dolch**, die Dolche

der **Dol|lar** ($), die Dollars

der **Dol|met|scher**, die Dolmetscher, die Dolmetscherin, dolmetschen, er dolmetscht

der **Dom**, die Dome

das **Do|mi|no** (Spiel)

der **Domp|teur**, die Dompteure, die Dompteurin

die **Do|nau** (Fluss)

der **Dö|ner** (Döner Kebab), die Döner

der **Don|ner**

don|nern, es donnert

der **Don|ners|tag**, die Donnerstage, donnerstags

doof, die Doofheit

dop|pelt, der Doppelpunkt, das Doppelzimmer

das **Dorf**, die Dörfer, dörflich

der **Dorn**, die Dornen, dornig

dort

dort|her

dort|hin

die **Do|se**, die Dosen

dö|sen, er döst

der/das **Dot|ter**, die Dotter

down|loa|den, sie downloadet, der Download

der **Dra|che**, die Drachen

der **Dra|chen**, die Drachen

der **Draht**, die Drähte, drahtlos

das **Dra|ma** (Theaterstück), die Dramen, dramatisch

dran

drän|geln, er drängelt, die Drängelei

drän|gen, sie drängt, der Drang, das Gedränge

drauf

drau|ßen

der **Dreck**

dre|ckig

dre|hen, er dreht, die Drehung

drei, dreimal, die Dreiviertelstunde 3

das **Drei|eck**, die Dreiecke, dreieckig

drei|ßig 30

drei|zehn 13

dres|sie|ren, sie dressiert, die Dressur

drib|beln, er dribbelt, das Dribbling

drin

drin|gend

drin|nen

der **Drit|te**, ein Drittel, drittens

die **Dro|ge** (Rauschgift), die Drogen, drogenabhängig

die **Dro|ge|rie**, die Drogerien

dro|hen, sie droht, die Drohung, drohend

dröh|nen, es dröhnt

das **Dro|me|dar**, die Dromedare

drü|ben

dru|cken, er druckt, der Druck, der Drucker, die Druckerei
In der Druckerei werden Bücher gedruckt.

drü|cken, er drückt, der Druck
Sie drücken die Hände gegeneinander.

die **Drü|se**, die Drüsen

der **Dschun|gel**, die Dschungel

du

der **Dü|bel**, die Dübel

Dub|lin (Hauptstadt Irlands), die Dubliner

sich **du|cken**, er duckt sich

der **Duft**, die Düfte, duften, es duftet

dul|den, er duldet

dumm, dümmer, am dümmsten, die Dummheit

dumpf

die **Dü|ne**, die Dünen

dün|gen, sie düngt, der Dünger

dun|kel, dunkler, am dunkelsten, die Dunkelheit, dunkelhaarig, dunkelhäutig

dun|kel|blau

dun|kel|braun

dun|kel|grün

dun|kel|rot

dünn

der **Dunst**, die Dünste

das **Duo**, die Duos

das **Dur**

durch

durch|aus

der **Durch|blick**, durchblicken, er blickt durch

durch|dre|hen, es dreht durch

durch|ei|nan|der, das Durcheinander

der **Durch|fall**

durch|fal|len, er fällt durch, er fiel durch, er ist durchgefallen

durch|füh|ren, sie führt durch

der **Durch|gang**, die Durchgänge

durch|hal|ten, sie hält durch, sie hielt durch, sie hat durchgehalten

der **Durch|mes|ser**, die Durchmesser

durch|que|ren, er durchquert, die Durchquerung

die **Durch|sa|ge**, die Durchsagen

der **Durch|schnitt**, durchschnittlich

sich **durch|set|zen**, sie setzt sich durch

durch|sich|tig

durch|strei|chen, er streicht durch, er strich durch, er hat durchgestrichen

durch|su|chen, er durchsucht

dür|fen, er darf, er durfte, er hat gedurft

dürf|tig

der/die/das entries:

dürr, die Dürre

der **Durst**

durs|tig

die **Du|sche**, die Duschen

du|schen, sie duscht

die **Dü|se**, die Düsen

düs|ter

das **Dut|zend**, die Dutzende

du|zen, er duzt

die **DVD** (Datenträger wie CD, mit mehr Speicherplatz), die DVDs

dy|na|misch (schwungvoll), die Dynamik

das **Dy|na|mit**

der **Dy|na|mo**, die Dynamos

E

die **Eb|be** (Ebbe und Flut)

eben (flach), die Ebene

eben (vorhin)

eben|falls

eben|so

das **Echo**, die Echos

die **Ech|se**, die Echsen

echt, die Echtheit

die **Ecke**, die Ecken, eckig

edel, edler, am edelsten, der Edelstein

der **Efeu**

der **Ef|fekt**, die Effekte

egal

der **Ego|ist**, die Egoisten, die Egoistin, der Egoismus, egoistisch

die **Ehe**, die Ehen, die Ehefrau, der Ehemann, das Ehepaar

ehe, eher

die **Eh|re**, die Ehren, ehren, sie ehrt, das Ehrenamt

ehr|gei|zig, der Ehrgeiz

ehr|lich, die Ehrlichkeit

A B C D E F G H I J K L M N O P Q R S T U V W X Y Z

das **Ei**, die Eier, die Eierschale, das Eigelb, das Eiweiß

die **Ei|che**, die Eichen

die **Ei|chel**, die Eicheln

das **Eich|hörn|chen**, die Eichhörnchen

der **Eid**, die Eide

die **Ei|dech|se**, die Eidechsen

der **Ei|fer**

ei|fer|süch|tig, die Eifersucht

ei|gen, eigenartig, eigensinnig

das **Ei|gen|schafts|wort** (Adjektiv), die Eigenschaftswörter

ei|gent|lich

das **Ei|gen|tum**, der Eigentümer, die Eigentümerin

ei|len, er eilt, die Eile

ei|lig

der **Ei|mer**, die Eimer

ein, eine, einer, eines, einem, einen

ei|nan|der

die **Ein|bahn|stra|ße**, die Einbahnstraßen

der **Ein|band**, die Einbände

sich **ein|bil|den**, er bildet sich ein, die Einbildung, eingebildet

ein|bre|chen, er bricht ein, er brach ein, er ist eingebrochen, der Einbruch, der Einbrecher, die Einbrecherin

ein|deu|tig

ein|drin|gen, er dringt ein, er drang ein, er ist eingedrungen, der Eindringling, eindringlich

der **Ein|druck**, die Eindrücke, eindrucksvoll

ei|ner|lei

ein|fach

die **Ein|fahrt**, die Einfahrten

der **Ein|fall**, die Einfälle, einfallsreich

ein|far|big

der **Ein|fluss**, die Einflüsse, einflussreich

ein|frie|ren, sie friert ein, sie fror ein, sie hat eingefroren

die **Ein|füh|rung**, die Einführungen, einführen, er führt ein

der **Ein|gang**, die Eingänge

ein|gie|ßen, er gießt ein, er goss ein, er hat eingegossen

ein|hei|misch

die **Ein|heit**, die Einheiten, einheitlich

ei|nig, sich einigen, sie einigt sich, die Einigung, die Einigkeit

ei|ni|ge

ei|ni|ger|ma|ßen

ein|kau|fen, er kauft ein, der Einkauf

die **Ein|kaufs|ta|sche**, die Einkaufstaschen

die **Ein|kaufs|tü|te**, die Einkaufstüten

der **Ein|kaufs|wa|gen**, die Einkaufswagen

das **Ein|kom|men**, die Einkommen

ein|la|den, er lädt ein, er lud ein, er hat eingeladen, die Einladung

der **Ein|lass**, die Einlässe

die **Ein|lei|tung**, die Einleitungen

ein|mal, einmalig

das **Ein|mal|eins**

die **Ein|nah|me**, die Einnahmen, einnehmen, sie nimmt ein, sie nahm ein, sie hat eingenommen

ein|ord|nen, er ordnet ein

ein|pa|cken, sie packt ein

sich **ein|prä|gen**, er prägt sich ein

ein|räu|men, sie räumt ein

die **Ein|rich|tung**, die Einrichtungen, einrichten, er richtet ein

eins **1**

ein|sam, die Einsamkeit

der **Ein|satz**, die Einsätze

ein|schen|ken, er schenkt ein

ein|schla|fen, sie schläft ein, sie schlief ein, sie ist eingeschlafen

ein|schlie|ßen, er schließt ein, er schloss ein, er hat eingeschlossen

ein|schließ|lich

die **Ein|schu|lung**, die Einschulungen

ein|se|hen, sie sieht ein, sie sah ein, sie hat eingesehen, die Einsicht

ein|sei|tig

ein|sper|ren, er sperrt ein

der **Ein|spruch**, die Einsprüche

einst

ein|stei|gen, sie steigt ein, sie stieg ein, sie ist eingestiegen, der Einstieg

die **Ein|stel|lung**, die Einstellungen

ein|stim|mig

die **Ein|tei|lung**, die Einteilungen

der **Ein|topf**, die Eintöpfe

ein|tre|ten, er tritt ein, er trat ein, er ist eingetreten, der Eintritt, die Eintrittskarte
Treten Sie ein!

ein|tre|ten, er tritt ein, er trat ein, er ist eingetreten
Philipp ist in den Fußballverein eingetreten.

ein|tre|ten, er tritt ein, er trat ein, er hat eingetreten
Er hat die Tür eingetreten.

ein|ver|stan|den, das Einverständnis

der **Ein|wand**, die Einwände, einwandfrei

der **Ein|wan|de|rer**, die Einwanderer, die Einwanderin, die Einwanderung, einwandern, er wandert ein

der **Ein|woh|ner**, die Einwohner, die Einwohnerin

die **Ein|zahl** (Singular)

ein|zeln, die Einzelheit

ein|zie|hen, er zieht ein, er zog ein, er ist eingezogen, der Einzug

ein|zig, einziger, einzige, einziges, einzigartig, der Einzige

das **Eis**, eisig, der Eiswürfel, eislaufen, er läuft eis, er lief eis, er ist eisgelaufen, eisgekühlt, eiskalt

die **Eis|die|le**, die Eisdielen

das **Ei|sen**, die Eisenbahn

ei|tel, eitler, am eitelsten, die Eitelkeit

der **Ei|ter**, eitern, es eitert, eitrig

der **Ekel**, sich ekeln, er ekelt sich, ekelhaft, eklig/ekelig

elas|tisch (dehnbar)

die **El|be** (Fluss)

der **Elch**, die Elche

der **Ele|fant**, die Elefanten

ele|gant, die Eleganz

elek|trisch, der Elektriker, die Elektrikerin, die Elektrizität

das **Ele|ment**, die Elemente

das **Elend**, elend

elf, elfmal, der Elfmeter 11

der **Ell|bo|gen**/Ellenbogen, die Ellbogen

die **El|tern**, der Elternabend

die **E-Mail**, die E-Mails

emp|fan|gen, er empfängt, er empfing, er hat empfangen, der Empfang, der Empfänger, die Empfängerin

emp|feh|len, er empfiehlt, er empfahl, er hat empfohlen, die Empfehlung

emp|fin|den, er empfindet, er empfand, er hat empfunden, empfindlich

das **En|de**, die Enden, enden, sie endet, endgültig, endlich, endlos

die **Ener|gie**

ener|gisch

eng, die Enge

der **En|gel**, die Engel

Eng|land, die Engländer, englisch, Englisch sprechen

der **En|kel**, die Enkel, die Enkelin, das Enkelkind

enorm (außerordentlich)

ent|beh|ren, sie entbehrt, die Entbehrung

ent|bin|den, sie entbindet, sie entband, sie hat entbunden, die Entbindung

ent|de|cken, er entdeckt, die Entdeckung, der Entdecker, die Entdeckerin

die **En|te**, die Enten

A B C D E F G H I J K L M N O P Q R S T U V W X Y Z

sich **ent|fer|nen**, sie entfernt sich, die Entfernung

ent|füh|ren, er entführt, die Entführung

ent|ge|gen

ent|geg|nen, sie entgegnet

ent|hal|ten, er enthält, er enthielt, er hat enthalten
Der Joghurt enthält Früchte.

sich ent|hal|ten, sie enthält sich, sie enthielt sich, sie hat sich enthalten
Bei der Wahl enthält sie sich.

ent|kom|men, sie entkommt, sie entkam, sie ist entkommen

ent|lang

ent|las|sen, er entlässt, er entließ, er hat entlassen, die Entlassung

die **Ent|schä|di|gung**, die Entschädigungen

ent|schei|den, sie entscheidet, sie entschied, sie hat entschieden, die Entscheidung

sich **ent|schlie|ßen**, er entschließt sich, er entschloss sich, er hat sich entschlossen, der Entschluss

sich **ent|schul|di|gen**, sie entschuldigt sich, die Entschuldigung

das **Ent|set|zen**, entsetzlich

ent|sor|gen, er entsorgt, die Entsorgung

sich **ent|span|nen**, sie entspannt sich, die Entspannung

ent|ste|hen, sie entsteht, sie entstand, sie ist entstanden

ent|täu|schen, er enttäuscht, die Enttäuschung

ent|we|der (… oder …)

ent|wer|fen, er entwirft, er entwarf, er hat entworfen, der Entwurf

sich **ent|wi|ckeln**, sie entwickelt sich, die Entwicklung

die **Ent|zün|dung**, die Entzündungen

er

sich **er|bar|men**, sie erbarmt sich, das Erbarmen, erbärmlich

er|ben, er erbt, das Erbe, der Erbe, die Erbin

er|bre|chen, er erbricht, er erbrach, er hat erbrochen

die **Erb|se**, die Erbsen

die **Erd|bee|re**, die Erdbeeren

die **Er|de**, das Erdbeben, die Erderwärmung, das Erdgeschoss, das Erdöl

die **Erd|nuss**, die Erdnüsse

das **Er|eig|nis**, die Ereignisse

er|fah|ren, sie erfährt, sie erfuhr, sie hat erfahren, die Erfahrung

er|fin|den, sie erfindet, sie erfand, sie hat erfunden, die Erfindung

der **Er|folg**, die Erfolge, erfolglos, erfolgreich

er|for|der|lich

er|for|schen, er erforscht, die Erforschung

er|freu|lich

er|frie|ren, er erfriert, er erfror, er ist erfroren

sich **er|fri|schen**, sie erfrischt sich, die Erfrischung, erfrischend

er|fül|len, er erfüllt, die Erfüllung

er|gän|zen, er ergänzt, die Ergänzung

das **Er|geb|nis**, die Ergebnisse

er|gie|big

er|grei|fen, er ergreift, er ergriff, er hat ergriffen, ergreifend

er|hal|ten, sie erhält, sie erhielt, sie hat erhalten, die Erhaltung

er|hit|zen, sie erhitzt

sich **er|ho|len**, sie erholt sich, die Erholung, erholsam

sich **er|in|nern**, er erinnert sich, die Erinnerung

sich **er|käl|ten**, sie erkältet sich, die Erkältung

er|ken|nen, er erkennt, er erkannte, er hat erkannt

er|klä|ren, er erklärt, die Erklärung

er|kran|ken, sie erkrankt, die Erkrankung

sich **er|kun|di|gen**, er erkundigt sich, die Erkundigung

er|lau|ben, sie erlaubt, die Erlaubnis

er|läu|tern, er erläutert, die Erläuterung

das **Er|leb|nis**, die Erlebnisse, erleben, sie erlebt

er|le|di|gen, er erledigt

er|leich|tert, die Erleichterung

er|mah|nen, sie ermahnt, die Ermahnung

die **Er|mä|ßi|gung**, die Ermäßigungen, ermäßigt

er|näh|ren, sie ernährt, die Ernährung

er|neut

ernst, der Ernst, ernsthaft

ern|ten, sie erntet, die Ernte, das Erntedankfest

er|obern, er erobert, die Eroberung

er|öff|nen, sie eröffnet, die Eröffnung

er|pres|sen, er erpresst, die Erpressung

er|ra|ten, sie errät, sie erriet, sie hat erraten

der **Er|re|ger**, die Erreger

er|rei|chen, sie erreicht

der **Er|satz**, ersetzen, sie ersetzt

er|schei|nen, er erscheint, er erschien, er ist erschienen, die Erscheinung

er|schöpft, die Erschöpfung

er|schre|cken, er erschrickt, er erschrak, er ist erschrocken

er|schüt|tern, es erschüttert, die Erschütterung, erschütternd

erst

er|stau|nen, sie erstaunt, erstaunlich

ers|te, erster, der Erste, erstens

die **Ers|te Hil|fe**

er|sti|cken, er erstickt

erst|klas|sig

er|tap|pen, sie ertappt

er|tra|gen, er erträgt, er ertrug, er hat ertragen, erträglich

er|trin|ken, er ertrinkt, er ertrank, er ist ertrunken

er|wach|sen, der Erwachsene, die Erwachsene

er|wäh|nen, sie erwähnt, die Erwähnung

er|war|ten, er erwartet, die Erwartung, erwartungsvoll

er|wi|dern, sie erwidert, die Erwiderung

er|zäh|len, er erzählt, die Erzählung

er|zeu|gen, sie erzeugt, das Erzeugnis

er|zie|hen, sie erzieht, sie erzog, sie hat erzogen, die Erziehung, der Erzieher, die Erzieherin

es

der **Esel**, die Esel

der **Es|ki|mo** (Volk, das am nördlichen Polarkreis lebt), die Eskimos, die Eskimofrau

es|sen, sie isst, sie aß, sie hat gegessen, das Essen, essbar, der Esslöffel, der Esstisch

der **Es|sig**

das **Ess|zim|mer**, die Esszimmer

Est|land die Estländer, estländisch

die **Eta|ge** (sprich: E-ta-sche; Stockwerk), die Etagen

das **Eti|kett**, die Etiketten

et|li|che

das **Etui**, die Etuis

et|wa (ungefähr)

et|was

euch, euer, eure, eurem, euren

die **Eu|le**, die Eulen

der **Eu|ro** (€), die Euros

Eu|ro|pa, die Europäer, europäisch

das/der **Eu|ter**, die Euter

evan|ge|lisch (ev.)

das **Evan|ge|li|um**, die Evangelien

even|tu|ell (evtl.)

ewig, die Ewigkeit

A B C D E F G H I J K L M N O P Q R S T U V W X Y Z

ex|akt (genau)

das **Ex|em|plar**, die Exemplare

exis|tie|ren, er existiert, die Existenz

exo|tisch

das **Ex|pe|ri|ment**, die Experimente, experimentieren, sie experimentiert

der **Ex|per|te**, die Experten, die Expertin

ex|plo|die|ren, es explodiert, die Explosion

ex|tra

ex|trem (äußerst)

die **Fa|bel**, die Fabeln

die **Fa|brik**, die Fabriken, fabrizieren, sie fabriziert

das **Fach**, die Fächer, fachlich

die **Fa|ckel**, die Fackeln

der **Fa|den**, die Fäden, einfädeln, sie fädelt ein

das **Fa|gott** (Blasinstrument), die Fagotte

fä|hig, die Fähigkeit

fahn|den, er fahndet, die Fahndung

die **Fah|ne**, die Fahnen

die **Fäh|re**, die Fähren

fah|ren, er fährt, er fuhr, er ist gefahren, der Fahrer, die Fahrerin, die Fahrbahn, der Fahrplan, das Fahrzeug

die **Fahr|kar|te**, die Fahrkarten

das **Fahr|rad**, die Fahrräder, der Fahrradfahrer, die Fahrradfahrerin, Fahrrad fahren, sie fährt Fahrrad, sie fuhr Fahrrad, sie ist Fahrrad gefahren

der **Fahr|stuhl**, die Fahrstühle

die **Fahrt**, die Fahrten

die **Fähr|te**, die Fährten

fair, unfair, die Fairness

der **Fall**, die Fälle

die **Fal|le**, die Fallen

fal|len, er fälllt, er fiel, er ist gefallen

fäl|len, er fällt, er fällte, er hat gefällt

fäl|lig, die Fälligkeit

falls

falsch, fälschen, er fälscht, die Fälschung

die **Fal|te**, die Falten, falten, sie faltet, faltig

der **Fal|ter**, die Falter

die **Fa|mi|lie**, die Familien, der Familienname

der **Fan** (sprich: Fähn), die Fans

fan|gen, sie fängt, er fing, er hat gefangen, der Fang

die **Fan|ta|sie**, auch: Phantasie, die Fantasien, fantasieren, er fantasiert, fantastisch

die **Far|be**, die Farben, färben, sie färbt, farbig, farblos

der **Farn**, die Farne

der **Fa|san**, die Fasane

der **Fa|sching**

die **Fa|ser**, die Fasern, faserig

das **Fass**, die Fässer

die **Fas|sa|de** (Außenansicht eines Gebäudes), die Fassaden

fas|sen, sie fasst, die Fassung, fassungslos

fast

fas|ten, sie fastet, das Fasten, die Fastenzeit

das **Fast Food**, auch: Fastfood

die **Fast|nacht**

fas|zi|nie|rend, die Faszination

A B C D E F G H I J K L M N O P Q R S T U V W X Y Z

fau|chen, er faucht

faul, die Faulheit, faulenzen, sie faulenzt

fau|len, es fault

die **Faust**, die Fäuste

der **Fa|vo|rit**, die Favoriten, die Favoritin

das **Fax**, die Faxe, faxen, er faxt, die Faxnummer

der **Fe|bru|ar**

fech|ten, er ficht, er focht, er hat gefochten

die **Fe|der**, die Federn

die **Fee**, die Feen

fe|gen, er fegt

feh|len, sie fehlt

der **Feh|ler**, die Fehler, fehlerfrei, fehlerhaft, fehlerlos

die **Fei|er**, die Feiern

fei|ern, er feiert, feierlich, der Feierabend, der Feiertag

die **Fei|ge**, die Feigen

fei|ge/feig, die Feigheit, der Feigling

die **Fei|le**, die Feilen, feilen, sie feilt

fein, die Feinheit

der **Feind**, die Feinde, die Feindschaft, feindlich, feindselig

das **Feld**, die Felder

die **Fel|ge**, die Felgen

das **Fell**, die Felle

der **Fels**, die Felsen, felsig

das **Fens|ter**, die Fenster, das Fensterbrett

die **Fe|ri|en**

das **Fer|kel**, die Ferkel

fern, die Ferne

fern|se|hen, sie sieht fern, sie sah fern, sie hat ferngesehen

der **Fern|se|her**, die Fern|se|her

das **Fern|se|hen**

die **Fer|se**, die Fer|sen
Beim Laufen tut ihr die Ferse weh.

der **Vers**, die Ver|se
Das Gedicht ist in Versen aufgeschrieben.

fer|tig

die **Fes|sel**, die Fesseln, fesseln, er fesselt

das **Fest**, die Feste, festlich

fest

fest|hal|ten, sie hält fest, sie hielt fest, sie hat festgehalten

fest|stel|len, er stellt fest

das **Fett**, die Fette, fettig

fett

der **Fet|zen**, die Fetzen

feucht, die Feuchtigkeit

das **Feu|er**, die Feuer, feurig, der Feuermelder

die **Feu|er|wehr**

die **Fi|bel**, die Fibeln

die **Fich|te**, die Fichten

das **Fie|ber**, fiebern, er fiebert, fiebrig/fieberig, das Fieberthermometer

fies

die **Fi|gur**, die Figuren

der **Film**, die Filme, filmen, sie filmt

der **Fil|ter**, die Filter, filtern, er filtert

der **Filz**, filzen, sie filzt, der Filzstift

fi|nan|zie|ren, er finanziert, die Finanzen, das Finanzamt

fin|den, er findet, er fand, er hat gefunden, der Fund

der **Fin|ger**, die Finger, der Fingerabdruck, der Fingernagel

der **Fink**, die Finken

Finn|land, die Finnen, finnisch

fins|ter, die Finsternis

die **Fir|ma**, die Firmen

die **Fir|mung**, die Firmungen, firmen, er firmt, der Firmling

der **Fisch**, die Fische, fischen, sie fischt, der Fischer, die Fischerin

fit, die Fitness

fix (schnell)

flach, das Flachland

die **Flä|che**, die Flächen, der Flächeninhalt

fla|ckern, es flackert

der **Fla|den**, die Fladen, das Fladenbrot

die **Flag|ge**, die Flaggen

der **Fla|min|go**, die Flamingos

A B C D E F G H I J K L M N O P Q R S T U V W X Y Z

die **Flam|me**, die Flammen

die **Fla|sche**, die Flaschen, der Flaschenöffner

die **Flat|rate** (sprich: Flätt-reyt), auch: Flat Rate, die Flatrates

flat|tern, sie flattert

der **Flaum**, flaumig

flau|schig

flech|ten, er flicht, er flocht, er hat geflochten

der **Fleck**/Flecken, die Flecken, fleckig

die **Fle|der|maus**, die Fledermäuse

fle|hen, sie fleht

das **Fleisch**, die Fleischerei

der **Fleiß**, fleißig

flet|schen, er fletscht

fli|cken, er flickt, der Flicken

die **Flie|ge**, die Fliegen

flie|gen, sie fliegt, sie flog, sie ist geflogen

flie|hen, er flieht, er floh, er ist geflohen

die **Flie|se**, die Fliesen, fliesen, sie fliest

flie|ßen, es fließt, es floss, es ist geflossen

flim|mern, es flimmert

flink

flit|zen, er flitzt

die **Flo|cke**, die Flocken, flockig

der **Floh**, die Flöhe, der Flohmarkt

das **Floß**, die Flöße

die **Flos|se**, die Flossen

die **Flö|te**, die Flöten, flöten, er flötet

der **Fluch**, die Flüche, fluchen, sie flucht

die **Flucht**, der Flüchtling, flüchten, sie flüchtet, flüchtig, der Flüchtigkeitsfehler, der Fluchtweg

der **Flug**, die Flüge, der Flughafen, der Flugplatz, das Flugzeug

der **Flü|gel**, die Flügel

der **Flü|gel**, die Flügel

der **Flur**, die Flure

der **Fluss**, die Flüsse

flüs|sig, die Flüssigkeit

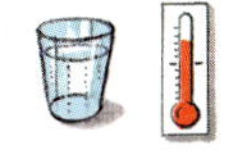

das **Fluss|pferd**, die Flusspferde

flüs|tern, er flüstert, das Geflüster

die **Flut** (Ebbe und Flut), die Fluten, fluten, sie flutet

das **Foh|len**, die Fohlen

der **Föhn**, die Föhne
Sie trocknet ihre Haare mit dem Föhn.

der **Föhn**, die Föhne
Der Föhn ist ein warmer Fallwind.

föh|nen, sie föhnt

fol|gen, sie folgt, die Folge, folgend, im Folgenden

die **Fo|lie**, die Folien

fol|tern, er foltert, die Folter

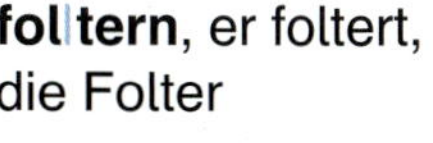

for|dern, sie fordert, die Forderung

för|dern, er fördert, die Förderung

die **Fo|rel|le**, die Forellen

die **Form**, die Formen, das Format

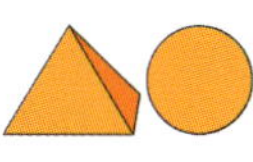

die **For|mel**, die Formeln

for|men, sie formt

das **For|mu|lar**, die Formulare

for|mu|lie|ren, er formuliert, die Formulierung

for|schen, sie forscht, die Forschung

der **Förs|ter**, die Förster, die Försterin, der Forst

fort

fort|fah|ren, er fährt fort, er fuhr fort, er ist fortgefahren
Er fährt mit seinem Auto fort.

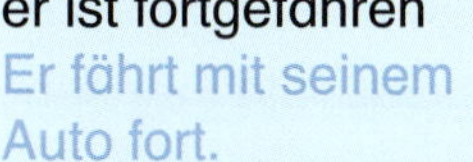

fort|fah|ren, sie fährt fort, sie fuhr fort, sie ist fortgefahren
Sie fährt mit ihrer Rede fort.

der **Fort|schritt**, die Fortschritte, fortschrittlich

fort|set|zen, sie setzt fort, die Fortsetzung

das **Fo|to**, die Fotos, fotografieren, er fotografiert

der **Fo|to|la|den**, die Fotoläden

das **Foul** (sprich: Faul; Regelverstoß im Sport), die Fouls, foulen, sie foult

die **Fracht**, die Frachten, der Frachter

die **Fra|ge**, die Fragen, der Fragebogen, der Fragesatz, das Fragewort

fra|gen, er fragt, fraglich

das **Fra|ge|zei|chen**, die Fragezeichen

Frank|reich, die Franzosen, französisch

die **Fran|se**, die Fransen

die **Frat|ze**, die Fratzen

die **Frau**, die Frauen, die Frauenbewegung, das Frauenhaus, die Hausfrau

frech, die Frechheit

frei, die Freiheit, die Freistunde, die Freizeit, freiwillig

der **Frei|tag**, die Freitage, freitags

fremd, fremde

der **Frem|de**, die Fremden, die Fremde, die Fremdenfeindlichkeit, die Fremdsprache, das Fremdwort
Der Fremde lernt ein neues Land kennen.

die **Frem|de**
Er flieht in die Fremde.

fres|sen, sie frisst, sie fraß, sie hat gefressen, der Fraß

die **Freu|de**, die Freuden

sich **freu|en**, er freut sich, freudig

der **Freund**, die Freunde, die Freundschaft

die **Freun|din**, die Freundinnen

freund|lich, die Freundlichkeit

der **Frie|den**, friedlich

der **Fried|hof**, die Friedhöfe

frie|ren, sie friert, sie fror, sie hat gefroren

die **Fri|ka|del|le**, die Frikadellen

das **Fris|bee** (sprich: Friss-bie; Wurfscheibe), die Frisbees

frisch, die Frische

der **Fri|seur**, auch: Frisör, die Friseure, die Friseurin, auch: Frisörin, die Frisur, frisieren, er frisiert

die **Frist**, die Fristen, fristlos

froh

fröh|lich, die Fröhlichkeit

Fron|leich|nam (kath. Feiertag)

die **Front**, die Fronten, frontal

der **Frosch**, die Frösche, der Froschlaich

der **Frost**, frösteln, sie fröstelt, frostig

die **Frucht**, die Früchte, fruchtig

frucht|bar, die Fruchtbarkeit

früh
Die Kinder gehen früh am Morgen aus dem Haus.

frü|her
Früher gab es in der Schule Tafeln und Griffel zum Schreiben.

der **Früh|ling**, die Frühlinge

das **Früh|stück**, die Frühstücke, frühstücken, sie frühstückt

der **Frust**, die Frustration, frustriert

der **Fuchs**, die Füchse

die **Fu|ge**, die Fugen

füh|len, er fühlt

der **Füh|ler**, die Fühler

füh|ren, er führt, die Führung, der Führer, die Führerin, der Führerschein

fül|len, er füllt, die Fülle, die Füllung

der **Fül|ler**, die Füller

der **Fund**, die Funde, das Fundbüro

das **Fun|da|ment** (Grundlage), die Fundamente

fünf, fünfmal, das Fünftel **5**

fünf|zehn **15**

fünf|zig **50**

der **Funk**, funken, er funkt, das Funkgerät
Er spricht über Funk.

der **Fun|ke**, die Funken, funken, es funkt
Beim Schweißen sprühen Funken.

A B C D E F G H I J K L M N O P Q R S T U V W X Y Z

fun|keln, sie funkelt, funkelnagelneu

funk|tio|nie|ren, es funktioniert, die Funktion

für

die **Fur|che**, die Furchen

sich **fürch|ten**, er fürchtet sich, die Furcht, furchtbar, fürchterlich, furchtlos

für|ei|nan|der

für|sorg|lich, die Fürsorge

der **Fürst**, die Fürsten, die Fürstin, fürstlich

das **Für|wort** (Pronomen), die Fürwörter

der **Fuß**, die Füße, der Fußball, der Fußboden, der Fußgänger, die Fußgängerin, die Fußgängerzone

das **Fut|ter**

füt|tern, er füttert, die Fütterung

die **Ga|bel**, die Gabeln

sich **ga|beln**, er gabelt sich

ga|ckern, es gackert

gaf|fen, er gafft

gäh|nen, er gähnt

die **Ga|la|xie** (Sternsystem), die Galaxien

die **Ga|le|rie**, die Galerien

der **Gal|gen**, die Galgen

die **Gal|le**

der **Ga|lopp**, galoppieren, er galoppiert

der **Gang**, die Gänge, die Gangschaltung

der **Gang**, die Gänge

der **Gang**, die Gänge

der **Gangs|ter** (sprich: Gängs-ter; Verbrecher), die Gangster, die Gangsterin

die **Gans**, die Gänse

ganz, ganzer, ganze, ganzes

gar
Ich mag das gar nicht.

gar,
garen,
es gart
Das Fleisch ist noch nicht gar.

die **Ga|ra|ge**, die Garagen

die **Ga|ran|tie**, die Garantien, garantieren, sie garantiert

die **Gar|de|ro|be**, die Garderoben

die **Gar|di|ne**, die Gardinen

gä|ren, es gärt, es gor, es ist gegoren, die Gärung

das **Garn**, die Garne

gar|nie|ren, sie garniert

die **Gar|ni|tur**, die Garnituren

der **Gar|ten**, die Gärten, der Gärtner, die Gärtnerin

die **Gärt|ne|rei**, die Gärtnereien

das **Gas**, die Gase

die **Gas|se**, die Gassen

der **Gast**, die Gäste, das Gasthaus, die Gaststätte, gastfreundlich

das **Gat|ter**, die Gatter

der **Gaul**, die Gäule

der **Gau|men**, die Gaumen

der **Gau|ner**, die Gauner, die Gaunerin

das **Ge|bäck**

die **Ge|bär|de** (Handbewegung), die Gebärden, die Gebärdensprache

ge|bä|ren, sie gebärt, sie gebar, sie hat geboren

das **Ge|bäu|de**, die Gebäude

ge|ben, er gibt, er gab, er hat gegeben

das **Ge|bet**, die Gebete

das **Ge|biet**, die Gebiete

ge|bil|det

das **Ge|bir|ge**, die Gebirge, gebirgig

das **Ge|biss**, die Gebisse

die **Ge|bor|gen|heit**

das **Ge|bot**, die Gebote

ge|brau|chen, sie gebraucht, der Gebrauch, gebräuchlich, die Gebrauchsanweisung

das **Ge|bre|chen**, die Gebrechen, gebrechlich

das **Gebrüll**

die **Gebühr**, die Gebühren

die **Geburt**, die Geburten, der Geburtsort, die Geburtsurkunde

der **Geburtstag**, die Geburtstage

das **Gebüsch**, die Gebüsche

das **Gedächtnis**

der **Gedanke**, die Gedanken, gedankenlos

gedeihen, es gedeiht, es gedieh, es ist gediehen

das **Gedicht**, die Gedichte

das **Gedränge**

die **Geduld**, geduldig

geehrt

geeignet

die **Gefahr**, die Gefahren

gefährlich

das **Gefälle**, die Gefälle

der **Gefallen**, gefallen, es gefällt, es gefiel, es hat gefallen

gefangen, der Gefangene, die Gefangene, die Gefangenschaft

das **Gefängnis**, die Gefängnisse

das **Gefäß**, die Gefäße

das **Gefieder**, die Gefieder

gefleckt

das **Geflügel**

das **Geflüster**

gefräßig

das **Gefrierfach**, die Gefrierfächer

die **Gefriertruhe**, die Gefriertruhen

das **Gefühl**, die Gefühle, gefühllos, gefühlvoll

gegen

die **Gegend**, die Gegenden

gegeneinander

der **Gegensatz**, die Gegensätze, gegensätzlich

gegenseitig

der **Gegenstand**, die Gegenstände

das **Gegenteil**, die Gegenteile, im Gegenteil

gegenüber

die **Gegenwart**, gegenwärtig

der **Gegner**, die Gegner, die Gegnerin, gegnerisch

das **Gehalt**, die Gehälter

das **Ge|he|ge**, die Gehege

ge|heim, das Geheimnis, geheimnisvoll, die Geheimzahl

ge|hen, er geht, er ging, er ist gegangen, der Gang

das **Ge|hirn**, die Gehirne, die Gehirnerschütterung

das **Ge|hör**, gehörlos

ge|hor|chen, er gehorcht

ge|hö|ren, es gehört mir

ge|hor|sam, der Gehorsam

der **Geh|weg**, die Gehwege

der **Gei|er**, die Geier

die **Gei|ge**, die Geigen

gell

die **Gei|sel**, die Geiseln

der **Geist**, geistig
Der Geist ist der Verstand des Menschen.

der **Geist**, die Geister
Es gibt keine Geister.

der **Geist|li|che**, die Geistlichen, geistlich
Ein Geistlicher ist ein Priester.

gei|zig, der Geiz

das **Ge|jam|mer**

das **Gel**, die Gele/Gels

das **Ge|läch|ter**, die Gelächter

ge|lähmt

das **Ge|län|de** (Landschaft), die Gelände

das **Ge|län|der**, die Geländer

ge|las|sen, die Gelassenheit

gelb, das Gelb, gelblich

das **Geld**, die Gelder, der Geldautomat

der **Geld|beu|tel**, die Geldbeutel

das/der **Ge|lee**, die Gelees

die **Ge|le|gen|heit**, die Gelegenheiten, gelegentlich

ge|lehrt

das **Ge|lenk**, die Gelenke, gelenkig

ge|lin|gen, es gelingt, es gelang, es ist gelungen

gel|ten, es gilt, es galt, es hat gegolten

ge|mäch|lich

das **Ge|mäl|de**, die Gemälde

ge|mäß

ge|mein, die Gemeinheit

die **Ge|mein|de**, die Gemeinden

ge|mein|sam, die Gemeinsamkeit, die Gemeinschaft

das **Ge|mü|se**

das **Ge|müt**, die Gemüter

ge|müt|lich, die Gemütlichkeit

ge|nau, die Genauigkeit

ge|nau|so

ge|neh|mi|gen, er genehmigt, die Genehmigung

der **Ge|ne|ral**, die Generäle/Generale, die Generalin

die **Ge|ne|ra|ti|on**, die Generationen

ge|ni|al, das Genie (sprich: Sche-nie)

das **Ge|nick**

ge|nie|ßen, er genießt, er genoss, er hat genossen, genießbar

der **Ge|ni|tiv** (Wessen-Fall), die Genitive

ge|nug

ge|nü|gen, es genügt, genügend, genügsam

der **Ge|nuss**, die Genüsse

die **Geo|gra|fie** (Erdkunde), auch: Geographie, geografisch, auch: geographisch

die **Geo|me|trie**, geometrisch, das Geodreieck

das **Ge|päck**, gepackt, das Gepäckstück

der **Ge|pard**, die Geparden

ge|punk|tet

ge|ra|de, geradeaus, die Gerade

das **Ge|rät**, die Geräte

ge|ra|ten, er gerät, er geriet, er ist geraten

ge|räu|mig

das **Ge|räusch**, die Geräusche, geräuschlos

ge|recht, die Gerechtigkeit

das **Ge|re|de**

das **Ge|richt**, die Gerichte

das **Ge|richt**, die Gerichte

ge|ring

ge|rin|nen, sie gerinnt,
sie gerann,
sie ist geronnen

das **Ge|rip|pe**, die Gerippe

ge|ris|sen,
die Gerissenheit

der **Ger|ma|ne**,
die Germanen

gern/gerne, lieber,
am liebsten

das **Ge|röll**

die **Gers|te**

der **Ge|ruch**, die Gerüche,
geruchlos

das **Ge|rücht**, die Gerüchte

das **Ge|rüm|pel**

das **Ge|rüst**, die Gerüste

ge|samt,
die Gesamtheit,
die Gesamtschule,
insgesamt

der **Ge|sand|te**,
die Gesandten,
die Gesandte

der **Ge|sang**, die Gesänge

das **Ge|säß**

das **Ge|schäft**,
die Geschäfte

ge|sche|hen,
es geschieht,
es geschah,
es ist geschehen

das **Ge|schenk**,
die Geschenke

die **Ge|schich|te**,
die Geschichten

ge|schickt,
die Geschicklichkeit

das **Ge|schirr**,
die Geschirrspülmaschine

das **Ge|schlecht**,
die Geschlechter

der **Ge|schmack**,
geschmacklos,
geschmackvoll

das **Ge|schöpf**,
die Geschöpfe

das **Ge|schoss**,
die Geschosse

das **Ge|schrei**

das **Ge|schwätz**,
geschwätzig

die **Ge|schwin|dig|keit**,
die Geschwindigkeiten

die **Ge|schwis|ter**

das **Ge|schwür**,
die Geschwüre

der **Ge|sel|le**, die Gesellen,
die Gesellin

ge|sel|lig

die **Ge|sell|schaft**,
die Gesellschaften

das **Ge|setz**, die Gesetze,
gesetzlich, gesetzlos

das **Ge|sicht**, die Gesichter

A B C D E F G H I J K L M N O P Q R S T U V W X Y Z

A B C D E F G H I J K L M N O P Q R S T U V W X Y Z

das **Ge|spenst**, die Gespenster, gespenstisch

das **Ge|spräch**, die Gespräche, gesprächig

die **Ge|stalt**, die Gestalten

ge|stal|ten, sie gestaltet, die Gestaltung

das **Ge|ständ|nis**, die Geständnisse

der **Ge|stank**

ge|stat|ten, er gestattet

die **Ges|te**, die Gesten

ge|ste|hen, er gesteht, er gestand, er hat gestanden

das **Ge|stell**, die Gestelle

ges|tern

ge|streift

das **Ge|strüpp**

ge|sund, gesünder, am gesündesten

die **Ge|sund|heit**, gesundheitsschädlich

das **Ge|tränk**, die Getränke

das **Ge|trei|de**

das **Ge|wächs**, die Gewächse

ge|wäh|ren, sie gewährt, die Gewähr
Die Mutter lässt ihr Kind gewähren.

das **Ge|wehr**, die Gewehre
Ein Jäger hat ein Gewehr.

die **Ge|walt**, gewaltig, gewaltlos, gewalttätig

das **Ge|wand**, die Gewänder
Sie trägt ein langes Gewand.

ge|wandt, die Gewandtheit
Die Tänzerin bewegt sich gewandt.

das **Ge|wäs|ser**, die Gewässer

das **Ge|we|be**, die Gewebe

das **Ge|wehr**, (vgl. gewähren), die Gewehre

das **Ge|weih**, die Geweihe

das **Ge|wer|be**

die **Ge|werk|schaft**, die Gewerkschaften

das **Ge|wicht**, die Gewichte

das **Ge|win|de**, die Gewinde

ge|win|nen, er gewinnt, er gewann, er hat gewonnen, der Gewinn, der Gewinner, die Gewinnerin

ge|wiss, die Gewissheit

das **Ge|wis|sen**, gewissenhaft, gewissenlos

das **Ge|wit|ter**, die Gewitter

sich **ge|wöh|nen**, sie gewöhnt sich, die Gewöhnung, gewöhnlich

die **Ge|wohn|heit**, die Gewohnheiten

das **Ge|wöl|be**, die Gewölbe

das **Ge|wühl**

das **Ge|würz**, die Gewürze

die **Ge|zei|ten** (Ebbe und Flut)

das **Ge|zwit|scher**

der **Gie|bel**, die Giebel

gie|rig, die Gier

gie|ßen, er gießt, er goss, er hat gegossen, die Gießkanne

das **Gift**, die Gifte, giftig

gi|gan|tisch, der Gigant (Riese)

der **Gip|fel**, die Gipfel

der **Gips**, gipsen, er gipst

die **Gi|raf|fe**, die Giraffen

die **Gir|lan|de**, die Girlanden

die **Gi|tar|re**, die Gitarren

das **Git|ter**, die Gitter

glän|zen, es glänzt, der Glanz, glänzend

das **Glas**, die Gläser, gläsern

die **Gla|sur**, die Glasuren

glatt, glatter/glätter, am glattesten/glättesten, die Glätte, das Glatteis

glät|ten, sie glättet

die **Glat|ze**, die Glatzen

glau|ben, er glaubt, der Glaube, gläubig

gleich, das Gleiche, das Gleichheitszeichen =

gleich|be|rech|tigt, die Gleichberechtigung

glei|chen, es gleicht, es glich, es hat geglichen

gleich|falls

das **Gleich|ge|wicht**

gleich|gül|tig

gleich|mä|ßig

gleich|zei|tig

das **Gleis**, die Gleise

glei|ten, er gleitet, er glitt, er ist geglitten

A B C D E F G H I J K L M N O P Q R S T U V W X Y Z

der **Glet|scher**, die Gletscher

das **Glied**, die Glieder, die Gliedmaßen

glie|dern, sie gliedert, die Gliederung

glim|men, es glimmt, es glomm/glimmte, es hat geglommen/geglimmt

glit|zern, es glitzert

der **Glo|bus**, die Globen/Globusse

die **Glo|cke**, die Glocken, das Glockenspiel

das **Glück**, glücken, es glückt, glücklich, der Glückwunsch

die **Glüh|bir|ne**, die Glühbirnen

glü|hen, er glüht, die Glut, glühend

die **Gna|de**, gnädig, gnadenlos

das **Gold**, golden

der **Golf**, der Golfstrom
Der Golf von Mexiko ist eine große Meeresbucht.

das **Golf**, der Golfball

die **Gon|del**, die Gondeln

der **Gong**, die Gongs, gongen, es gongt

sich **gön|nen**, sie gönnt sich

goo|geln (sprich: guh-geln), er googelt

der **Go|ril|la**, die Gorillas

der **Gott**, die Götter, die Göttin, göttlich

das **Grab**, die Gräber

der **Gra|ben**, die Gräben, graben, er gräbt, er grub, er hat gegraben

der **Grad**, die Grade
30°
In Grad misst man Winkel und Temperaturen.

der **Grat**, die Grate
Ein Grat ist die oberste Kante eines Bergrückens.

der **Graf**, die Grafen, die Gräfin

das/der **Graf|fi|to** (Bilder oder Schriftzüge an Wänden), die Graffiti

das **Gramm** (g)

die **Gram|ma|tik**, grammatisch

die **Gra|na|te** (Geschoss), die Granaten

der **Gra|nit** (Gesteinsart)

die **Grape|fruit** (sprich: Gräip-fruht), die Grapefruits

das **Gras**, die Gräser, grasen, es grast

gräss|lich

der **Grat** (vgl. der Grad), die Grate

die **Grä|te**, die Gräten

gra|tis (kostenlos)

die **Grät|sche**, grätschen, sie grätscht

gra|tu|lie|ren, er gratuliert, die Gratulation

grau, das Grau, grauhaarig, gräulich

grau|en, es graut
Der Morgen graut.

grau|en, es graut mir, das Grauen, grauenhaft, grauenvoll
Mir graut vor dir.

die **Grau|pel** (Hagelkorn), die Graupeln

grau|sam, die Grausamkeit

grei|fen, er greift, er griff, er hat gegriffen

der **Greis**, die Greise, die Greisin

grell

die **Gren|ze**, die Grenzen, grenzenlos

Grie|chen|land, die Griechen, griechisch

der **Grieß**, der Grießbrei

der **Griff**, die Griffe, griffig

der **Grill**, die Grills, grillen, sie grillt

die **Gril|le**, die Grillen

die **Gri|mas|se**, die Grimassen

grim|mig

grin|sen, er grinst, das Grinsen

die **Grip|pe**, das/der Grippevirus

grob, gröber, am gröbsten

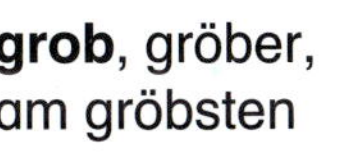

grö|len, sie grölt, das Grölen

grol|len, es grollt

groß, größer, am größten, die Größe, die Großeltern, die Großstadt

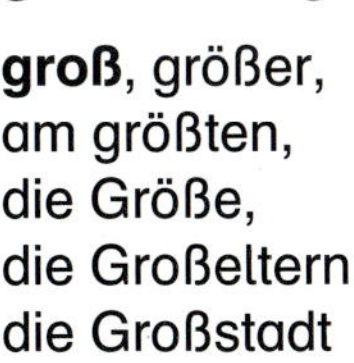

groß|ar|tig

Groß|bri|tan|ni|en, die Briten, britisch

A B C D E F G H I J K L M N O P Q R S T U V W X Y Z

groß|schrei|ben, sie schreibt groß, sie schrieb groß, sie hat großgeschrieben, die Großschreibung

die **Grot|te**, die Grotten

die **Gru|be**, die Gruben, das Grübchen

grü|beln, er grübelt

die **Gruft** (Grab), die Grüfte

grün, das Grün, grünlich

der **Grund**, die Gründe, gründlich, grundlos, das Grundstück

grün|den, sie gründet, die Gründung

die **Grund|la|ge**, die Grundlagen

die **Grund|schu|le**, die Grundschulen

grun|zen, es grunzt

die **Grup|pe**, die Gruppen

sich **gru|seln**, sie gruselt sich, gruselig

grü|ßen, er grüßt, der Gruß

gu|cken, er guckt

das/der **Gu|lasch**

der **Gul|ly**, die Gullys

gül|tig, die Gültigkeit

das/der **Gum|mi**, die Gummis, das Gummiband, das Gummibärchen

der **Gum|mi|stie|fel**, die Gummistiefel

die **Gunst**

güns|tig

gur|geln, er gurgelt, die Gurgel

die **Gur|ke**, die Gurken

der **Gurt**, die Gurte

der **Gür|tel**, die Gürtel

der **Guss**, die Güsse

das **Gut**, die Güter

gut, besser, am besten

die **Gü|te**, gütig

das **Gym|na|si|um**, die Gymnasien

die **Gym|nas|tik**

das **Gy|ros**

das **Haar**, die Haare, haaren, sie haart

sich die **Haa|re wa|schen**, er wäscht sich die Haare, er wusch sich die Haare, er hat sich die Haare gewaschen

ha|ben, er hat, er hatte, er hat gehabt

hab|gie|rig, die Habgier

die **Ha|cke**/ der Hacken, die Hacken

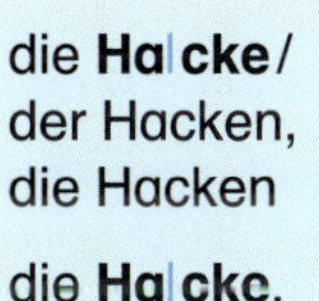

die **Ha|cke**, die Hacken, hacken, sie hackt

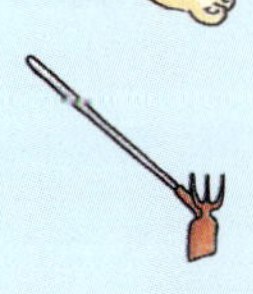

das **Hack|fleisch**

der **Ha|fen**, die Häfen

der **Ha|fer**, die Haferflocken

die **Haft**, haften, er haftet, der Häftling

der **Ha|gel**

ha|geln, es hagelt

ha|ger

der **Hahn**, die Hähne

der **Hai**, die Haie

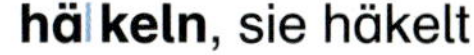

hä|keln, sie häkelt

der **Ha|ken**, die Haken

halb, halbieren, er halbiert, die Halbinsel, halbjährig, der Halbmond, halbtags, die Halbzeit

die **Hälf|te**, die Hälften

die **Hal|le**, die Hallen

hal|len, es hallt, der Hall

hal|lo!

Hal|lo|ween (sprich: Häl-lo-wien)

der **Halm**, die Halme

der **Hals**, die Hälse

hal|ten, er hält, er hielt, er hat gehalten, die Haltestelle, haltbar

Ham|burg, die Hamburger, hamburgisch

der **Ham|bur|ger**, die Hamburger

hä|misch, die Häme

der **Ham|mel**, die Hammel

der **Ham|mer**, die Hämmer, hämmern, sie hämmert

ham|peln, er hampelt

der **Hams|ter**, die Hamster

die **Hand**, die Hände, handlich

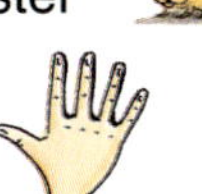

A B C D E F G H I J K L M N O P Q R S T U V W X Y Z

sich die **Hän|de wa|schen**, sie wäscht sich die Hände, sie wusch sich die Hände, sie hat sich die Hände gewaschen

han|deln, er handelt, der Handel, der Händler, die Händlerin

die **Hand|lung**, die Handlungen

der **Hand|schuh**, die Handschuhe

das **Hand|tuch**, die Handtücher

das **Hand|werk**, der Handwerker, die Handwerkerin

das **Han|dy**, die Handys

der **Hang**, die Hänge

hän|gen, es hängt, es hing, es hat gehangen

hän|seln, sie hänselt

han|tie|ren, er hantiert

der **Hap|pen**, die Happen

hap|py (glücklich)

die **Hard|ware**

die **Har|fe** (Zupfinstrument), die Harfen

die **Har|ke** (Gartengerät), die Harken, harken, sie harkt

harm|los

die **Har|mo|nie**, die Harmonien, harmonisch

der **Harn** (Urin), die Harnblase

die **Har|pu|ne**, die Harpunen

hart, härter, am härtesten, die Härte, hartnäckig

das **Harz**, die Harze, harzig
Harz findet man an Bäumen.

der **Harz**
Der Harz ist ein Gebirge in Deutschland.

der **Ha|se**, die Hasen

die **Ha|sel|nuss**, die Haselnüsse

der **Hass**, hassen, sie hasst

häss|lich

die **Hast**, hasten, sie hastet, hastig

die **Hau|be**, die Hauben

hau|chen, er haucht, der Hauch

hau|en, er haut

der **Hau|fen**, die Haufen, anhäufen, sie häuft an

häu|fig

das **Haupt**, die Häupter

der **Häupt|ling**, die Häuptlinge

die **Haupt|sa|che**, die Hauptsachen, hauptsächlich

die **Haupt|stadt**, die Hauptstädte

das **Haupt|wort**, die Hauptwörter

das **Haus**, die Häuser, hausen, sie haust

die **Haus|auf|ga|be**, die Hausaufgaben

der **Haus|halt**, die Haushalte

der **Haus|meis|ter**, die Hausmeister, die Hausmeisterin

die **Haus|num|mer**, die Hausnummern

das **Haus|tier**, die Haustiere

die **Haut**, die Häute

die **Heb|am|me**, die Hebammen

der **He|bel**, die Hebel

he|ben, er hebt, er hob, er hat gehoben

der **Hecht**, die Hechte

das **Heck**, die Hecks/Hecke

die **He|cke**, die Hecken

das **Heer**, die Heere

die **He|fe**, der Hefezopf

das **Heft**, die Hefte

hef|ten, sie heftet, der Hefter

hef|tig

die **Hei|del|bee|re**, die Heidelbeeren

hei|kel

heil, die Heilung, heilen, er heilt, heilbar, heilsam

der **Hei|land** (Jesus Christus)

hei|lig, der Heilige, die Heilige, der Heiligabend, der Heilige Abend

das **Heim**, die Heime, heimwärts, das Heimweh

die **Hei|mat**, heimatlich, heimatlos

heim|lich, die Heimlichkeit

die **Hei|rat**, heiraten, er heiratet

hei|ser, die Heiserkeit

heiß

A B C D E F G H I J K L M N O P Q R S T U V W X Y Z

hei|ßen, sie heißt,
sie hieß,
sie hat geheißen

hei|ter, die Heiterkeit

hei|zen, sie heizt,
die Heizung

die **Hek|tik**, hektisch

der **Hek|to|li|ter** (hl = 100 l),
die Hektoliter

der **Held**, die Helden,
die Heldin, heldenhaft

hel|fen, er hilft,
er half,
er hat geholfen

hell, die Helligkeit

hell|blau

hell|braun

hell|grün

hell|rot

der **Helm**, die Helme

Hel|sin|ki (Hauptstadt
Finnlands)

das **Hemd**, die Hemden

hem|men, sie hemmt,
die Hemmung,
hemmungslos

der **Hengst**, die Hengste

der **Hen|kel**, die Henkel

die **Hen|ne**, die Hennen

her

he|rab

he|ran

he|rauf

he|raus

he|raus|for|dern,
sie fordert heraus,
die Herausforderung

herb

her|bei

die **Her|ber|ge**,
die Herbergen

der **Herbst**, herbstlich

der **Herd**,
die Herde,
die Herdplatte

die **Her|de**,
die Herden

he|rein

he|rein|kom|men,
er kommt herein,
er kam herein, er ist
hereingekommen

der **He|ring**, die Heringe

die **Her|kunft**,
das Herkunftsland

der **Herr**, die Herren

herr|lich,
die Herrlichkeit

herr|schen, er herrscht,
die Herrschaft

der **Herr|scher**,
die Herrscher,
die Herrscherin

her|stel|len, sie stellt her, die Herstellung

he|rü|ber

he|rum

he|run|ter

her|vor

her|vor|ra|gend

das **Herz**, die Herzen, herzhaft, herzlich

der **Her|zog**, die Herzöge, die Herzogin

Hes|sen, die Hessen, hessisch

het|zen, er hetzt, die Hetze

das **Heu**

heu|cheln, sie heuchelt

heu|len, er heult

die **Heu|schre|cke**, die Heuschrecken

heu|te

die **He|xe**, die Hexen, der Hexer, hexen, sie hext

der **Hieb**, die Hiebe

hier

hie|rauf

hier|bei

hier|durch

hier|her

hier|mit

die **Hie|ro|gly|phe** (altägyptisches Schriftzeichen), die Hieroglyphen

hier|zu

hie|sig (einheimisch)

die **Hil|fe**, die Hilfen, hilflos, hilfreich, hilfsbereit

die **Him|bee|re**, die Himbeeren

der **Him|mel**, himmlisch

hin

hi|nab

hi|nauf

hi|naus

hin|dern, sie hindert, das Hindernis

hin|durch

hi|nein

hin|ken, sie hinkt

hin|ten

hin|ter, der Hintergrund

hin|ter|ei|nan|der

hin|ter|her

hi|nü|ber

hi|nun|ter

hin|weg

der **Hin|weis**, die Hinweise

hin|zu

das **Hirn**, die Hirne

der **Hirsch**, die Hirsche

die **Hir|se** (Getreideart)

der **Hir|te**/Hirt, die Hirten, die Hirtin

der **Hit**, die Hits

die **Hit|ze**, hitzig

das **Hob|by**, die Hobbys

der **Ho|bel**, die Hobel, hobeln, sie hobelt

hoch, höher, am höchsten

der **Hoch|mut**, hochmütig

die **Hoch|zeit**, die Hochzeiten

ho|cken, er hockt, die Hocke, der Hocker

das **Ho|ckey** (Sport)

der **Ho|den**, die Hoden

der **Hof**, die Höfe

hof|fen, sie hofft, die Hoffnung, hoffnungslos, hoffentlich

höf|lich, die Höflichkeit

die **Hö|he**, die Höhen

hohl

die **Höh|le**, die Höhlen

der **Hohn**, höhnisch

ho|len, er holt

die **Höl|le**, die Höllen, höllisch

hol|pern, sie holpert, holperig/holprig

der **Ho|lun|der** (Strauch)

das **Holz**, die Hölzer, hölzern

die **Home|page** (erste Seite einer Internetseite), die Homepages

der **Ho|nig**

der **Hop|fen**

hop|peln, er hoppelt

hop|sen, sie hopst

hor|chen, er horcht

die **Hor|de**, die Horden

hö|ren, sie hört, der Hörer, die Hörerin, das Hörgerät

der **Ho|ri|zont**, horizontal

das **Horn**, die Hörner

die **Hor|nis|se**, die Hornissen

der **Hor|ror** (Grauen)

der **Hort**, die Horte

hor|ten, er hortet

die **Ho|se**, die Hosen

das **Hos|pi|tal**, die Hospitale/Hospitäler

die **Hos|tie**, die Hostien

das **Ho|tel**, die Hotels

der **Hub|schrau|ber**, die Hubschrauber

hübsch

hu|cke|pack

der **Huf**, die Hufe

die **Hüf|te**, die Hüften

der **Hü|gel**, die Hügel, hügelig / hüglig

das **Huhn**, die Hühner

die **Hül|le**, die Hüllen

die **Hül|se**, die Hülsen

die **Hum|mel**, die Hummeln

der **Hum|mer**, die Hummer

der **Hu|mor**, humorvoll, humorlos

hum|peln, er humpelt

der **Hu|mus**

der **Hund**, die Hunde, die Hündin

hun|dert, hundertmal, ein Hundertstel **100**

der **Hun|ger**, hungern, sie hungert

hung|rig

die **Hu|pe**, die Hupen, hupen, er hupt

hüp|fen, sie hüpft

die **Hür|de**, die Hürden

hur|ra!

hu|schen, er huscht

der **Hus|ten**, husten, sie hustet

der **Hut**, die Hüte

hü|ten, er hütet, behüten, sie behütet

die **Hüt|te**, die Hütten

die **Hyä|ne**, die Hyänen

die **Hya|zin|the**, die Hyazinthen

der **Hy|drant**, die Hydranten

die **Hy|gi|ene**, hygienisch

die **Hym|ne**, die Hymnen, die Nationalhymne

A B C D E F G H I J K L M N O P Q R S T U V W X Y Z

I

der **IC**® (Intercity), die ICs

der **ICE**® (Intercity-Express), die ICEs

ich

ide|al, das Ideal

die **Idee**, die Ideen

der **Idi|ot**, die Idioten, die Idiotin, idiotisch

der **Igel**, die Igel

das/der **Ig|lu**, die Iglus

ihm

ihn

ih|nen

ihr, ihre, ihrer, ihrem, ihren

die **Il|lus|trier|te**, die Illustrierten

im

der **Im|biss**, die Imbisse

der **Im|ker**, die Imker, die Imkerin

im|mer

der **Im|pe|ra|tiv** (Befehlsform), die Imperative

das **Im|per|fekt** (Vergangenheitsform)

imp|fen, er impft, die Impfung

im|stan|de, auch: im Stande

in

der **In|dia|ner**, die Indianer, die Indianerin

die **In|dus|trie**, die Industrien

in|ei|nan|der

die **In|fek|ti|on** (Ansteckung durch Krankheitserreger), die Infektionen, infizieren, er infiziert, sich infizieren, er infiziert sich

der **In|fi|ni|tiv** (Grundform eines Verbs), die Infinitive

der **In|for|ma|ti|ker**, die Informatiker, die Informatikerin, die Informatik

die **In|for|ma|ti|on**, die Informationen, informieren, sie informiert

der **In|ge|ni|eur**, die Ingenieure, die Ingenieurin

der **Ing|wer**

der **In|ha|ber**, die Inhaber, die Inhaberin

der **In|halt**, die Inhalte, inhaltlich

die **In|klu|si|on** (Einschließung), inkludieren, sie inkludiert

das **In|land**

in|mit|ten

in|nen, die Innenseite

in|ner|halb

in|nig

ins

der **In|sas|se**, die Insassen, die Insassin

ins|be|son|de|re

das **In|sekt**, die Insekten

die **In|sel**, die Inseln

ins|ge|samt

in|so|fern

die **In|spek|ti|on** (Begutachtung), der Inspektor, die Inspektorin

die **In|stal|la|ti|on**, installieren, er installiert

der **In|stinkt**, die Instinkte, instinktiv

das **In|sti|tut**, die Institute

das **In|stru|ment**, die Instrumente

die **In|te|gra|ti|on** (Eingliederung), sich integrieren, sie integriert sich

in|tel|li|gent, die Intelligenz

in|ten|siv

das **In|te|res|se**, die Interessen, sich interessieren, er interessiert sich, interessant

das **In|ter|nat**, die Internate

in|ter|na|tio|nal

das **In|ter|net**

das **In|ter|view** (sprich: In-ter-wju), die Interviews, interviewen, sie interviewt

der **Inuk** (Selbstbezeichnung der Eskimos; bedeutet „der Mensch“), die Inuit

in|zwi|schen

ir|gend, irgendein, irgendjemand, irgendwann, irgendwas, irgendwie, irgendwo

Ir|land, die Iren, irisch

die **Iro|nie**, ironisch

sich **ir|ren**, sie irrt sich, der Irrtum

der **Is|lam** (Religion), islamisch

A B C D E F G H I J K L M N O P Q R S T U V W X Y Z

Is|land, die Isländer, isländisch

die **Iso|la|ti|on**, isolieren, er isoliert

ist → sein

Ita|li|en, die Italiener, italienisch

J

ja

die **Jacht**, auch: die Yacht, die Jachten

die **Ja|cke**, die Jacken

ja|gen, er jagt, die Jagd, der Jäger, die Jägerin

der **Ja|gu|ar**, die Jaguare

jäh

das **Jahr**, die Jahre, jährlich, das Jahrhundert

der **Jah|res|kreis**, die Jahreskreise

die **Jah|res|zeit**, die Jahreszeiten

der **Jahr|markt**, die Jahrmärkte

der **Jäh|zorn**, jähzornig

die **Ja|lou|sie** (Rollladen), die Jalousien

der **Jam|mer**, jammern, sie jammert, jämmerlich

der **Ja|nu|ar**

Ja|pan, die Japaner, japanisch

jä|ten, er jätet

jauch|zen, sie jauchzt

jau|len, er jault

ja|wohl

der **Jazz** (sprich: Dschähß; Musikstil, der sich aus der Volksmusik der schwarzen Bevölkerung Amerikas entwickelt hat), die Jazzmusik

je

die **Jeans**

je|den|falls

je|der, jede, jedes, jedem, jeden

je|doch

je|mals

je|mand, jemandem, jemanden

je|ner, jene, jenes

jen|seits

Je|sus Chris|tus → Heiland

der **Jet** (Düsenflugzeug), die Jets

jetzt

je|weils

der **Job**, die Jobs, jobben, sie jobbt

das **Jod**

jo|deln, er jodelt

jog|gen, sie joggt, das Jogging, der Jogger, die Joggerin

das/der **Jo|ghurt**, auch: Jogurt, die Joghurts

die **Jo|han|nis|bee|re**, die Johannisbeeren

joh|len, er johlt

der **Jo|ker** (Spielkarte), die Joker

jon|glie|ren (sprich: schon-glie-ren), sie jongliert

der **Jour|na|list**, die Journalisten, die Journalistin, der Journalismus

ju|beln, er jubelt, der Jubel

das **Ju|bi|lä|um**, die Jubiläen, der Jubilar, die Jubilarin

ju|bi|lie|ren, sie jubiliert

ju|cken, es juckt

der **Ju|de**, die Juden, die Jüdin, das Judentum, jüdisch

das **Ju|do** (Kampfsportart)

die **Ju|gend**, die Jugendlichen, jugendlich

der **Ju|li**

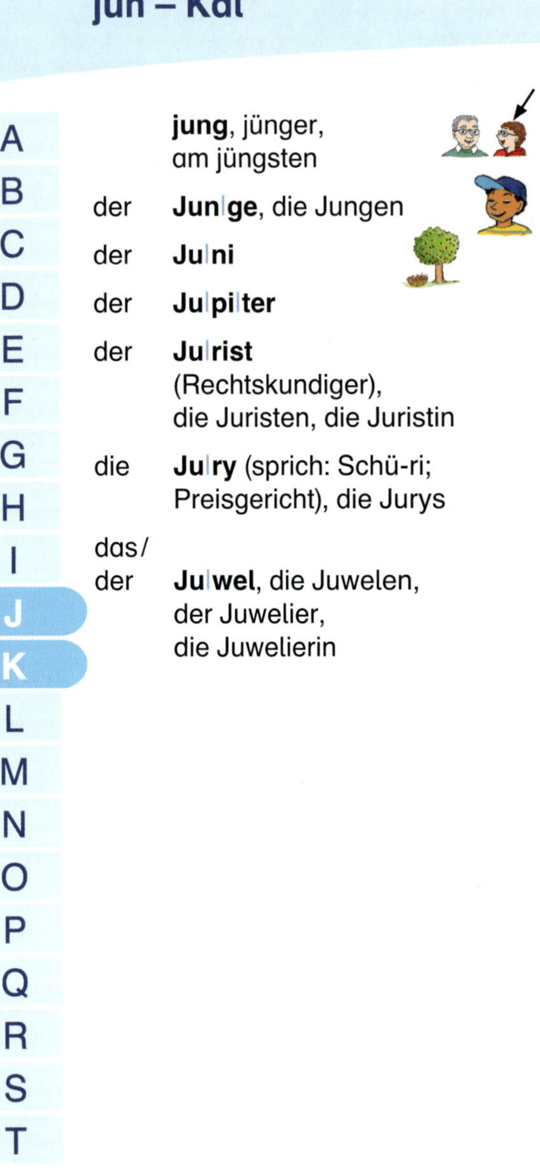

jung, jünger, am jüngsten

der **Jun|ge**, die Jungen

der **Ju|ni**

der **Ju|pi|ter**

der **Ju|rist** (Rechtskundiger), die Juristen, die Juristin

die **Ju|ry** (sprich: Schü-ri; Preisgericht), die Jurys

das/der **Ju|wel**, die Juwelen, der Juwelier, die Juwelierin

K

das **Ka|bel**, die Kabel

der **Ka|bel|jau**, die Kabeljaue/Kabeljaus

die **Ka|bi|ne**, die Kabinen

die **Ka|chel**, die Kacheln

der **Kä|fer**, die Käfer

der **Kaf|fee**, die Kaffees

der **Kä|fig**, die Käfige

kahl

der **Kahn**, die Kähne

das/der **Kai**/Quai (Ufermauer), die Kais

der **Kai|ser**, die Kaiser, die Kaiserin, kaiserlich

das **Ka|jak** (Paddelboot), die Kajaks

die **Ka|jü|te**, die Kajüten

der **Ka|ka|du**, die Kakadus

der **Ka|kao**

die **Ka|ker|la|ke**, die Kakerlaken

der **Kak|tus**, die Kakteen

das **Kalb**, die Kälber, das Kalbfleisch

der **Ka|len|der**, die Kalender

der **Kalk**, kalken, es kalkt

die **Ka|lo|rie**, die Kalorien

kalt, kälter, am kältesten

die **Käl|te**

das **Ka|mel**, die Kamele

die **Ka|me|ra**, die Kameras

der **Ka|me|rad**, die Kameraden, die Kameradin, die Kameradschaft

die **Ka|mil|le**, der Kamillentee

der **Ka|min**, die Kamine

der **Kamm**, die Kämme

käm|men, er kämmt

die **Kam|mer**, die Kammern

der **Kampf**, die Kämpfe, kämpfen, er kämpft

Ka|na|da, die Kanadier, kanadisch

der **Ka|nal**, die Kanäle, die Kanalisation

der **Ka|na|ri|en|vo|gel**, die Kanarienvögel

der **Kan|di|dat**, die Kandidaten, die Kandidatin

das **Kän|gu|ru**, die Kängurus

das **Ka|nin|chen**, die Kaninchen

der **Ka|nis|ter**, die Kanister

die **Kan|ne**, die Kannen

der **Ka|non**, die Kanons

die **Ka|no|ne**, die Kanonen

die **Kan|te**, die Kanten, kantig

die **Kan|ti|ne**, die Kantinen

das **Ka|nu**, die Kanus

die **Kan|zel**, die Kanzeln

der **Kanz|ler**, die Kanzler, die Kanzlerin

die **Ka|pel|le**, die Kapellen

ka|pie|ren, sie kapiert

der **Ka|pi|tän**, die Kapitäne, die Kapitänin

das **Ka|pi|tel**, die Kapitel

die **Kap|pe**, die Kappen

die **Kap|sel**, die Kapseln

ka|putt

die **Ka|pu|ze**, die Kapuzen

das **Ka|ra|te**

die **Ka|ra|wa|ne**, die Karawanen

der **Kar|di|nal** (hoher kath. Würdenträger), die Kardinäle

der **Kar|frei|tag**

karg, kärglich

ka|riert, das Karo, die Karos

die **Ka|ri|es** (Zahnfäule), kariös

der **Kar|ne|val** (Fastnacht)

die **Ka|ros|se|rie**, die Karosserien

die **Ka|rot|te**, die Karotten

der **Karp|fen**, die Karpfen

die **Kar|re**, die Karren, karren, er karrt

die **Kar|te**, die Karten

die **Kar|tei**, die Karteien

die **Kar|tof|fel**, die Kartoffeln

der **Kar|ton**, die Kartons

das **Ka|rus|sell**, die Karussells

der **Kä|se**, die Käse

die **Ka|ser|ne**, die Kasernen

der **Kas|per**, das Kasperletheater

die **Kas|se**, die Kassen, kassieren, sie kassiert, der Kassierer, die Kassiererin

die **Kas|ta|nie**, die Kastanien

der **Kas|ten**, die Kästen

der **Ka|ta|log**, die Kataloge

die **Ka|ta|stro|phe** (Unglück), die Katastrophen, katastrophal

der **Ka|ter**, die Kater

die **Ka|the|dra|le**, die Kathedralen

der **Ka|tho|lik**, die Katholiken, die Katholikin, katholisch (kath.)

die **Kat|ze**, die Katzen

kau|en, sie kaut

kau|ern, er kauert

kau|fen, er kauft, der Kauf, der Käufer, die Käuferin, käuflich

das **Kauf|haus**, die Kaufhäuser

die **Kaul|quap|pe**, die Kaulquappen

kaum

der **Kauz**, die Käuze

der **Ke|bab** (am Spieß gebratene Fleischstückchen), die Kebabs

der **Ke|gel**, die Kegel, kegeln, er kegelt

die **Keh|le**, die Kehlen

keh|ren (fegen), sie kehrt

kehrt|ma|chen, er macht kehrt

kei|fen, sie keift

der **Keil**, die Keile

der **Keim**, die Keime, keimen, es keimt, der Keimling, keimfrei

kein, keine, keiner, keinem, keinen, keinerlei, keinmal

kei|nes|falls, keineswegs

der **Keks**, die Kekse

der **Kelch**, die Kelche

die **Kel|le**, die Kellen

der **Kel|ler**, die Keller

der **Kell|ner**, die Kellner, die Kellnerin

ken|nen, er kennt, er kannte, er hat gekannt, die Kenntnis

ken|nen|ler|nen, auch: kennen lernen, er lernt kennen

das **Kenn|zei|chen**, die Kennzeichen, kennzeichnen, sie kennzeichnet

ken|tern, es kentert

die **Ke|ra|mik**, die Keramiken

die **Ker|be**, die Kerben

der **Ker|ker**, die Kerker

der **Kerl**, die Kerle

der **Kern**, die Kerne, kernig

das **Kern|kraft|werk**, die Kernkraftwerke

die **Ker|ze**, die Kerzen

der **Kes|sel**, die Kessel

der/das **Ket|chup**, auch: Ketschup

die **Ket|te**, die Ketten

keu|chen, er keucht

die **Keu|le**, die Keulen

das **Key|board** (Tasteninstrument), die Keyboards

ki|chern, sie kichert

ki|cken, er kickt

der **Kie|fer**, die Kiefer

die **Kie|fer**, die Kiefern

die **Kie|me**, die Kiemen

der **Kies**

der **Kie|sel**, die Kiesel, der Kieselstein

das **Ki|lo** (Kilogramm; kg), die Kilos

der **Ki|lo|me|ter** (km), die Kilometer

das **Kind**, die Kinder, die Kindheit, kindlich, der Kinderwagen

A B C D E F G H I J **K** L M N O P Q R S T U V W X Y Z

A B C D E F G H I J K L M N O P Q R S T U V W X Y Z

das **Kin|der|zim|mer**, die Kinderzimmer

das **Kinn**, die Kinne

das **Ki|no**, die Kinos

der **Ki|osk**, die Kioske

kip|pen, sie kippt

die **Kir|che**, die Kirchen

die **Kir|sche**, die Kirschen

das **Kis|sen**, die Kissen

die **Kis|te**, die Kisten

der **Kitsch**, kitschig

der **Kitt**, kitten, er kittet

der **Kit|tel**, die Kittel

das **Kitz** (Junges von Reh, Ziege und Gämse), die Kitze

kit|zeln, sie kitzelt

> die **Ki|wi**, die Kiwis
>
> der **Ki|wi**, die Kiwis
> Der Kiwi ist ein in Neuseeland lebender Laufvogel.

kläf|fen, er kläfft

kla|gen, sie klagt, die Klage, der Kläger, die Klägerin, kläglich

klamm

die **Klam|mer**, die Klammern, klammern, er klammert

der **Klang**, die Klänge, klangvoll

die **Klap|pe**, die Klappen

klap|pen, es klappt

klap|pe|rig/klapprig

klap|pern, sie klappert

der **Klaps**, die Klapse

klar, klären, er klärt, die Klarheit

die **Klär|an|la|ge**, die Kläranlagen

die **Kla|ri|net|te** (Blasinstrument), die Klarinetten

die **Klas|se**, die Klassen, der Klassenlehrer, die Klassenlehrerin

das **Klas|sen|zim|mer**, die Klassenzimmer

klas|se

der **Klatsch** (Geschwätz)

klat|schen, er klatscht

die **Klaue** (Kralle), die Klauen

klau|en, sie klaut

das **Kla|vier**, die Klaviere

kle|ben, er klebt, der Kleber, klebrig

der **Kleb|stoff**, die Klebstoffe

kle|ckern, er kleckert

der **Klecks**, die Kleckse

der **Klee**

das **Kleid**, die Kleider

die **Klei|dung**

klein, kleiner, die Kleinigkeit, kleinlich

der **Kleis|ter**, die Kleister

klem|men, er klemmt, die Klemme

der **Klemp|ner**, die Klempner, die Klempnerin

die **Klet|te**, die Kletten

klet|tern, sie klettert

der **Klett|ver|schluss**, die Klettverschlüsse

das **Kli|ma**, klimatisch, klimatisiert, die Klimaanlage, der Klimawandel

der **Klimm|zug**, die Klimmzüge

klim|pern, er klimpert

die **Klin|ge**, die Klingen

die **Klin|gel**, die Klingeln, klingeln, sie klingelt

klin|gen, er klingt, er klang, er hat geklungen

die **Kli|nik**, die Kliniken, klinisch

die **Klin|ke**, die Klinken

die **Klip|pe**, die Klippen

klir|ren, es klirrt

klit|ze|klein

das **Klo**, die Klos

klop|fen, sie klopft

der **Klops**, die Klopse

der **Kloß**, die Klöße

das **Klos|ter**, die Klöster

der **Klotz**, die Klötze, klotzig

der **Klub**, auch: Club, die Klubs

klug, klüger, am klügsten, die Klugheit

der **Klum|pen**, die Klumpen, klumpig

km (Kilometer)

knab|bern, er knabbert

kna|cken, sie knackt, knackig

der **Knall**, knallen, es knallt

knapp, die Knappheit

der **Knap|pe** (Lehrling eines Ritters), die Knappen

knar|ren, es knarrt

knat|tern, es knattert

der/das **Knäu|el**, die Knäuel

der **Kne|bel**, die Knebel, knebeln, er knebelt

der **Knecht**, die Knechte

knei|fen, er kneift, er kniff, er hat gekniffen

die **Knei|pe**, die Kneipen

kne|ten, sie knetet, die Knete

kni|cken, er knickt, der Knick

der **Knicks**, die Knickse, knicksen, sie knickst

das **Knie**, die Knie, knien, er kniet

der **Kniff**, die Kniffe, kniffelig/knifflig

knip|sen, sie knipst

der **Knirps**, die Knirpse

knir|schen, es knirscht

knis|tern, es knistert

knit|tern, er knittert, knitterfrei

kno|beln, sie knobelt

der **Knob|lauch**

der **Knö|chel**, die Knöchel

der **Kno|chen**, die Knochen, knochig

der **Knö|del**, die Knödel

die **Knol|le**, die Knollen, knollig

der **Knopf**, die Knöpfe, knöpfen, er knöpft

der **Knor|pel**, die Knorpel, knorpelig/knorplig

knor|rig

die **Knos|pe**, die Knospen

der **Kno|ten**, die Knoten, knoten, sie knotet

knül|len, er knüllt, der Knüller

knüp|fen, sie knüpft

der **Knüp|pel**, die Knüppel

knur|ren, er knurrt

knus|pern, sie knuspert, knusperig/knusprig

K. o. (Knock-out), der K.-o.-Schlag

der **Koa|la**, die Koalas

der **Ko|bold**, die Kobolde

die **Ko|bra**, die Kobras

ko|chen, er kocht

der **Koch**, die Köche, die Köchin

der **Kö|der**, die Köder

der **Kof|fer**, die Koffer

der **Kohl**, der Kohlrabi

die **Koh|le**, die Kohlen

die **Ko|je**, die Kojen

die **Ko|kos|nuss**, die Kokosnüsse

der **Kol|ben**, die Kolben

der **Kol|le|ge**, die Kollegen, die Kollegin, das Kollegium, kollegial

die **Ko|lon|ne**, die Kolonnen

der **Ko|loss**, die Kolosse, kolossal

kom|bi|nie|ren, sie kombiniert, die Kombination

der **Ko|met**, die Kometen

der **Kom|fort**, komfortabel

ko|misch, die Komik, der Komiker, die Komikerin

das **Kom|ma**, die Kommas, auch: die Kommata

kom|man|die|ren, er kommandiert, das Kommando

kom|men, er kommt, er kam, er ist gekommen

der **Kom|men|tar**, die Kommentare

der **Kom|mis|sar**, die Kommissare, die Kommissarin

die **Kom|mis|si|on**, die Kommissionen

die **Kom|mo|de**, die Kommoden

die **Kom|mu|ni|on**, die Kommunionen

kom|mu|ni|zie|ren, er kommuniziert

die **Ko|mö|die**, die Komödien

der **Kom|pa|ra|tiv** (1. Steigerungsstufe), die Komparative

der **Kom|pass**, die Kompasse

kom|plett (vollständig)

das **Kom|pli|ment**, die Komplimente

der **Kom|pli|ze**, auch: Komplice, die Komplizen, die Komplizin

kom|pli|ziert (schwierig)

kom|po|nie|ren, er komponiert, die Komposition, der Komponist, die Komponistin

der **Kom|post**, kompostieren, sie kompostiert

der **Kom|pro|miss**, die Kompromisse

der **Kon|di|tor**, die Konditoren, die Konditorin, die Konditorei

das **Kon|dom**, die Kondome

die **Kon|fe|renz**, die Konferenzen

die **Kon|fes|si|on** (Glauben), die Konfessionen, konfessionslos

das **Kon|fet|ti**

die **Kon|fir|ma|ti|on**, die Konfirmationen

die **Kon|fi|tü|re** (Marmelade mit Fruchtstücken), die Konfitüren

der **Kon|flikt** (Streit), die Konflikte

der **Kö|nig**, die Könige, die Königin, königlich

kon|ju|gie|ren (ein Verb beugen), er konjugiert, die Konjugation

die **Kon|junk|ti|on** (Bindewort), die Konjunktionen

die **Kon|kur|renz**, die Konkurrenzen, konkurrieren, sie konkurriert

kön|nen, er kann, er konnte, er hat gekonnt

die **Kon|ser|ve**, die Konserven, die Konservendose

der **Kon|so|nant** (Mitlaut), die Konsonanten

kons|tru|ie|ren, er konstruiert, die Konstruktion

der **Kon|sum** (Verbrauch), der Konsument, die Konsumentin, konsumieren, sie konsumiert

der **Kon|takt**, die Kontakte

der **Kon|ti|nent**, die Kontinente

das **Kon|to**, die Konten

der **Kon|tra|bass**, die Kontrabässe

die **Kon|trol|le**, die Kontrollen, der Kontrolleur, die Kontrolleurin, kontrollieren, er kontrolliert

sich **kon|zen|trie|ren**, sie konzentriert sich, die Konzentration

das **Kon|zert**, die Konzerte

Ko|pen|ha|gen (Hauptstadt Dänemarks), die Kopenhagener

der **Kopf**, die Köpfe

die **Ko|pie**, die Kopien, kopieren, sie kopiert, der Kopierer

die **Kop|pel**, die Koppeln

die **Ko|ral|le**, die Korallen

der **Ko|ran** (das heilige Buch des Islam)

der **Korb**, die Körbe

die **Kor|del**, die Kordeln

der **Kor|ken**, die Korken

das **Korn**, die Körner, körnig

der **Kör|per**, die Körper, körperlich

das **Kör|per|teil**, die Körperteile

kor|rekt (richtig)

der **Kor|ri|dor**, die Korridore

kor|ri|gie|ren, er korrigiert, die Korrektur

die **Kos|me|tik**, kosmetisch

der **Kos|mos** (Weltall)

kos|ten, sie kostet, die Kost, köstlich
Sie kostet das leckere Essen.

kos|ten, es kostet, die Kosten, kostbar, kostenlos
Die Bluse kostet 30,00 Euro.

das **Kos|tüm**, die Kostüme, sich kostümieren, er kostümiert sich

der **Kot**

die **Krab|be**, die Krabben

krab|beln, sie krabbelt

der **Krach**, krachen, es kracht

kräch|zen, er krächzt

die **Kraft**, die Kräfte, kräftig, kraftlos

der **Kra|gen**, die Kragen

die **Krä|he**, die Krähen

krä|hen, sie kräht

der **Kra|ke**, die Kraken

die **Kral|le**, die Krallen

der **Kram**, kramen, er kramt

der **Krampf**, die Krämpfe, krampfhaft, verkrampft

der **Kran**, die Kräne

der **Kra|nich**, dic Kraniche

krank, kränker, am kränksten, der/die Kranke, krankhaft

krän|ken, sie kränkt, die Kränkung

das **Kran|ken|bett**, die Krankenbetten

das **Kran|ken|haus**, die Krankenhäuser

die **Kran|ken|schwes|ter**, die Krankenschwestern

der **Kran|ken|wa|gen**, die Krankenwagen

A B C D E F G H I J K L M N O P Q R S T U V W X Y Z

die **Krank|heit**, die Krankheiten

der **Kranz**, die Kränze

krass

der **Kra|ter**, die Krater

krat|zen, sie kratzt, der Kratzer

krau|len, sie krault

krau|len, sie krault

kraus

das **Kraut**, die Kräuter

der **Kra|wall**, die Krawalle

die **Kra|wat|te**, die Krawatten

kra|xeln (klettern), er kraxelt

krea|tiv

der **Krebs**, die Krebse

der **Krebs**
Die Krankheit Krebs kann immer öfter geheilt werden.

der **Kre|dit**, die Kredite, die Kreditkarte

die **Krei|de**

der **Kreis**, die Kreise, kreisen, sie kreist, der Kreisel, kreisförmig, kreisrund

krei|schen, er kreischt

das **Krepp|pa|pier**, auch: Krepp-Papier

das **Kreuz**, die Kreuze, kreuzen, sie kreuzt, die Kreuzung

krib|beln, es kribbelt, kribblig

krie|chen, er kriecht, er kroch, er ist gekrochen

der **Krieg**, die Kriege, kriegerisch

krie|gen (bekommen), er kriegt

der **Kri|mi**, die Krimis

kri|mi|nell, die Kriminalpolizei

der **Krin|gel**, die Kringel

die **Krip|pe**, die Krippen

die **Kri|se**, die Krisen, kriseln, es kriselt

das/der **Kris|tall**, die Kristalle

die **Kri|tik**, die Kritiken, kritisieren, sie kritisiert, kritisch

krit|zeln, er kritzelt, die Kritzelei

Kroa|ti|en, die Kroaten, kroatisch

die **Kro|ket|te**, die Kroketten

das **Kro|ko|dil**, die Krokodile

der **Kro|kus**, die Krokusse

die **Kro|ne**, die Kronen, die Krönung

die **Krö|te**, die Kröten

die **Krü|cke**, die Krücken

der **Krug**, die Krüge

der **Krü|mel**, die Krümel, krümeln, sie krümelt, krümelig

krumm, die Krümmung

die **Krus|te**, die Krusten

das **Kru|zi|fix**, die Kruzifixe

der **Kü|bel**, die Kübel

die **Kü|che**, die Küchen

der **Ku|chen**, die Kuchen

der **Ku|ckuck**, die Kuckucke

die **Ku|fe**, die Kufen

die **Ku|gel**, die Kugeln, kugelrund

die **Kuh**, die Kühe

kühl, die Kühle, kühlen, er kühlt, die Kühlung

der **Kühl|schrank**, die Kühlschränke

kühn, die Kühnheit

das **Kü|ken**, die Küken

der **Ku|li** (Kugelschreiber), die Kulis

die **Ku|lis|se**, die Kulissen

die **Kul|tur**, die Kulturen, kulturell

der **Küm|mel** (Gewürzpflanze)

der **Kum|mer**, kümmerlich

sich **küm|mern**, sie kümmert sich

der **Kum|pel**, die Kumpel

der **Kun|de** (Käufer), die Kunden, die Kundin, die Kundschaft

kün|di|gen, er kündigt, die Kündigung

künf|tig (in Zukunft)

die **Kunst**, die Künste, der Künstler, die Künstlerin, das Kunststück, kunstvoll

kun|ter|bunt

das **Kup|fer**

die **Kup|pe** (abgeflachte Berghöhe), die Kuppen

die **Kup|pel** (Dach in Form einer Halbkugel), die Kuppeln

die **Kupp|lung**, die Kupplungen, kuppeln, er kuppelt

die **Kur**, die Kuren, kurieren, er kuriert

die **Kur|bel**, die Kurbeln, kurbeln, er kurbelt

der **Kür|bis**, die Kürbisse

der **Ku|rier**, die Kuriere

ku|ri|os (seltsam)

der **Kurs**, die Kurse

die **Kur|ve**, die Kurven, kurven, er kurvt, kurvig

kurz, kürzer, am kürzesten, die Kürze, die Kürzung, kürzen, er kürzt, kürzlich, kurzfristig, kurzsichtig

ku|scheln, sie kuschelt, kuschelig, das Kuscheltier

der **Kuss**, die Küsse, küssen, er küsst

die **Küs|te**, die Küsten

der **Küs|ter** (Kirchendiener), die Küsterin

die **Kut|sche**, die Kutschen, kutschieren, sie kutschiert

der **Kut|ter**, die Kutter

das **Ku|vert**, die Kuverts

L

l (Liter)

das **La|bor** (Laboratorium), die Labors, auch: Labore

das **La|by|rinth**, die Labyrinthe

lä|cheln, sie lächelt, das Lächeln

la|chen, sie lacht, das Lachen, das Gelächter

lä|cher|lich

der **Lachs**, die Lachse

der **Lack**, lackieren, er lackiert, die Lackierung

der **La|den**, die Läden
Schuhe kaufen wir im Laden um die Ecke.

la|den, er lädt, er lud, er hat geladen, die Ladung
Er lädt alles in sein Auto.

die **La|ge**, die Lagen

das **La|ger**, die Lager, lagern, sie lagert, die Lagerung

lahm

läh|men, sie lähmt, die Lähmung, gelähmt

der **Laib**, die Laibe
Ein Laib ist ein rundes Stück Brot oder Käse.

der **Leib**, die Leiber
Der Leib ist der Körper eines Menschen.

der **Laich**, laichen, er laicht

der **Laie**, die Laien, laienhaft

das **La|ken**, die Laken

die **La|krit|ze**

lal|len, sie lallt

das **La|ma**, die Lamas

das **La|met|ta**

das **Lamm**, die Lämmer

die **Lam|pe**, die Lampen

der **Lam|pi|on**, die Lampions

das **Land**, die Länder, ländlich, die Landschaft

die **Land|kar|te**, die Landkarten

lan|den, er landet, die Landung

die **Land|stra|ße**, die Landstraßen

der **Land|wirt**, die Landwirte, die Landwirtin, die Landwirtschaft, landwirtschaftlich

lang, länger, am längsten, die Länge, länglich

lang|sam, die Langsamkeit

längst (schon lange)

lang|wei|lig, die Langeweile, sich langweilen, er langweilt sich

der **Lap|pen**, die Lappen

das/der **Lap|top**, die Laptops

die **Lär|che**, die Lärchen

die **Ler|che**, die Lerchen

der **Lärm**, lärmen, er lärmt

die **Lar|ve**, die Larven

der **La|ser** (sprich: Ley-ser)

las|sen, er lässt, er ließ, er hat gelassen

läs|sig, die Lässigkeit

das **Las|so**, die Lassos

A B C D E F G H I J K L M N O P Q R S T U V W X Y Z

die **Last**, die Lasten, der Lastkraftwagen (Lkw, auch: LKW)

das **Las|ter** (Sünde), die Laster, lasterhaft

läs|tern, sie lästert

läs|tig, belästigen, er belästigt

das **La|tein**, lateinisch

die **La|ter|ne**, die Laternen

die **Lat|te**, die Latten

lau (mild), lauwarm

das **Laub**

die **Lau|be**, die Lauben

der **Lauch**

lau|ern, er lauert

lau|fen, er läuft, er lief, er ist gelaufen, der Lauf, der Läufer, die Läuferin

das **Lauf|werk**, die Laufwerke

die **Lau|ge**, die Laugen

die **Lau|ne**, die Launen, launisch

die **Laus**, die Läuse

lau|schen, sie lauscht

der **Laut**, die Laute, lautlos

laut

die **Lau|te**, die Lauten

läu|ten, es läutet

die **La|va**

die **La|wi|ne**, die Lawinen

das **Le|ben**, die Leben

le|ben, er lebt, lebendig, lebhaft, leblos, lebensfroh, lebensgefährlich, das Lebensmittel

die **Le|ber**

lech|zen, er lechzt

das **Leck** (undichte Stelle), die Lecks

le|cken, sie leckt

le|cker

das **Le|der**

le|dig (unverheiratet)

le|dig|lich

leer, die Leere, leeren, er leert

die **Le|gas|the|nie** (Lese-Rechtschreib-Schwäche), der Legastheniker, die Legasthenikerin

le|gen, er legt

die **Le|gen|de**, die Legenden

die **Leg|gings**/Leggins

der **Lehm**, lehmig

die **Leh|ne**, die Lehnen

leh|ren, sie lehrt, die Lehre

der **Leh|rer**, die Lehrer

die **Leh|re|rin**, die Lehrerinnen

das **Leh|rer|zim|mer**, die Lehrerzimmer

der **Leib** (vgl. der Laib), die Leiber

die **Lei|che**, die Leichen, der Leichnam

leicht, die Leichtigkeit

der **Leicht|sinn**, leichtsinnig

lei|den, er leidet, er litt, er hat gelitten, das Leiden

die **Lei|den|schaft**, die Leidenschaften, leidenschaftlich

lei|der

leid|tun, es tut mir leid, es tat mir leid, es hat mir leidgetan

lei|hen, er leiht, er lieh, er hat geliehen

der **Leim**, leimen, sie leimt

die **Lei|ne**, die Leinen

das **Lei|nen**

lei|se

die **Leis|te**, die Leisten

leis|ten, er leistet, die Leistung, leistungsfähig
Er leistet sportlich sehr viel.

sich **leis|ten**, sie leistet sich
Sie leistet sich teure Schuhe.

lei|ten, sie leitet, die Leitung, der Leiter, die Leiterin

die **Lei|ter**, die Leitern

die **Lek|ti|on**, die Lektionen

die **Lek|tü|re**, die Lektüren

len|ken, er lenkt, der Lenker, das Lenkrad, die Lenkung

der **Leo|pard**, die Leoparden

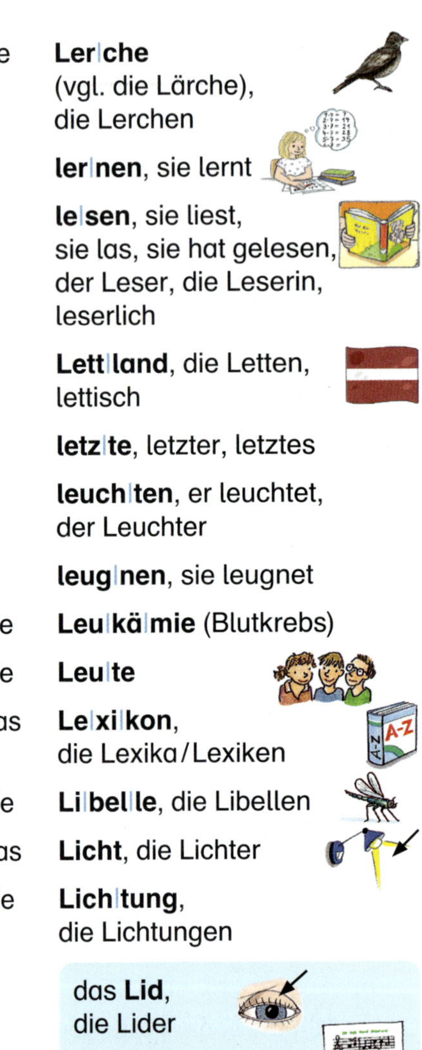

die **Lerche** (vgl. die Lärche), die Lerchen

lernen, sie lernt

lesen, sie liest, sie las, sie hat gelesen, der Leser, die Leserin, leserlich

Lettland, die Letten, lettisch

letzte, letzter, letztes

leuchten, er leuchtet, der Leuchter

leugnen, sie leugnet

die **Leukämie** (Blutkrebs)

die **Leute**

das **Lexikon**, die Lexika/Lexiken

die **Libelle**, die Libellen

das **Licht**, die Lichter

die **Lichtung**, die Lichtungen

> das **Lid**, die Lider
>
> das **Lied**, die Lieder

lieb, lieblich, lieblos

die **Liebe**, der Liebling

lieben, er liebt, liebenswürdig, liebevoll

lieber → gern

Liechtenstein, die Liechtensteiner, liechtensteinisch

das **Lied** (vgl. das Lid), die Lieder

liefern, er liefert, die Lieferung

liegen, er liegt, er lag, er hat gelegen, die Liege

der **Lift**, die Lifte/Lifts

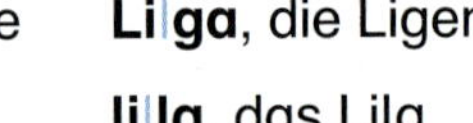

die **Liga**, die Ligen

lila, das Lila

die **Lilie**, die Lilien

die **Limonade**, die Limonaden

die **Linde**, die Linden

lindern, sie lindert, die Linderung

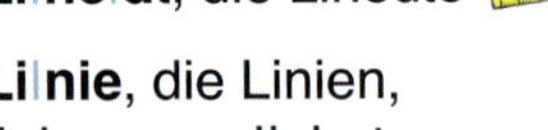

das **Lineal**, die Lineale

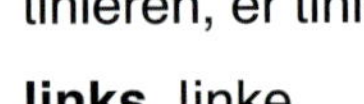

die **Linie**, die Linien, linieren, er liniert

links, linke

die **Linse**, die Linsen

die **Lippe**, die Lippen

lispeln, sie lispelt

Lissabon (Hauptstadt Portugals), die Lissabonner

die **List**, listig

die **Liste**, die Listen

Li|tau|en, die Litauer, litauisch

der/das **Li|ter** (l), die Liter, literweise

die **Lit|faß|säu|le**, die Litfaßsäulen

live (unmittelbar), die Livesendung, auch: Live-Sendung

Ljubl|ja|na (Hauptstadt Sloweniens)

der **Lkw**, auch: LKW (Lastkraftwagen), die Lkws

lo|ben, er lobt, das Lob

das **Loch**, die Löcher, lochen, sie locht, löchrig/löcherig

die **Lo|cke**, die Locken

lo|cken, er lockt

lo|cker, lockern, sie lockert

die **Lo|cke|rung**

lo|ckig

lo|dern, es lodert

der **Löf|fel**, die Löffel, löffeln, er löffelt, löffelweise

die **Lo|gik**, logisch

der **Lohn**, die Löhne, sich lohnen, es lohnt sich

die **Loi|pe** (Langlaufbahn), die Loipen

die **Lok** (Lokomotive), die Loks

das **Lo|kal**, die Lokale, lokal

Lon|don (Hauptstadt Großbritanniens), die Londoner

das/der **Loo|ping**, die Loopings

der **Lor|beer**, die Lorbeeren

das **Los**, die Lose

528

los!
Los, beeil dich!

lo|se
Der Knopf ist lose.

lö|schen, er löscht

lö|sen, sie löst, die Lösung

das **Lot**

lö|ten, er lötet

der **Lot|se**, die Lotsen, lotsen, sie lotst

die **Lot|te|rie**, die Lotterien

das **Lot|to**, der Lottogewinn, die Lottozahlen

der **Lö|we**, die Löwen, die Löwin

der **Lö|wen|zahn**

A B C D E F G H I J K L M N O P Q R S T U V W X Y Z

der **Luchs**, die Luchse

die **Lü|cke**, die Lücken, lückenhaft, lückenlos

die **Luft**, luftig, luftdicht

lüf|ten, er lüftet, die Lüftung

lü|gen, er lügt, er log, er hat gelogen, die Lüge, der Lügner, die Lügnerin

die **Lu|ke**, die Luken

der **Lüm|mel**, die Lümmel

der **Lum|pen** (Lappen), die Lumpen, lumpig

die **Lun|ge**, die Lungen

die **Lu|pe**, die Lupen, lupenrein

der **Lurch**, die Lurche

die **Lust**, die Lüste, lustlos

lüs|tern

lus|tig

lut|schen, er lutscht, der Lutscher

Lu|xem|burg (Land und Hauptstadt), die Luxemburger, luxemburgisch

der **Lu|xus**, luxuriös

m (Meter)

ma|chen, er macht

die **Macht**, die Mächte, mächtig, machtlos

das **Mäd|chen**, die Mädchen

die **Ma|de**, die Maden, madig

Ma|drid (Hauptstadt Spaniens), die Madrider

das **Ma|ga|zin**, die Magazine

die **Magd**, die Mägde

der **Ma|gen**, die Mägen/Magen

ma|ger, magersüchtig

die **Ma|gie** (Zauberkunst), der Magier, die Magierin, magisch

der **Mag|net**, die Magnete, magnetisch

mä|hen, sie mäht

mah|len, sie mahlt

ma|len, sie malt, die Malerei, das Gemälde, der Maler, die Malerin, malerisch

A B C D E F G H I J K L M N O P Q R S T U V W X Y Z

die **Mahl|zeit**, die Mahlzeiten

die **Mäh|ne**, die Mähnen

mah|nen, er mahnt, die Mahnung

der **Mai**, das Maiglöckchen

der **Mai|kä|fer**, die Maikäfer

die **Mail|box**, die Mailboxen

mai|len, sie mailt

der **Main** (Fluss)

der **Mais**

die **Ma|jes|tät**, die Majestäten

der **Ma|kel**, die Makel, makellos

das **Make-up** (Gesichtskosmetik)

die **Mak|ka|ro|ni**

der **Mak|ler**, die Makler, die Maklerin

die **Ma|kre|le**, die Makrelen

das **Mal**, die Male, einmal, diesmal, keinmal, paarmal

mal

ma|len (vgl. mahlen), sie malt, die Malerei, das Gemälde, der Maler, die Malerin, malerisch

mal|neh|men, er nimmt mal, er nahm mal, er hat malgenommen **2 · 2**

Mal|ta (Inselstaat im Mittelmeer), die Malteser, maltesisch

das **Malz**, das Malzbier

die **Ma|ma**, die Mamas, die Mami

das **Mam|mut**, die Mammute/ Mammuts

man

der **Ma|na|ger**, die Manager, die Managerin

manch, manche, mancher, manches

manch|mal

die **Man|da|ri|ne**, die Mandarinen

die **Man|del**, die Mandeln

die **Ma|ne|ge** (sprich: Ma-neh-sche), die Manegen

der **Man|gel** (Fehler), die Mängel, mangelhaft

die **Ma|nie|ren**, manierlich

der **Mann**, die Männer, männlich

A B C D E F G H I J K L M N O P Q R S T U V W X Y Z

die **Mann|schaft**, die Mannschaften

der **Man|tel**, die Mäntel

die **Map|pe**, die Mappen

das **Mäpp|chen**, die Mäppchen

der **Ma|ra|thon**, die Marathons

das **Mär|chen**, die Märchen, märchenhaft

der **Mar|der**, die Marder

die **Mar|ga|ri|ne**

der **Ma|ri|en|kä|fer**, die Marienkäfer

die **Ma|ri|ne**

die **Ma|rio|net|te**, die Marionetten

das **Mark**

die **Mark**, die Mark
Früher bezahlte man mit der Deutschen Mark.

die **Mar|ke**, die Marken, die Briefmarke

mar|kie|ren, sie markiert, die Markierung

die **Mar|ki|se**, die Markisen

der **Markt**, die Märkte

die **Mar|me|la|de**, die Marmeladen

der **Mar|mor**

die **Ma|ro|ne**, die Maronen

der **Mars**

der **Marsch**, die Märsche, marschieren, er marschiert

der **März**

das **Mar|zi|pan**

die **Ma|sche**, die Maschen

die **Ma|schi|ne**, die Maschinen, maschinell

die **Ma|sern** (Krankheit)

die **Mas|ke**, die Masken, sich maskieren, er maskiert sich

das **Mas|kott|chen**

das **Maß**, die Maße, maßlos, maßvoll

die **Mas|se**, die Massen, massenhaft, massig

das **Maß|band**, die Maßbänder

mas|sie|ren, sie massiert, die Massage

mä|ßig

mas|siv (fest)

die **Maß|nah|me**, die Maßnahmen

der **Maß|stab**, die Maßstäbe

der **Mast**, die Masten

die **Mast**, die Masten, mästen, er mästet

das **Ma|te|ri|al**, die Materialien

die **Ma|the|ma|tik**, mathematisch

die **Ma|trat|ze**, die Matratzen

der **Ma|tro|se**, die Matrosen

der **Matsch**, matschig

matt, die Mattigkeit

die **Mat|te**, die Matten

die **Mau|er**, die Mauern, mauern, sie mauert

das **Maul**, die Mäuler

das **Maul|tier**, die Maultiere

der **Maul|wurf**, die Maulwürfe

die **Maus**, die Mäuse

ma|xi|mal

die **Ma|yon|nai|se**, auch: Majonäse

Ma|ze|do|ni|en, die Mazedonier, mazedonisch

der **Me|cha|ni|ker**, die Mechaniker, die Mechanikerin, mechanisch

me|ckern, sie meckert

Meck|len|burg-Vor|pom|mern, die Mecklenburg-Vorpommern, mecklenburg-vorpommerisch

die **Me|dail|le** (sprich: Me-dal-je), die Medaillen

das **Me|di|ka|ment**, die Medikamente

das **Me|di|um**, die Medien

die **Me|di|zin**, die Mediziner, medizinisch

das **Meer**, die Meere

der **Meer|ret|tich**

das **Meer|schwein|chen**, die Meerschweinchen

das **Mehl**, mehlig

mehr, mehrere, mehrmals, die Mehrheit, die Mehrzahl

A B C D E F G H I J K L M N O P Q R S T U V W X Y Z

mei|den, er meidet, er mied, er hat gemieden

die **Mei|le**, die Meilen, meilenweit

mein, meine, meiner, meinem, meinen, meinetwegen

mei|nen, sie meint, die Meinung

die **Mei|se**, die Meisen

meist, meistens, am meisten

der **Meis|ter**, die Meister, die Meisterin, meisterlich

sich **mel|den**, sie meldet sich, die Meldung

mel|ken, er melkt, er molk, er hat gemolken

die **Me|lo|die**, die Melodien

die **Me|lo|ne**, die Melonen

die **Men|ge**, die Mengen

der **Mensch**, die Menschen, menschlich

die **Mens|trua|ti|on**, die Menstruationen

mer|ken, sie merkt, das Merkmal, merkwürdig, der Merksatz

der **Mer|kur**

die **Mes|se** (Ausstellung), die Messen

mes|sen, er misst, er maß, er hat gemessen

das **Mes|ser**, die Messer

das **Mes|sing**

das **Me|tall**, die Metalle, metallic, metallisch

der **Me|te|or**, die Meteore

die **Me|teo|ro|lo|gie**

der/das **Me|ter** (m), die Meter, meterlang

die **Me|tho|de**, die Methoden, methodisch

der **Metz|ger**, die Metzger, die Metzgerin

die **Metz|ge|rei**, die Metzgereien

die **Meu|te**, die Meuten, meutern, er meutert

Me|xi|ko, die Mexikaner, mexikanisch

mi|au|en, sie miaut

mich

die **Mie|ne**, die Mienen

die **Mi|ne**, die Minen

mies

die **Mie|te**, die Mieten, der Mieter, die Mieterin, mieten, er mietet

der **Mi|grant**, die Migranten, die Migrantin, die Migration (dauerhafter Wohnsitzwechsel), migrieren, er migriert

das **Mi|kro|fon**, auch: Mikrophon, die Mikrofone

das **Mi|kros|kop**, die Mikroskope, mikroskopisch

die **Mi|kro|wel|le**, die Mikrowellen

die **Mil|be**, die Milben

die **Milch**, milchig

mild, die Milde, mildern, er mildert

das **Mi|li|tär**, militärisch

die **Mil|li|ar|de** (Md., Mrd., Mia.), die Milliarden

das **Mil|li|gramm** (mg)

der/das **Mil|li|me|ter** (mm), die Millimeter

die **Mil|li|on** (Mill., Mio.), die Millionen, der Millionär, die Millionärin

die **Milz**

die **Mi|mik**

min, auch: Min. (Minute)

min|der, die Minderheit, minderjährig, minderwertig

min|des|tens

die/das **Mind|map**, auch: Mind-Map, die Mindmaps

die **Mi|ne** (vgl. die Miene), die Minen

das **Mi|ne|ral**, die Minerale/Mineralien

mi|ni|mal

der **Mi|nis|ter**, die Minister, die Ministerin

der **Mi|nis|trant**, die Ministranten, die Ministrantin

Minsk (Hauptstadt von Weißrußland), die Minsker

mi|nus, das Minuszeichen

die **Mi|nu|te** (min), die Minuten, minutenlang

mir

mi|schen, er mischt, die Mischung, das Gemisch

mi|se|ra|bel

die **Miss|ach|tung**, die Missachtungen, missachten, sie missachtet

der **Miss|brauch**, missbrauchen, er missbraucht

der **Miss|er|folg**, die Misserfolge

das **Miss|ge|schick**, die Missgeschicke

die **Miss|gunst**, missgünstig

miss|han|deln, sie misshandelt, die Misshandlung

der **Mis|sio|nar**, die Missionare, die Missionarin

miss|mu|tig

miss|trau|en, er misstraut, das Misstrauen

das **Miss|ver|ständ|nis**, die Missverständnisse, missverstehen, sie missversteht, sie missverstand, sie hat missverstanden

der **Mist**

mit

die **Mit|ar|beit**, der Mitarbeiter, die Mitarbeiterin, mitarbeiten, er arbeitet mit

mit|brin|gen, sie bringt mit, sie brachte mit, sie hat mitgebracht

der **Mit|bür|ger**, die Mitbürger, die Mitbürgerin

mit|ei|nan|der

mit|fah|ren, er fährt mit, er fuhr mit, er ist mitgefahren, der Mitfahrer, die Mitfahrerin

das **Mit|ge|fühl**, mitfühlen, sie fühlt mit

das **Mit|glied**, die Mitglieder

mit|hel|fen, er hilft mit, er half mit, er hat mitgeholfen, die Mithilfe

mit|hil|fe

der **Mit|laut** (Konsonant), die Mitlaute

das **Mit|leid**, mitleidig

der **Mit|mensch**, die Mitmenschen, mitmenschlich

mit|neh|men, sie nimmt mit, sie nahm mit, sie hat mitgenommen

der **Mit|schü|ler**, die Mitschüler, die Mitschülerin

mit|spie|len, er spielt mit

A B C D E F G H I J K L M N O P Q R S T U V W X Y Z

der **Mit|tag**, die Mittage

das **Mit|tag|es|sen**, die Mittagessen

mit|tags

die **Mit|te**

mit|tei|len, sie teilt mit, die Mitteilung, mitteilsam

das **Mit|tel**, die Mittel, mittellos

das **Mit|tel|al|ter**, mittelalterlich

das **Mit|tel|maß**, mittelmäßig

das **Mit|tel|meer**

der **Mit|tel|punkt**

die **Mit|tel|schu|le**, die Mittelschulen

mit|ten, mittendrin

die **Mit|ter|nacht**

mitt|ler|wei|le

der **Mitt|woch**, die Mittwoche, mittwochs

mi|xen, er mixt, der Mixer

das **Mob|bing**, mobben, sie mobbt

das **Mö|bel**, die Möbel

die **Mo|de**, die Moden, modisch

das **Mo|dell**, die Modelle

der **Mo|de|ra|tor**, die Moderatoren, die Moderatorin, moderieren, er moderiert

mo|dern, es modert, der Moder
Die alten Blätter modern schon.

mo|dern
Ihre Kleidung ist modern.

mo|der|ni|sie|ren, er modernisiert, die Modernisierung

das **Mo|fa**, die Mofas

mö|gen, er mag / er möchte, er mochte, er hat gemocht

mög|lich, die Möglichkeit, möglicherweise

Mo|ham|med (Stifter des Islams)

der **Mohn**

die **Möh|re**, die Möhren

der **Molch**, die Molche

Mol|da|wi|en, die Moldauer, moldauisch

die **Mol|ke|rei**, die Molkereien

mol|lig

der **Mo|ment**, die Momente, momentan

Mo|na|co, die Monegassen, monegassisch

die **Mo|nar|chie** (Herrschaft eines Königs/einer Königin), die Monarchien, der Monarch, die Monarchin

der **Mo|nat**, die Monate, monatlich

der **Mönch**, die Mönche

der **Mond**, die Monde

der **Mo|ni|tor** (Bildschirm), die Monitore

das **Mons|ter**, die Monster

der **Mon|tag**, die Montage, montags

Mon|te|ne|gro, die Montenegriner, montenegrinisch

der **Mon|teur** (sprich: Mon-tör), die Monteure, die Monteurin, die Montage, montieren, er montiert

das **Moor**, die Moore, moorig

das **Moos**, die Moose, moosig

das **Mo|ped**, die Mopeds

die **Mo|ral**, moralisch

der **Mo|rast**, morastig

der **Mord**, die Morde, der Mörder, die Mörderin, morden, er mordet

der **Mor|gen**, die Morgen

mor|gen

mor|gens

morsch (brüchig)

das **Mo|sa|ik**, die Mosaiken/Mosaike

die **Mo|schee**, die Moscheen

der **Mos|lem**, die Moslems, die Moslemin

das **Mo|tiv** (Beweggrund, Antrieb), die Motive

der **Mo|tor**, die Motoren

die **Mot|te**, die Motten

das **Moun|tain|bike** (sprich: Maun-ten-beik), die Mountainbikes

die **Mö|we**, die Möwen

die **Mü|cke**, die Mücken

mü|de, die Müdigkeit

muf|fig

die **Mü|he**, die Mühen, sich mühen, sie müht sich, mühsam

die **Müh|le**, die Mühlen

die **Mul|de** (flache Vertiefung), die Mulden

der **Müll**, die Müllabfuhr, der Mülleimer, die Müllhalde, die Mülltonne, die Mülltrennung

der **Mül|ler**, die Müller, die Müllerin

mul|mig

mul|ti|kul|tu|rell

mul|ti|pli|zie|ren (vervielfachen), sie multipliziert, die Multiplikation 2 · 2

die **Mu|mie**, die Mumien

der **Mumps** (Krankheit)

der **Mund**, die Münder, mündlich, die Mundharmonika

die **Mün|dung**, die Mündungen, münden, es mündet

mun|ter

die **Mün|ze**, die Münzen

mür|be

die **Mur|mel**, die Murmeln

mur|meln, sie murmelt
Sie murmelt leise.

mur|ren, er murrt, mürrisch

das **Mus**

die **Mu|schel**, die Muscheln

das **Mu|se|um**, die Museen

das **Mu|si|cal**, die Musicals

die **Mu|sik**, der Musiker, die Musikerin, musizieren, sie musiziert, musikalisch

die **Mus|kat|nuss**, die Muskatnüsse

der **Mus|kel**, die Muskeln, muskulös

das **Müs|li**, die Müsli

der **Mus|lim**, die Muslime/Muslims, die Muslimin, muslimisch

die **Mu|ße**, müßig

müs|sen, sie muss, sie musste, sie hat gemusst

das **Mus|ter**, die Muster

mus|tern, sie mustert

der **Mut**, mutig, mutlos

die **Mut|ter**, die Mütter, mütterlich, die Muttersprache

die **Mut|ter**, die Muttern

mut|wil|lig

die **Müt|ze**, die Mützen

die **Na|be**,
die Naben

die **Nar|be**
die Narben

der **Na|bel**, die Nabel

nach

nach|ah|men,
sie ahmt nach

der **Nach|bar**,
die Nachbarn,
die Nachbarin,
die Nachbarschaft

nach|dem

nach|den|ken,
er denkt nach,
er dachte nach,
er hat nachgedacht,
nachdenklich

nach|ei|nan|der

die **Nach|er|zäh|lung**,
die Nacherzählungen,
nacherzählen,
er erzählt nach

der **Nach|fol|ger**,
die Nachfolger,
die Nachfolgerin

nach|ge|ben,
er gibt nach, er gab nach,
er hat nachgegeben,
nachgiebig

nach|her

die **Nach|hil|fe**

der **Nach|kom|me**,
die Nachkommen,
die Nachkommin

nach|läs|sig,
die Nachlässigkeit

der **Nach|mit|tag**,
die Nachmittage,
nachmittags

der **Nach|na|me**,
die Nachnamen

die **Nach|richt**,
die Nachrichten

nach|schla|gen,
er schlägt nach,
er schlug nach,
er hat nachgeschlagen

die **Nach|sicht**,
die Nachsichtigkeit,
nachsichtig

die **Nach|sil|be**,
die Nachsilben

die **Nach|spei|se**,
die Nachspeisen

der **Nächs|te** (Mitmensch),
die Nächsten,
die Nächstenliebe

nächs|te, nächster,
nächstes, nächstens,
als Nächstes

die **Nacht**, die Nächte, nächtigen, sie nächtigt

der **Nach|teil**, die Nachteile, nachteilig

die **Nach|ti|gall**, die Nachtigallen

der **Nach|tisch**, die Nachtische

der **Nach|trag**, die Nachträge, nachträglich

nachts

der **Nacht|tisch**, die Nachttische

der **Nach|wuchs**

die **Nach|zah|lung**, die Nachzahlungen

der **Nach|züg|ler**, die Nachzügler, die Nachzüglerin

der **Na|cken**, die Nacken

nackt, die Nacktheit

die **Na|del**, die Nadeln

der **Na|del|baum**, nadeln, er nadelt

der **Na|gel**, die Nägel

na|geln, sie nagelt

na|gen, er nagt, der Nager

nah, näher, am nächsten, die Nähe, sich nähern, sie nähert sich, nahezu

nä|hen, sie näht

die **Nah|rung**, nähren, sie nährt, nahrhaft, das Nahrungsmittel

die **Naht**, die Nähte, nahtlos

na|iv (leichtgläubig), die Naivität

der **Na|me**, die Namen, namentlich, der Namenstag, das Namenwort

näm|lich

der **Napf**, die Näpfe

die **Nar|be** (vgl. die Nabe), die Narben

die **Nar|ko|se**, die Narkosen

der **Narr**, die Narren, die Närrin, närrisch

die **Nar|zis|se**, die Narzissen

na|schen, sie nascht

die **Na|se**, die Nasen

das **Nas|horn**, die Nashörner

nass, die Nässe, nässen, er nässt, nasskalt

die **Na|ti|on** (das Volk eines Staates), die Nationen, die Nationalität, national, die Nationalhymne

die **Nat|ter**, die Nattern

die **Na|tur**

na|tür|lich

die **Na|tur|wis|sen|schaft**, die Naturwissenschaften

das **Na|vi** (Navigationssystem), die Navis

der **Ne|bel**, die Nebel

ne|ben, nebenan

ne|ben|ei|nan|der

neb|lig/ne|be|lig

ne|cken, sie neckt, neckisch

der **Nef|fe**, die Neffen

ne|ga|tiv

neh|men, sie nimmt, sie nahm, sie hat genommen

der **Neid**, neiden, sie neidet, neidisch, neidlos

sich **nei|gen**, er neigt sich, die Neigung

nein

der **Nek|tar**, die Nektare

die **Nek|ta|ri|ne**, die Nektarinen

die **Nel|ke**, die Nelken

nen|nen, er nennt, er nannte, er hat genannt, der Nenner, nennenswert

das **Ne|on**, das Neonlicht

> **Nep|tun**
> Neptun ist der römische Gott des Meeres.
>
> der **Nep|tun**
> Neptun ist der äußerste Planet unseres Sonnensystems.

der **Nerv**, die Nerven, nervig

ner|vös, die Nervosität

die **Nes|sel**, die Nesseln

das **Nest**, die Nester

nett, die Nettigkeit

net|to, das Nettogewicht

das **Netz**, die Netze

neu, etwas Neues, die Neuigkeit, neuerdings

die **Neu|gier**/Neugierde, neugierig

Neu|jahr

neu|lich

neun, die Neun, 9
neunmal, der Neunte

neun|zehn 19

neun|zig 90

neu|tral, die Neutralität

nicht

die **Nich|te**, die Nichten

nichts

der **Nicht|schwim|mer**, die Nichtschwimmer, die Nichtschwimmerin

ni|cken, er nickt

nie

nie|der, die Niederlage

die **Nie|der|lan|de**, die Niederländer, niederländisch

Nie|der|sach|sen, die Niedersachsen, niedersächsisch

der **Nie|der|schlag**, die Niederschläge

die **Nie|der|tracht** (Gemeinheit), niederträchtig

nied|lich

nied|rig

nie|mals

nie|mand, niemanden

die **Nie|re**, die Nieren

nie|seln, es nieselt

nie|sen, er niest

die **Nie|te**, die Nieten

Leider verloren

die **Nie|te**, die Nieten

der **Ni|ko|laus**, die Nikoläuse

Ni|ko|sia (Hauptstadt Zyperns), auch: Nicosia, die Nikosianer

das **Ni|ko|tin** (Gift im Tabak), nikotinhaltig

das **Nil|pferd**, die Nilpferde

nip|pen, er nippt

nir|gends, nirgendwo

die **Ni|sche**, die Nischen

die **Nis|se** (Ei der Laus), die Nissen

nis|ten, er nistet

die **Ni|xe**, die Nixen

noch

noch|mals

das **No|men**, die Nomen

der **No|mi|na|tiv** (Werfall), die Nominative

die **Non|ne**, die Nonnen

der **Non|sens** (Unsinn)

non|stop

Nord|ame|ri|ka

der **Nor|den**, nördlich

der **Nord|pol**

Nord|rhein-West|fa|len, die Nordrhein-Westfalen, nordrhein-westfälisch

die **Nord|see**

nör|geln, er nörgelt, die Nörgelei

nor|mal, die Normalität

Nor|we|gen, die Norweger, norwegisch

die **Not**, die Nöte, der Notarzt, die Notärztin, der Notausgang, die Notbremse, der Notfall

der **No|tar**, die Notare

die **No|te**, die Noten
Musik wird mit Noten aufgeschrieben.

die **No|te**, die Noten
Im Test hat sie eine gute Note.

das **Note|book**, die Notebooks

no|tie|ren, er notiert

nö|tig, die Nötigung

die **No|tiz**, die Notizen

not|wen|dig, die Notwendigkeit

der **No|vem|ber**

im **Nu**

nüch|tern

die **Nu|del**, die Nudeln

das/der **Nu|gat**, auch: Nougat

null, die Null

die **Num|mer**, die Nummern, die Nummerierung, nummerieren, sie nummeriert

nun

nur

nu|scheln, er nuschelt

die **Nuss**, die Nüsse

die **Nüs|ter**, die Nüstern

nut|zen, er nutzt, nützen, sie nützt

das **Ny|lon** (Kunstfaser)

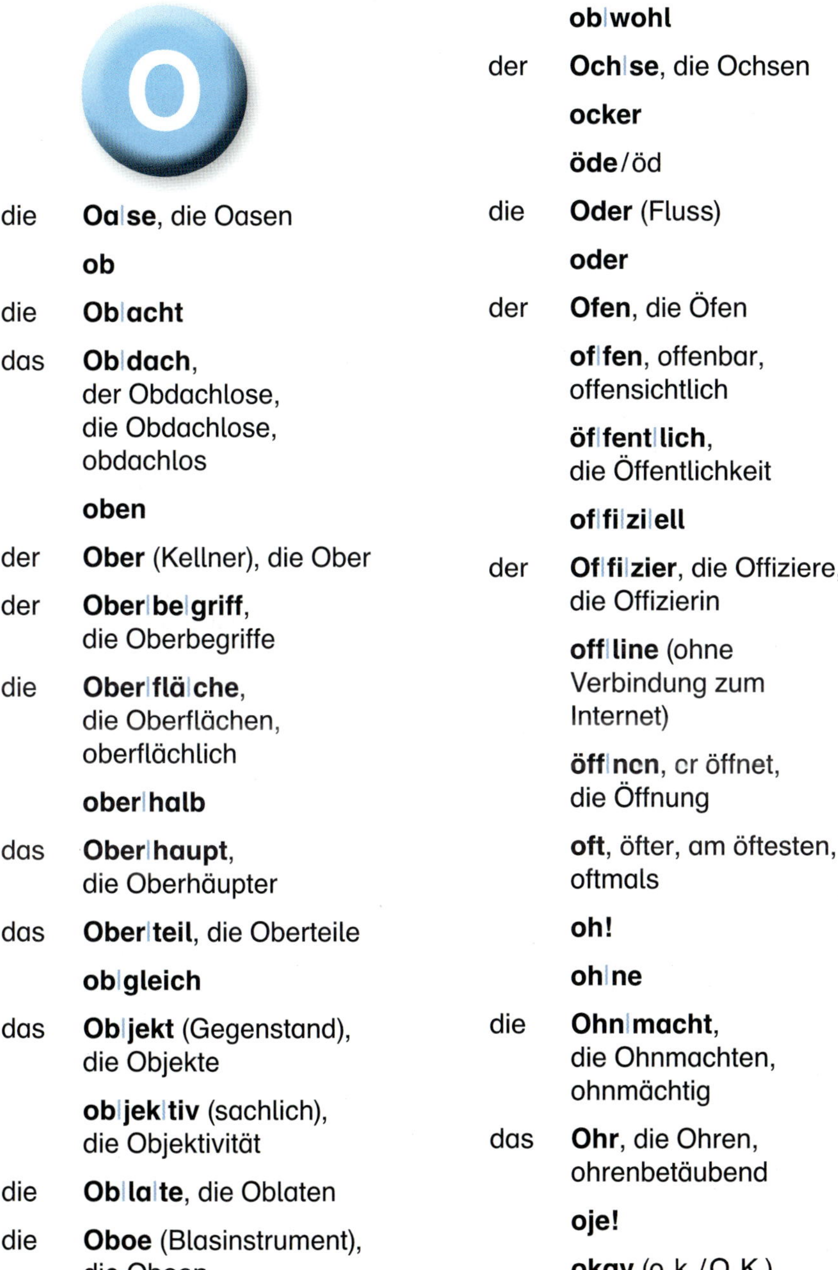

O

die **Oa|se**, die Oasen

ob

die **Ob|acht**

das **Ob|dach**, der Obdachlose, die Obdachlose, obdachlos

oben

der **Ober** (Kellner), die Ober

der **Ober|be|griff**, die Oberbegriffe

die **Ober|flä|che**, die Oberflächen, oberflächlich

ober|halb

das **Ober|haupt**, die Oberhäupter

das **Ober|teil**, die Oberteile

ob|gleich

das **Ob|jekt** (Gegenstand), die Objekte

ob|jek|tiv (sachlich), die Objektivität

die **Ob|la|te**, die Oblaten

die **Oboe** (Blasinstrument), die Oboen

das **Obst**

ob|wohl

der **Och|se**, die Ochsen

ocker

öde/öd

die **Oder** (Fluss)

oder

der **Ofen**, die Öfen

of|fen, offenbar, offensichtlich

öf|fent|lich, die Öffentlichkeit

of|fi|zi|ell

der **Of|fi|zier**, die Offiziere, die Offizierin

off|line (ohne Verbindung zum Internet)

öff|nen, er öffnet, die Öffnung

oft, öfter, am öftesten, oftmals

oh!

oh|ne

die **Ohn|macht**, die Ohnmachten, ohnmächtig

das **Ohr**, die Ohren, ohrenbetäubend

oje!

okay (o. k./O. K.)

die **Öko|lo|gie**, ökologisch

der **Ok|to|ber**

das **Öl**, die Öle, ölen, er ölt, ölig

die **Oli|ve**, die Oliven

> die **Olym|pia|de**, die Olympiaden
> Die Olympiade ist der Zeitraum zwischen zwei Olympischen Spielen, sie dauert vier Jahre.
>
> die **Olym|pi|schen Spie|le**
> Die Olympischen Spiele sind Sportwettkämpfe, die alle vier Jahre in einem anderen Land ausgetragen werden.

die **Oma**, die Omas, die Omi

das **Ome|lett**, die Omelette / Omeletts

der **Om|ni|bus**, die Omnibusse

der **On|kel**, die Onkel

on|line (Verbindung zum Internet)

der **Opa**, die Opas, der Opi

das **Open Air** (Konzert unter freiem Himmel), die Open Airs

die **Oper**, die Opern

die **Ope|ra|ti|on**, die Operationen, operieren, sie operiert

die **Ope|ret|te**, die Operetten

das **Op|fer**, die Opfer, opfern, er opfert, die Opferung

die **Op|tik**, der Optiker, die Optikerin

op|ti|mal (sehr gut)

der **Op|ti|mis|mus**, der Optimist, die Optimistin, optimistisch

die **Oran|ge**, die Orangen

oran|ge

der **Orang-Utan**, die Orang-Utans

das **Or|ches|ter**, die Orchester

die **Or|chi|dee**, die Orchideen

> der **Or|den**, die Orden
>
> der **Or|den**, die Orden
> In einem Orden leben Mitglieder nach bestimmten Regeln.

or|dent|lich

ord|nen, er ordnet, die Ordnung

der **Ord|ner**, die Ordner

der **Ore|ga|no** (Gewürzpflanze)

das **Or|gan**, die Organe, organisch

die **Or|ga|ni|sa|ti|on**, die Organisationen, organisieren, er organisiert

die **Or|gel**, die Orgeln

der **Ori|ent**, orientalisch

sich **ori|en|tie|ren**, sie orientiert sich, die Orientierung

das **Ori|gi|nal**, die Originale, original (ursprünglich, echt)

ori|gi|nell (ungewöhnlich)

der **Or|kan**, die Orkane, orkanartig

der **Ort**, die Orte, örtlich, die Ortschaft

die **Or|tho|gra|fie** (Rechtschreibung), auch: Orthographie

die **Öse** (kleiner Metallring), die Ösen

Os|lo (Hauptstadt Norwegens), die Osloer

der **Os|ten**, östlich

der **Os|ter|ha|se**, die Osterhasen

das **Os|tern**, österlich, das Osterfest

Ös|ter|reich, die Österreicher, österreichisch

die **Ost|see**

der **Ot|ter**, die Otter

die **Ot|ter**, die Ottern

out (sprich: aut; draußen, unmodern)

oval, das Oval

der **Oze|an**, die Ozeane

das/der **Ozon**, das Ozonloch

das **Paar**,
die Paare,
das Pärchen,
paarweise
Zwei Menschen oder Dinge, die zusammengehören, sind ein Paar.

paar
Im Geldbeutel sind ein paar Euro.

pa|cken, sie packt, die Packung, das Päckchen

das **Pad|del**, die Paddel, paddeln, er paddelt

das **Pa|ket**, die Pakete

der **Pa|last**, die Paläste

die **Pal|me**, die Palmen, der Palmsonntag

die **Pam|pel|mu|se**, die Pampelmusen

der **Pan|da**, die Pandas

pa|nie|ren, sie paniert

die **Pa|nik**, panisch

die **Pan|ne**, die Pannen

das **Pa|no|ra|ma**, die Panoramen

der **Pan|ther**, auch: der Panter, die Panther

der **Pan|tof|fel**, die Pantoffeln

die **Pan|to|mi|mik** (Gebärdenspiel), die Pantomime, der Pantomime, die Pantomimin, pantomimisch

der **Pan|zer**,
die Panzer
Ein Panzer ist eine harte äußere Schutzhülle.

der **Pan|zer**,
die Panzer

der **Pa|pa**, die Papas, der Papi

der **Pa|pa|gei**, die Papageien

das **Pa|pier**, die Papiere, der Papierkorb

die **Pap|pe**, die Pappen

der/die **Pap|ri|ka**, die Paprikas

der **Papst**, die Päpste, päpstlich

die **Pa|ra|de**, die Paraden

das **Pa|ra|dies**, paradiesisch

der **Pa|ra|graf** (Gesetzesabschnitt), auch: Paragraph, die Paragrafen

pa|ral|lel, die Parallele

der **Pa|ra|sit**, die Parasiten

der **Par|cours** (sprich: Par-kuhr; Hindernisbahn), die Parcours

das **Par|füm**/Parfum, die Parfüme/Parfüms, die Parfümerie, sich parfümieren, sie parfümiert sich

pa|rie|ren (gehorchen), er pariert

Pa|ris (Hauptstadt Frankreichs), die Pariser

der **Park**, die Parks

par|ken, sie parkt, der Parkplatz

das **Par|kett**

das **Par|la|ment**, die Parlamente

die **Pa|ro|le**, die Parolen

die **Par|tei**, die Parteien, parteiisch

das **Par|ter|re** (Erdgeschoss)

der **Part|ner**, die Partner, die Partnerin, die Partnerarbeit

die **Par|ty**, die Partys

der **Pass**, die Pässe
Ein Pass ist ein Reiseausweis.

der **Pass**, die Pässe
Ein Pass ist der niedrigste Punkt zwischen zwei Bergrücken, der einen Durchgang durch ein Gebirge ermöglicht.

die **Pas|sa|ge** (Durchgang), die Passagen

der **Pas|sa|gier**, die Passagiere, die Passagierin

der **Pas|sant**, die Passanten, die Passantin

pas|sen, es passt

pas|sie|ren, es passiert

pas|siv (untätig), die Passivität

die **Pas|te**, die Pasten

die **Pas|te|te**, die Pasteten

der **Pas|tor**, die Pastoren, die Pastorin

der **Pa|te**, die Paten, die Patin

das **Pa|tent**, die Patente

der **Pa|ter** (kath. Ordensgeistlicher), die Pater/Patres

der **Pa|ti|ent**, die Patienten, die Patientin

die **Pa|tro|ne**, die Patronen

die **Pau|ke** (Schlaginstrument), die Pauken, pauken, er paukt

die **Pau|se**, die Pausen, pausieren, sie pausiert, pausenlos

pau|sen, er paust

das **Pau|sen|brot**, die Pausenbrote

der **Pa|vi|an**, die Paviane

der **Pa|vil|lon** (sprich: Pa-will-jong), die Pavillons

der **Pa|zi|fik** (Weltmeer)

der **PC** (Personal Computer), die PCs

das **Pech**
Pech ist eine schwarze, teerartige und zähe Flüssigkeit.

das **Pech**
Das ist wirklich Pech!

das **Pe|dal** (Fußhebel), die Pedale

der **Pe|gel**, die Pegel

pein|lich

die **Peit|sche**, die Peitschen, peitschen, er peitscht

der **Pelz**, die Pelze, pelzig

das **Pen|del**, die Pendel, pendeln, er pendelt

der **Pe|nis**, die Penisse

die **Pen|si|on**, die Pensionen
Wenn Beamte in Ruhestand gehen, erhalten sie eine Pension.

die **Pen|si|on**, die Pensionen

das **Per|fekt** (Vergangenheitsform)

per|fekt, die Perfektion

das **Per|ga|ment**, die Pergamente

die **Pe|rio|de**, die Perioden

die **Per|le**, die Perlen, perlen, es perlt

die **Per|son**, die Personen, die Persönlichkeit, persönlich, der Personalausweis

das **Per|so|nal|pro|no|men**, die Personalpronomen

die **Pe|rü|cke**, die Perücken

der **Pes|si|mist**, die Pessimisten, die Pessimistin, pessimistisch die **Pest**

die **Pe|ter|si|lie**

der **Pfad**, die Pfade

der **Pfad|fin|der**, die Pfadfinder, die Pfadfinderin

der **Pfahl**, die Pfähle

die **Pfalz**, die Pfalzen, pfälzisch

das **Pfand**, pfänden, er pfändet, die Pfandflasche

die **Pfan|ne**, die Pfannen

der **Pfar|rer**, die Pfarrer, die Pfarrerin

der **Pfau**, die Pfauen/Pfaue

der **Pfef|fer**, pfeffern, sie pfeffert

die **Pfef|fer|min|ze**

die **Pfei|fe**, die Pfeifen

die **Pfei|fe**, die Pfeifen

pfei|fen, er pfeift, er pfiff, er hat gepfiffen

der **Pfeil**, die Pfeile

der **Pfei|ler**, die Pfeiler

das **Pferd**, die Pferde

der **Pfiff**, die Pfiffe

der **Pfif|fer|ling**, die Pfifferlinge

Pfingst|ten

der **Pfir|sich**, die Pfirsiche

die **Pflan|ze**, die Pflanzen

pflan|zen, er pflanzt

das **Pflas|ter**, die Pflaster

das **Pflas|ter**, die Pflaster, pflastern, er pflastert

die **Pflau|me**, die Pflaumen

pfle|gen, sie pflegt, die Pflege, der Pfleger, die Pflegerin

die **Pflicht**, die Pflichten, pflichtbewusst

pflü|cken, sie pflückt

der **Pflug**, die Pflüge, pflügen, er pflügt

die **Pfor|te**, die Pforten, der Pförtner, die Pförtnerin

der **Pfos|ten**, die Pfosten

die **Pfo|te**, die Pfoten

der **Pfrop|fen**, die Pfropfen

pfui!

das **Pfund**, die Pfunde

A B C D E F G H I J K L M N O P Q R S T U V W X Y Z

A B C D E F G H I J K L M N O P Q R S T U V W X Y Z

die **Pfüt|ze**, die Pfützen

der **Phi|lo|soph**, die Philosophen, die Philosophin, die Philosophie, philosophisch

die **Phy|sik**, der Physiker, die Physikerin, physikalisch

das **Pia|no**, die Pianos
Das Piano ist ein Tasteninstrument.

pia|no
Piano ist in der Musik die Anweisung für „leise“.

p

der **Pi|ckel**, die Pickel

der **Pi|ckel**, die Pickel
Ein Pickel ist ein Werkzeug mit einer Spitze.

pi|cken, er pickt

das **Pick|nick**, die Picknicke/Picknicks, picknicken, sie picknickt

piep|sen, er piepst, der Piepser, piepsig

sich **pier|cen** lassen, er lässt sich piercen, das Piercing

pi|kant

der **Pil|ger**, die Pilger, die Pilgerin, pilgern, sie pilgert

die **Pil|le**, die Pillen

der **Pi|lot**, die Piloten, die Pilotin

der **Pilz**, die Pilze

der **Pin|gu|in**, die Pinguine

pink

die **Pinn|wand**, die Pinnwände

der **Pin|sel**, die Pinsel, pinseln, er pinselt

die **Pin|zet|te**, die Pinzetten

der **Pi|rat**, die Piraten, die Piratin, die Piraterie

pir|schen, sie pirscht, die Pirsch

die **Pis|te**, die Pisten

die **Pis|to|le**, die Pistolen

die **Piz|za**, die Pizzas/Pizzen, die Pizzeria

die **Pla|ge**, die Plagen

sich **pla|gen**, sie plagt sich

das **Pla|kat**, die Plakate, plakatieren, er plakatiert

die **Pla|ket|te**, die Plaketten

der **Plan**, die Pläne, planen, sie plant, planlos

der **Pla|net**, die Planeten

pla|nie|ren, er planiert, die Planierraupe

die **Plan|ke**, die Planken

plan|schen, auch: plantschen, sie planscht

die **Plan|ta|ge**, die Plantagen

die **Pla|nung**, die Planungen

das **Plas|tik** (Kunststoff), die Plastiktüte

plät|schern, es plätschert

platt, die Platte

der **Platz**, die Plätze

das **Plätz|chen** (Gebäck), die Plätzchen

plat|zen, es platzt

plau|dern, sie plaudert, die Plauderei

plau|si|bel, plausibler, am plausibelsten

das **Play-back**, auch: Playback, die Play-backs

die **Plei|te**, die Pleiten, pleite sein, er ist pleite

die **Plom|be**, die Plomben

die **Plom|be**, die Plomben

plötz|lich

plump

plün|dern, sie plündert, die Plünderung

der **Plu|ral** (Mehrzahl), die Plurale

plus, das Pluszeichen +

der **Po**, die Pos

po|chen, es pocht

die **Po|cke**, die Pocken

das **Po|dest**, die Podeste

das **Po|di|um**, die Podien

die **Poe|sie**, der Poet, die Poetin, poetisch

der **Po|kal**, die Pokale

der **Pol**, die Pole

Po|len, die Polen, polnisch

po|lie|ren, er poliert, die Politur

die **Po|li|tik**, der Politiker, die Politikerin, politisch

die **Po|li|zei**, der Polizist, die Polizistin, polizeilich

der **Pol|len**, die Pollen

das **Pols|ter**, die Polster

pol|tern, er poltert

die **Pom|mes**

das **Po|ny**, die Ponys

der **Pool**, die Pools

der **Pop**, die Popmusik

das **Pop|corn**

der **Po|po**, die Popos

po|pu|lär (beliebt)

die **Po|re**, die Poren

der **Por|ree**

das **Por|tal**, die Portale

das **Porte|mon|naie** (sprich: Port-mo-neh; Geldtäschchen), auch: Portmonee, die Portemonnaies

die **Por|ti|on**, die Portionen

das **Por|to**, die Porti/Portos

das **Por|trät**, die Porträts

Por|tu|gal, die Portugiesen, portugiesisch

das **Por|zel|lan**

die **Po|sau|ne**, die Posaunen

po|si|tiv

die **Post**, das Postamt, der Postbote, die Postbotin, die Postkarte, die Postleitzahl (PLZ)

der **Pos|ten**, die Posten

das **Pos|ter**, die Poster

die **Po|wer** (sprich: Pau-a; Kraft), powern, er powert

die **Pracht**, prächtig, prachtvoll

das **Prä|di|kat**, die Prädikate
Der Hund bellt.
In einem Satz macht das Prädikat eine Aussage über das Subjekt.

das **Prä|di|kat**, die Prädikate
Dieser Wein hat ein Prädikat.

Prag (Hauptstadt Tschechiens), die Prager

prä|gen, er prägt, die Prägung

prah|len, sie prahlt

prak|tisch

das **Prak|ti|kum**, die Praktika, der Praktikant, die Praktikantin

die **Pra|li|ne**, die Pralinen

prall

die **Prä|mie** (Belohnung), die Prämien

die **Pran|ke**, die Pranken

die **Prä|po|si|ti|on** (Verhältniswort), die Präpositionen

die **Prä|rie** (Grassteppe), die Prärien

das **Prä|sens** (Gegenwart)

die **Präsentation**, die Präsentationen, präsentieren, er präsentiert

der **Präsident**, die Präsidenten, die Präsidentin

prasseln, es prasselt

das **Präteritum** (Vergangenheit)

die **Praxis**, die Praxen

präzise (genau)

predigen, er predigt, die Predigt, der Prediger, die Predigerin

der **Preis**, die Preise, preiswert

5 €

die **Preiselbeere**, die Preiselbeeren

preisen, er preist, er pries, er hat gepriesen

prellen, sie prellt, die Prellung

die **Presse**
Die Presse berichtet über aktuelle Geschehnisse.

pressen, er presst, die Presse, die Pressen
Aus Obst kann man Saft pressen.

prickeln, es prickelt

der **Priester**, die Priester, die Priesterin

prima

primitiv (einfach, dürftig)

der **Prinz**, die Prinzen, die Prinzessin

das **Prinzip**, die Prinzipien

die **Prise**, die Prisen

privat

die **Probe**, die Proben, proben, er probt

probieren, sie probiert

das **Problem**, die Probleme, problemlos

das **Produkt**, die Produkte, die Produktion, produzieren, er produziert

der **Professor**, die Professoren, die Professorin

der **Profi**, die Profis

das **Programm**, die Programme, die Programmierung, programmieren, sie programmiert

das **Projekt**, die Projekte, der Projektor, projizieren, er projiziert

pro|mi|nent

prompt

das **Pro|no|men** (Fürwort), die Pronomen

der **Pro|pel|ler**, die Propeller

der **Pro|phet**, die Propheten, die Prophetin, die Prophezeiung, prophezeien, sie prophezeit

das/der **Pro|spekt**, die Prospekte

prost!

der **Pro|test**, die Proteste, protestieren, er protestiert
Die Studenten protestieren öffentlich.

der **Pro|tes|tant**, die Protestanten, die Protestantin, protestantisch
Ein Protestant ist Angehöriger der protestantischen Kirche.

die **Pro|the|se**, die Prothesen

das **Pro|to|koll**, die Protokolle, protokollieren, sie protokolliert

prot|zen, er protzt

der **Pro|vi|ant**

das **Pro|zent** (%), die Prozente

der **Pro|zess**, die Prozesse

die **Pro|zes|si|on** (feierlicher, kirchlicher Umzug), die Prozessionen

prü|fen, er prüft, die Prüfung

prü|geln, sie prügelt, die Prügel, die Prügelei

der **Prunk**, prunkvoll

prus|ten, er prustet

der **Psalm**, die Psalmen

die **Pu|ber|tät** (Übergang vom Kindes- zum Erwachsenenalter)

das **Pub|li|kum**

der **Pud|ding**, die Puddinge/Puddings

der **Pu|del**, die Pudel

der **Pu|der**, pudern, sie pudert

der **Puf|fer**, die Puffer

der **Pul|li** (Pullover), die Pullis

der **Pul|lo|ver**, die Pullover

der **Puls**, pulsieren, es pulsiert

das **Pult**, die Pulte

das **Pul|ver**

der **Pu|ma**, die Pumas

die **Pum|pe**, die Pumpen, pumpen, er pumpt

der **Punkt**, die Punkte

pünkt|lich, die Pünktlichkeit

die **Pu|pil|le**, die Pupillen

die **Pup|pe**, die Puppen

die **Pup|pe**, die Puppen
Die Schmetterlingslarve verpuppt sich.

das **Pü|ree**, die Pürees, pürieren, sie püriert

pur|zeln, er purzelt, der Purzelbaum

pus|ten, sie pustet, die Puste

die **Pu|te** (Truthenne), die Puten, der Puter (Truthahn)

put|zen, er putzt

put|zig (drollig)

das **Puz|zle**, die Puzzles, puzzeln, sie puzzelt

der **Py|ja|ma**, die Pyjamas

die **Py|ra|mi|de**, die Pyramiden

Q

der **Qua|der**, die Quader

das **Qua|drat**, die Quadrate, quadratisch

qua|ken, er quakt

die **Qual**, die Qualen, die Quälerei, quälen, sie quält, qualvoll

die **Qua|li|fi|ka|ti|on**, die Qualifikationen, sich qualifizieren, er qualifiziert sich

die **Qua|li|tät**, die Qualitäten

die **Qual|le**, die Quallen

der **Qualm**, qualmen, es qualmt

die **Qua|ran|tä|ne** (vorübergehende Isolierung von Menschen mit ansteckender Krankheit)

der **Quark**

das **Quar|tett**, die Quartette

das **Quar|tier**, die Quartiere

der **Quarz**, die Quarze

quas|seln, er quasselt

A B C D E F G H I J K L M N O P Q R S T U V W X Y Z

der **Quatsch**
Unsinn nennt man auch Quatsch.

quat|schen, sie quatscht
Laura quatscht mit ihren Freunden.

das **Queck|sil|ber**

die **Quel|le**, die Quellen

quel|len, es quillt, es quoll, es ist gequollen

quen|geln, sie quengelt, quengelig/quenglig

quer, der Querschnitt

die **Quer|flö|te**, die Querflöten

quet|schen, er quetscht, die Quetschung

quie|ken, es quiekt

quiet|schen, er quietscht

der **Quirl**, die Quirle, quirlen, sie quirlt

quitt (ausgeglichen, fertig)

die **Quit|te** (Obstsorte), die Quitten

die **Quit|tung**, die Quittungen, quittieren, er quittiert

das **Quiz**, die Quizfrage

die **Quo|te**, die Quoten

der **Quo|ti|ent** (Ergebnis einer Division), die Quotienten

R

der **Ra|batt** (Preisnachlass), die Rabatte

der **Rab|bi** (jüdischer Gesetzeslehrer), die Rabbis / Rabbiner

der **Ra|be**, die Raben

ra|bi|at (grob)

die **Ra|che**, der Rächer, die Rächerin, sich rächen, sie rächt sich

der **Ra|chen**, die Rachen

das **Rad**, die Räder, der Radweg

Rad fah|ren, er fährt Rad, er fuhr Rad, er ist Rad gefahren, das Radfahren, der Radfahrer, die Radfahrerin

das / der **Ra|dar**

ra|die|ren, sie radiert

der **Ra|dier|gum|mi**, die Radiergummis

das **Ra|dies|chen**, die Radieschen

ra|di|kal (rücksichtslos)

das **Ra|dio**, die Radios

ra|dio|ak|tiv, die Radioaktivität

der **Ra|di|us**, die Radien

raf|fen, er rafft, raffgierig

raf|fi|niert, die Raffinesse

ra|gen, er ragt

der **Rah|men**, die Rahmen, einrahmen, sie rahmt ein

die **Ra|ke|te**, die Raketen

die **Ral|lye** (sprich: Rel-li), die Rallyes

der **Ra|ma|dan** (Fastenmonat der Muslime), die Ramadane

ram|men, er rammt

die **Ram|pe**, die Rampen

der **Rand**, die Ränder, randvoll

ran|da|lie|ren, er randaliert, die Randale

der **Rang**, die Ränge

die **Ran|ge|lei**, die Rangeleien

ran|gie|ren (sprich: ran-schie-ren), sie rangiert

A B C D E F G H I J K L M N O P Q **R** S T U V W X Y Z

die **Ran|ke**, die Ranken, ranken, es rankt

der **Ran|zen**, die Ranzen

ran|zig

der **Rap** (sprich: Räpp; Sprechgesang), die Raps, der Rapper, die Rapperin

ra|pi|de (sehr schnell)

der **Rap|pe**, die Rappen

der **Raps**

rar, die Rarität

ra|sant

rasch

ra|scheln, es raschelt

der **Ra|sen**, die Rasen

ra|sen, sie rast, die Raserei

ra|sen, er rast

sich **ra|sie|ren**, er rasiert sich, die Rasur

die **Ras|pel**, die Raspeln, raspeln, sie raspelt

die **Ras|se**, die Rassen

die **Ras|sel**, die Rasseln, rasseln, er rasselt

die **Rast**, die Rasten, rasten, sie rastet, rastlos

der **Rat**, ratlos, ratsam, der Ratgeber, der Ratschlag

die **Ra|te**, die Raten, ratenweise

ra|ten, er rät, er riet, er hat geraten
Bei dieser Frage musste er raten.

ra|ten, sie rät, sie riet, sie hat geraten
Sie rät zum blauen Rock.

das **Rat|haus**, die Rathäuser

das **Rät|sel**, die Rätsel, rätseln, sie rätselt, rätselhaft

die **Rat|te**, die Ratten

rat|tern, es rattert

rau

der **Raub**, der Räuber, die Räuberin, rauben, er raubt

der **Rauch**, der Raucher, die Raucherin, rauchen, sie raucht, rauchig

räu|chern, er räuchert

rau|fen, sie rauft, die Rauferei

der **Raum**, die Räume, räumlich

die **Räu|mung**, die Räumungen, räumen, er räumt

rau|nen, sie raunt

die **Rau|pe**, die Raupen

raus

der **Rausch**, die Räusche, das Rauschgift

rau|schen, es rauscht

sich **räus|pern**, er räuspert sich

die **Ra|vio|li** (Nudelgericht)

die **Raz|zia** (überraschende Fahndung der Polizei), die Razzien

re|agie|ren, sie reagiert, die Reaktion

re|al (wirklich), die Realität

die **Re|al|schu|le**, die Realschulen

die **Re|be**, die Reben

der **Re|bell**, die Rebellen, die Rebellin, die Rebellion, rebellieren, sie rebelliert, rebellisch

der **Re|chen** (Harke), die Rechen

rech|nen, er rechnet, die Rechnung, der Rechner

das **Recht**, die Rechte, recht haben, auch: Recht haben, er hat recht der Rechtsanwalt, die Rechtsanwältin

das **Recht|eck**, die Rechtecke, rechteckig, rechtwinklig

rech|ter, rechte, rechtes

rechts

die **Recht|schrei|bung**

recht|zei|tig

sich **re|cken**, sie reckt sich

das **Re|cyc|ling** (sprich: Rie-ßeik-ling; Wiederverwertung)

re|den, er redet, die Rede, der Redner, die Rednerin

re|flek|tie|ren, er reflektiert, der Reflektor, die Reflexion

re|flek|tie|ren, er reflektiert

die **Re|form**, die Reformen, reformieren, sie reformiert

der **Re|frain** (sprich: Re-fräh), die Refrains

das **Re|gal**, die Regale

re|ge

A B C D E F G H I J K L M N O P Q R S T U V W X Y Z

die **Re|gel**, die Regeln, die Regelung, regeln, er regelt, regelmäßig

der **Re|gen**

sich **re|gen**, sie regt sich, die Regung

der **Re|gen|bo|gen**, die Regenbogen

die **Re|gen|ja|cke**, die Regenjacken

der **Re|gen|wurm**, die Regenwürmer

die **Re|gie** (sprich: Re-schie), der Regisseur, die Regisseurin

re|gie|ren, sie regiert, die Regierung

die **Re|gi|on**, die Regionen, regional

reg|nen, es regnet

das **Reh**, die Rehe

rei|ben, er reibt, er rieb, er hat gerieben, die Reibe, die Reibung

das **Reich**, die Reiche
Der König betrachtet sein Reich.

reich, der Reichtum, der Reiche, die Reiche, reichlich

rei|chen, es reicht
Das Essen reicht nicht.

der **Reif**
Die Zweige sind mit Reif überzogen.

der **Reif**

reif, reifen, er reift, die Reife

der **Rei|fen**, die Reifen

die **Rei|he**, die Reihen, reihen, sie reiht

der **Reim**, die Reime, sich reimen, es reimt sich

rein, die Reinigung, reinigen, er reinigt

der **Reis**

die **Rei|se**, die Reisen, der Reisepass

rei|sen,
sie reist

rei|ßen,
es reißt,
es riss,
es ist gerissen,
der Riss

der **Reiß|ver|schluss**, die Reißverschlüsse

rei|ten, er reitet, er ritt, er ist geritten, der Ritt, der Reiter, die Reiterin

der **Reiz**, die Reize, reizen, es reizt, reizend

sich **re|keln**, auch: räkeln, er rekelt sich

die **Re|kla|me**, die Reklamen

re|kla|mie|ren, sie reklamiert, die Reklamation

der **Re|kord**, die Rekorde

der **Rek|tor**, die Rektoren

das **Rek|to|rat**, die Rektorate

die **Rek|to|rin**, die Rektorinnen

re|la|tiv (verhältnismäßig), die Relativität

die **Re|li|gi|on**, die Religionen, religiös

die **Re|ling** (Geländer eines Schiffs), die Relings

die **Re|li|quie** (Knochen eines Heiligen), die Reliquien

ren|nen, er rennt, er rannte, er ist gerannt, das Rennen

re|no|vie|ren, sie renoviert, die Renovierung

die **Ren|te**, die Renten, der Rentner, die Rentnerin

das **Ren|tier**, die Rentiere

sich **ren|tie|ren**, es rentiert sich

die **Re|pa|ra|tur**, die Reparaturen

re|pa|rie|ren, er repariert

der **Re|por|ter**, die Reporter, die Reporterin, die Reportage

das **Rep|til**, die Reptilien

die **Re|pu|blik**, die Republiken

die **Re|qui|si|te**, die Requisiten

die **Re|ser|ve**, die Reserven

re|ser|vie|ren, sie reserviert, die Reservierung

der **Re|spekt**, respektieren, er respektiert, respektlos

der **Rest**, die Reste, restlos

das **Res|tau|rant**, die Restaurants

das **Re|sul|tat** (Ergebnis), die Resultate

ret|ten, sie rettet, die Rettung, der Retter, die Retterin

der **Ret|tich**, die Rettiche

die **Reue**

sich **re|van|chie|ren** (sprich: re-wan-schie-ren), er revanchiert sich

das **Re|vier**, die Reviere

die **Re|vo|lu|ti|on**, die Revolutionen, der Revolutionär, die Revolutionärin

der **Re|vol|ver**, die Revolver

Reyk|ja|vík (Hauptstadt Islands), die Reykjavíker

das **Re|zept**, die Rezepte

der **Rha|bar|ber**

der **Rhein** (Fluss), rheinisch

das **Rhein|land**, rheinländisch

Rhein|land-Pfalz, die Rheinland-Pfälzer, rheinland-pfälzisch

der **Rhyth|mus**, die Rhythmen, rhythmisch

rich|ten, sie richtet

der **Rich|ter**, die Richter, die Richterin

rich|tig

die **Rich|tung**, die Richtungen

rie|chen, sie riecht, sie roch, sie hat gerochen, der Geruch

die **Rie|ge**, die Riegen

der **Rie|gel**, die Riegel

der **Rie|men**, die Riemen

der **Rie|se**, die Riesen, die Riesin, riesig

rie|seln, es rieselt

das **Riff** (Felsenklippe), die Riffe

Ri|ga (Hauptstadt Lettlands), die Rigaer

die **Ril|le**, die Rillen

das **Rind**, die Rinder, das Rindfleisch

die **Rin|de**, die Rinden

der **Ring**, die Ringe

rin|gen, er ringt, er rang, er hat gerungen, der Ringer, die Ringerin

rings, ringsumher

die **Rin|ne**, die Rinnen, rinnen, es rinnt, es rann, es ist geronnen

die **Rip|pe**, die Rippen

das **Ri|si|ko**, die Risiken, riskieren, sie riskiert, riskant

der **Riss**, die Risse, rissig

der **Ritt**, die Ritte

der **Rit|ter**, die Ritter, ritterlich

rit|zen, er ritzt, der Ritz, die Ritze

der **Ri|va|le**, die Rivalen, die Rivalin, die Rivalität

die **Rob|be**, die Robben

der **Ro|bo|ter**, die Roboter

ro|bust (kräftig), die Robustheit

rö|cheln, sie röchelt

der **Rock**, die Röcke

der **Rock**, der Rocker, die Rockerin, die Rockmusik
Rock ist eine Musikrichtung.

ro|deln, er rodelt

ro|den, sie rodet

der **Rog|gen**

roh

das **Rohr**, die Rohre, die Röhre

die **Rol|le**, die Rollen

rol|len, er rollt

der **Rol|ler**, die Roller

das **Rol|lo**, die Rollos

der **Roll|stuhl**, die Rollstühle

Rom (Hauptstadt Italiens), die Römer

der **Ro|man**, die Romane

ro|man|tisch, die Romantik

rönt|gen, er röntgt

ro|sa

die **Ro|se**, die Rosen, rosig

der **Ro|sen|kohl**

die **Ro|si|ne**, die Rosinen

der **Ros|ma|rin**

der **Rost**, rosten, es rostet, rostig, rostfrei
Wenn Eisen feucht wird, bildet sich Rost.

der **Rost**, die Roste, rösten, er röstet
Das Fleisch wird auf dem Rost gegrillt.

rot, röter, am rötesten, das Rot, bei Rot, rötlich, das Rote Kreuz

die **Rö|teln** (Infektionskrankheit)

die **Rou|te** (sprich: Ru-te; Reiseweg), die Routen

rub|beln, er rubbelt

die **Rü|be**, die Rüben

der **Ruck**, ruckartig

der **Rü|cken**, die Rücken

rü|cken, sie rückt

die **Rück|fahrt**, die Rückfahrten, die Rückfahrkarte

die **Rück|kehr**

das **Rück|licht**, die Rücklichter

der **Ruck|sack**, die Rucksäcke

die **Rück|sicht**, rücksichtslos, rücksichtsvoll

der **Rück|sitz**, die Rücksitze

der **Rück|strah|ler**, die Rückstrahler

rück|wärts

der **Ru|co|la**, auch: Rukola

der **Rü|de** (männlicher Hund), die Rüden

das **Ru|del**, die Rudel

das **Ru|der**, die Ruder, der Ruderer, die Ruderin, rudern, er rudert

ru|fen, er ruft, er rief, er hat gerufen, der Ruf

rü|gen, sie rügt, die Rüge

die **Ru|he**, ruhen, er ruht, ruhig

der **Ruhm**

rüh|ren, er rührt

rüh|rend

das **Ruhr|ge|biet**

die **Ru|ine**, die Ruinen, ruinieren, sie ruiniert

rülp|sen, er rülpst, der Rülpser

Ru|mä|ni|en, die Rumänen, rumänisch

ru|mo|ren, es rumort

rum|peln, es rumpelt

der **Rumpf**, die Rümpfe

rümp|fen, sie rümpft

rund, die Runde, die Rundung, rundlich, rundherum

run|ter

die **Run|zel**, die Runzeln, runzeln, er runzelt, runzelig/runzlig

der **Rü|pel**, die Rüpel, rüpelhaft

rup|fen, sie rupft

rup|pig

der **Ruß**, rußen, es rußt, rußig

der **Rüs|sel**, die Rüssel

Russ|land, die Russen, russisch

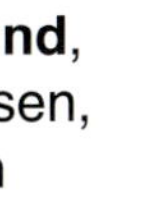

sich **rüs|ten**, sie rüstet sich, die Rüstung, rüstig, die Abrüstung, die Aufrüstung

rus|ti|kal

die **Rut|sche**, die Rutschen, rutschen, er rutscht, rutschig

rüt|teln, er rüttelt

der **Saal**, die Säle

das **Saar|land**, die Saarländer, saarländisch

die **Saat**, die Saaten

der **Sab|bat** (jüdischer Feiertag), die Sabbate

sab|bern, er sabbert

der **Sä|bel**, die Säbel

die **Sa|che**, die Sachen, sachlich, das Sachbuch, der Sachunterricht

Sach|sen, die Sachsen, sächsisch

Sach|sen-An|halt, die Sachsen-Anhalter, sachsen-anhaltisch

sacht

der **Sack**, die Säcke

sä|en, sie sät

die **Sa|fa|ri**, die Safaris

der/das **Safe**, die Safes

der **Saft**, die Säfte, saftig

die **Sa|ge**, die Sagen, sagenhaft

die **Sä|ge**, die Sägen, sägen, er sägt

A B C D E F G H I J K L M N O P Q R S T U V W X Y Z

sagen, er sagt

die **Sahara**

die **Sahne**, sahnig

die **Saison** (sprich: Sä-song), die Saisons, saisonal

> die **Saite**, die Saiten, das Saiteninstrument
>
> die **Seite**, die Seiten, seitlich, seitenverkehrt
>
> die **Seite**, die Seiten

der **Salamander**, die Salamander

die **Salami**, die Salamis

der **Salat**, die Salate

die **Salbe**, die Salben

der **Salto**, die Saltos / Salti

das **Salz**, die Salze, salzen, er salzt

salzig

der **Samen**, die Samen

sammeln, sie sammelt, die Sammlung

der **Samstag**, die Samstage, samstags

der **Samt**, samtig

sämtlich, allesamt

der **Sand**

die **Sandale**, die Sandalen

sandig

der **Sandkasten**, die Sandkästen

der / das **Sandwich** (sprich: ßänt-witsch), die Sandwiche, auch: Sandwiches

sanft

sanftmütig, die Sanftmut

der **Sänger**, die Sänger, die Sängerin

der **Sanitäter**, die Sanitäter, die Sanitäterin

Sarajevo (Hauptstadt von Bosnien-Herzegowina)

die **Sardine**, die Sardinen

der **Sarg**, die Särge

der **Satan**, satanisch

der **Satellit**, die Satelliten

satt, die Sättigung, sättigen, es sättigt

der **Sattel**, die Sättel, satteln, er sattelt

der **Saturn**

der **Satz**, die Sätze, die Satzaussage, das Satzzeichen

die **Sau**, die Säue

sau|ber, die Sauberkeit, säubern, er säubert

sau|er, saurer, am sauersten

der **Sau|er|stoff**

sau|fen, sie säuft, sie soff, sie hat gesoffen

sau|gen, es saugt, es sog/saugte, es hat gesogen/gesaugt

säu|gen, sie säugt, der Säugling, das Säugetier

die **Säu|le**, die Säulen

die **Sau|na**, die Saunas/Saunen

die **Säu|re**, die Säuren

der **Sau|ri|er**, die Saurier

sau|sen, sie saust

die **Sa|van|ne**, die Savannen

das **Sa|xo|fon**, auch: Saxophon, die Saxofone

die **S-Bahn** (Schnellbahn), die S-Bahnen

scan|nen, er scannt, der Scanner

scha|ben, sie schabt

schä|big

die **Scha|blo|ne**, die Schablonen

das **Schach**, das Schachspiel, schachmatt

der **Schacht**, die Schächte

die **Schach|tel**, die Schachteln

scha|de

der **Schä|del**, die Schädel

scha|den, er schadet, der Schaden, schadhaft

scha|den|froh, die Schadenfreude

schäd|lich, der Schädling, schädigen, sie schädigt

das **Schaf**, die Schafe, der Schäfer, die Schäferin

schaf|fen, er schafft, er schaffte/schuf, er hat geschafft/geschaffen

der **Schaff|ner**, die Schaffner, die Schaffnerin

der **Schal**,
die Schals,
auch: Schale

die **Scha|le**,
die Schalen

die **Scha|le**,
die Schalen

schä|len, sie schält

der **Schall**, schallen,
es schallt

schal|ten, er schaltet,
der Schalter

die **Scham**, sich schämen,
sie schämt sich,
schamlos

die **Schan|de**, schändlich

die **Schan|ze**,
die Schanzen

die **Schar**, die Scharen,
scharenweise

scharf, schärfer,
am schärfsten,
die Schärfe, schärfen,
sie schärft, scharfsinnig

der **Schar|lach**
(Infektionskrankheit)

das **Schar|nier**,
die Scharniere

schar|ren, er scharrt

der **Schat|ten**,
die Schatten, schattig

die **Scha|tul|le**,
die Schatullen

der **Schatz**, die Schätze

schät|zen, er schätzt,
die Schätzung

schau|en, er schaut,
das Schaufenster

der **Schau|er**, die Schauer

die **Schau|fel**,
die Schaufeln,
schaufeln, sie schaufelt

die **Schau|kel**,
die Schaukeln,
schaukeln,
sie schaukelt

der **Schaum**, schäumen,
er schäumt, schaumig

schau|rig (gruselig)

das **Schau|spiel**,
die Schauspiele,
der Schauspieler,
die Schauspielerin

der **Scheck**, die Schecks

die **Schei|be**,
die Scheiben

der **Scheich**,
die Scheiche/Scheichs

die **Schei|de**, die Scheiden

schei|den, er scheidet,
er schied,
er hat geschieden,
die Scheidung

der **Schein**, die Scheine

schei|nen, es scheint, es schien, es hat geschienen, scheinbar

der **Schei|tel**, die Scheitel, scheiteln, er scheitelt

schei|tern, sie scheitert

das **Sche|ma**, die Schemas/Schemata

der **Sche|mel**, die Schemel

der **Schen|kel**, die Schenkel

schen|ken, sie schenkt, die Schenkung, das Geschenk

die **Scher|be**, die Scherben

die **Sche|re**, die Scheren

der **Scherz**, die Scherze, scherzen, sie scherzt, scherzhaft

scheu, die Scheu, scheuen, er scheut

scheu|chen, er scheucht

scheu|ern, sie scheuert

die **Scheu|ne**, die Scheunen

das **Scheu|sal**, die Scheusale

scheuß|lich

die **Schicht**, die Schichten

schich|ten, er schichtet

schick/chic

schi|cken, sie schickt

das **Schick|sal**, die Schicksale, schicksalhaft

schie|ben, er schiebt, er schob, er hat geschoben, die Schiebung

der **Schieds|rich|ter**, die Schiedsrichter, die Schiedsrichterin

schief

schie|len, sie schielt

das **Schien|bein**, die Schienbeine

die **Schie|ne**, die Schienen

schie|ßen, er schießt, er schoss, er hat geschossen

das **Schiff**, die Schiffe, die Schifffahrt, auch: Schiff-Fahrt

die **Schi|ka|ne**, die Schikanen, schikanieren, sie schikaniert

der **Schild**, die Schilde

das **Schild**, die Schilder

schil|dern, er schildert, die Schilderung

die **Schild|krö|te**, die Schildkröten

das **Schilf**

schil|lern, es schillert

der **Schim|mel**, die Schimmel

der **Schim|mel**, schimmeln, es schimmelt, schimmlig/schimmelig
Das Brot schimmelt.

schim|mern, es schimmert, der Schimmer

der **Schim|pan|se**, die Schimpansen

schimp|fen, sie schimpft

sich **schin|den**, er schindet sich, er schindete sich, er hat sich geschunden, die Schinderei

der **Schin|ken**, die Schinken

die **Schip|pe**, die Schippen, schippen, sie schippt

der **Schirm**, die Schirme

die **Schlacht**, die Schlachten

schlach|ten, er schlachtet

die **Schlä|fe**, die Schläfen

schla|fen, sie schläft, sie schlief, sie hat geschlafen, der Schlaf, schläfrig

das **Schlaf|zim|mer**, die Schlafzimmer

schlaff, die Schlaffheit

schla|gen, er schlägt, er schlug, er hat geschlagen, der Schlag, der Schläger, die Schlägerei

das **Schlag|zeug**, die Schlagzeuge

der **Schlamm**, schlammig

die **Schlan|ge**, die Schlangen

sich **schlän|geln**, sie schlängelt sich

schlank, die Schlankheit

schlapp, die Schlappheit

das **Schla|raf|fen|land**

schlau, die Schläue, die Schlauheit

der **Schlauch**, die Schläuche

die **Schlau|fe**, die Schlaufen

schlecht

schle|cken, er schleckt, die Schleckerei

schlei|chen, sie schleicht, sie schlich, sie ist geschlichen

der **Schlei|er**, die Schleier, schleierhaft

die **Schlei|fe**, die Schleifen

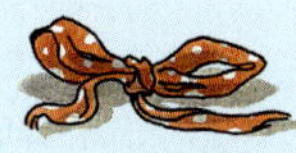

schlei|fen, er schleift, er schliff, er hat geschliffen, der Schliff
Messer muss man schleifen.

schlei|fen, sie schleift, sie schleifte, sie hat geschleift
Sie schleift den Teddy hinter sich her.

der **Schleim**, schleimig

schlem|men, sie schlemmt, die Schlemmerei

schlen|dern, er schlendert

schlen|kern, sie schlenkert

schlep|pen, sie schleppt, die Schleppe, der Schlepper, schleppend

Schles|wig-Hol|stein, die Schleswig-Holsteiner, schleswig-holsteinisch

die **Schleu|der**, die Schleudern, schleudern, er schleudert

die **Schleu|se**, die Schleusen, schleusen, sie schleust

schlicht, die Schlichtheit

schlich|ten, er schlichtet, die Schlichtung

der **Schlick**

schlie|ßen, er schließt, er schloss, er hat geschlossen

schließ|lich

schlimm

die **Schlin|ge**, die Schlingen

schlin|gen, er schlingt, er schlang, er hat geschlungen

der **Schlips** (Krawatte), die Schlipse

der **Schlit|ten**, die Schlitten

schlit|tern, sie schlittert

der **Schlitt|schuh**, die Schlittschuhe

der **Schlitz**, die Schlitze

das **Schloss**,
die Schlösser
Der Schlüssel passt ins Schloss.

das **Schloss**,
die Schlösser
Der König wohnt in einem Schloss.

der **Schlos|ser**,
die Schlosser,
die Schlosserin,
die Schlosserei

der **Schlot**, die Schlote

schlot|tern,
er schlottert

die **Schlucht**,
die Schluchten

schluch|zen,
sie schluchzt

schlu|cken,
er schluckt,
der Schluck

schlum|mern,
er schlummert,
der Schlummer

schlüp|fen, er schlüpft

schlur|fen, sie schlurft

schlür|fen, er schlürft

der **Schluss**, die Schlüsse

der **Schlüs|sel**,
die Schlüssel

schmäch|tig

schmack|haft

schmal

das **Schmalz**

schmat|zen,
sie schmatzt

schmau|sen,
er schmaust,
der Schmaus

schme|cken,
es schmeckt,
der Geschmack

schmei|cheln,
er schmeichelt,
die Schmeichelei,
der Schmeichler,
die Schmeichlerin,
schmeichelhaft

schmei|ßen,
er schmeißt, er schmiss,
er hat geschmissen

schmel|zen,
es schmilzt,
es schmolz,
es ist geschmolzen

der **Schmerz**,
die Schmerzen,
schmerzen, es schmerzt,
schmerzhaft, schmerzlos

der **Schmet|ter|ling**,
die Schmetterlinge

schmet|tern,
sie schmettert

der **Schmied**,
die Schmiede,
die Schmiedin,
schmieden,
er schmiedet

schmie|ren, er schmiert, die Schmiere, die Schmiererei, schmierig

die **Schmin|ke**, sich schminken, sie schminkt sich

schmir|geln, er schmirgelt

schmol|len, sie schmollt

schmo|ren, er schmort

schmü|cken, sie schmückt, der Schmuck

schmug|geln, er schmuggelt, der Schmuggel, der Schmuggler, die Schmugglerin

schmun|zeln, sie schmunzelt

schmu|sen, sie schmust

der **Schmutz**

schmut|zig

der **Schna|bel**, die Schnäbel

die **Schna|ke** (langbeinige Stechmücke), die Schnaken

die **Schnal|le**, die Schnallen

schnal|zen, sie schnalzt

schnap|pen, er schnappt

der **Schnaps**, die Schnäpse

schnar|chen, sie schnarcht

schnat|tern, er schnattert

schnau|ben, sie schnaubt

schnau|fen, er schnauft

die **Schnau|ze**, die Schnauzen

sich **schnäu|zen**, sie schnäuzt sich

die **Schne|cke**, die Schnecken

der **Schnee**, der Schneeball, die Schneeflocke, der Schneemann

schnei|den, er schneidet, er schnitt, er hat geschnitten, der Schnitt

der **Schnei|der**, die Schneider, die Schneiderin, die Schneiderei, schneidern, sie schneidert

schnei|en, es schneit

schnell, die Schnelligkeit

schnip|peln, er schnippelt

schnip|pisch

der **Schnip|sel**, die Schnipsel

der **Schnitt**, die Schnitte

die **Schnit|te**, die Schnitten
Die Schnitte ist mit Käse belegt.

der **Schnitt|lauch**

das **Schnit|zel**, die Schnitzel

schnit|zen, sie schnitzt, die Schnitzerei

der **Schnor|chel**, die Schnorchel, schnorcheln, er schnorchelt

der **Schnör|kel**, die Schnörkel

schnüf|feln, sie schnüffelt, der Schnüffler, die Schnüfflerin

der **Schnul|ler**, die Schnuller

der **Schnup|fen**, die Schnupfen

schnup|pern, er schnuppert

die **Schnur**, die Schnüre, schnüren, sie schnürt

der **Schnurr|bart**, die Schnurrbärte

schnur|ren, sie schnurrt

der **Schnür|sen|kel**, die Schnürsenkel

der **Schock**, die Schocks, schocken, sie schockt, schockiert

die **Scho|ko|la|de**, die Schokoladen

die **Schol|le**, die Schollen

die **Schol|le**, die Schollen

schon

schön, die Schönheit

scho|nen, er schont, die Schonung, schonungslos

schöp|fen, sie schöpft

der **Schöp|fer**, die Schöpfer, die Schöpferin, die Schöpfung, das Geschöpf, schöpferisch

der **Schorf**, schorfig

der **Schorn|stein**, die Schornsteine, der Schornsteinfeger, die Schornsteinfegerin der **Schoß**, die Schöße

die **Scho|te**, die Schoten

der **Schot|ter**

schräg, die Schräge

die **Schram|me**, die Schrammen, schrammen, sie schrammt

der **Schrank**, die Schränke

die **Schran|ke**, die Schranken

die **Schrau|be**, die Schrauben, schrauben, er schraubt

der **Schre|ber|gar|ten**, die Schrebergärten

der **Schreck**, erschrecken, sie erschrickt, sie erschrak, sie ist erschrocken, schreckhaft, schrecklich

der **Schrei**, die Schreie

schrei|ben, er schreibt, er schrieb, er hat geschrieben, der Schreibtisch

der **Schreib|wa|ren|la|den**, die Schreibwarenläden

schrei|en, er schreit, er schrie, er hat geschrien

schrei|ten, er schreitet, er schritt, er ist geschritten

die **Schrift**, die Schriften, schriftlich, der Schriftsteller, die Schriftstellerin

schrill

der **Schritt**, die Schritte, schrittweise

schroff, die Schroffheit

der **Schrott**, verschrotten, er verschrottet

schrub|ben, sie schrubbt, der Schrubber

schrump|fen, er schrumpft

der **Schub**, die Schübe

die **Schub|la|de**, die Schubladen

schüch|tern, die Schüchternheit

der **Schuft**, die Schufte

der **Schuh**, die Schuhe

das **Schuh|ge|schäft**, die Schuhgeschäfte

die **Schuld**, der Schuldige, die Schuldige, schuldig

die **Schul|den**, schulden, er schuldet, schuldenfrei

die **Schu|le**, die Schulen, das Schuljahr, der Schultag, schulfrei der **Schü|ler**, die Schüler

die **Schü|le|rin**, die Schülerinnen

der **Schul|hof**, die Schulhöfe

der **Schul|ran|zen**, die Schulranzen

die **Schul|sa|chen**

die **Schul|ta|sche**, die Schultaschen

die **Schul|ter**, die Schultern, schultern, sie schultert, schulterfrei

schum|meln, er schummelt

schun|keln, sie schunkelt

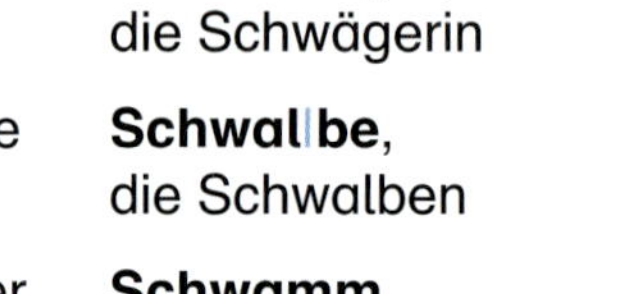

die **Schup|pe**, die Schuppen

der **Schup|pen**, die Schuppen

schü|ren, sie schürt

schür|fen, er schürft

der **Schur|ke**, die Schurken, die Schurkin

die **Schür|ze**, die Schürzen

der **Schuss**, die Schüsse

die **Schüs|sel**, die Schüsseln

der **Schus|ter**, die Schuster, die Schusterin, die Schusterei

der **Schutt**

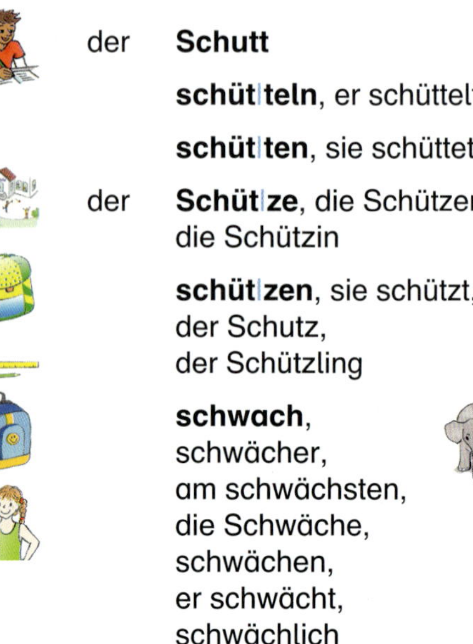

schüt|teln, er schüttelt

schüt|ten, sie schüttet

der **Schüt|ze**, die Schützen, die Schützin

schüt|zen, sie schützt, der Schutz, der Schützling

schwach, schwächer, am schwächsten, die Schwäche, schwächen, er schwächt, schwächlich

der **Schwa|ger**, die Schwäger, die Schwägerin

die **Schwal|be**, die Schwalben

der **Schwamm**, die Schwämme, schwammig

der **Schwan**, die Schwäne

schwan|ger, die Schwangere, die Schwangerschaft

schwan|ken, er schwankt

der **Schwanz**, die Schwänze

schwän|zen, sie schwänzt

der **Schwarm**, die Schwärme, die Schwärmerei, schwärmen, er schwärmt

die **Schwar|te**, die Schwarten

schwarz, das Schwarz, schwärzen, er schwärzt, schwarzfahren, er fährt schwarz, er fuhr schwarz, er ist schwarzgefahren

schwe|ben, er schwebt, die Schwebe

Schwe|den, die Schweden, schwedisch

der **Schwe|fel**

der **Schweif**, die Schweife

schwei|gen, er schweigt, er schwieg, er hat geschwiegen, das Schweigen, schweigsam

das **Schwein**, die Schweine

der **Schweiß**

schwei|ßen, er schweißt, der Schweißer, die Schweißerin

die **Schweiz**, die Schweizer, schweizerisch

schwe|len, es schwelt

die **Schwel|le**, die Schwellen

schwel|len, er schwillt, er schwoll, er ist geschwollen, die Schwellung

schwen|ken, er schwenkt, die Schwenkung

schwer, die Schwere, schwerelos

schwer|hö|rig, die Schwerhörigkeit

das **Schwert**, die Schwerter

die **Schwes|ter**, die Schwestern, schwesterlich

die **Schwie|ger|el|tern**, die Schwiegermutter, der Schwiegersohn, die Schwiegertochter, der Schwiegervater

die **Schwie|le**, die Schwielen

schwie|rig, die Schwierigkeit

schwim|men, sie schwimmt, sie schwamm, sie ist geschwommen, der Schwimmer, die Schwimmerin, das Schwimmbad

A B C D E F G H I J K L M N O P Q R S T U V W X Y Z

schwin|deln, er schwindelt, der Schwindel, der Schwindler, die Schwindlerin

schwind|lig/ schwindelig

schwin|gen, er schwingt, er schwang, er hat geschwungen, die Schwingung

schwir|ren, es schwirrt

schwit|zen, er schwitzt

schwö|ren, er schwört, er schwor, er hat geschworen

schwul

schwül, die Schwüle

der **Schwung**, die Schwünge, schwungvoll

der **Schwur**, die Schwüre

sechs, sechsmal, ein Sechstel — **6**

sech|zehn — **16**

sech|zig — **60**

der **See**, die Seen
Der See liegt mitten im Wald.

die **See**, seekrank
Die See ist heute rau und wild.

der **See|hund**, die Seehunde

die **See|le**, die Seelen

das **See|pferd|chen**, die Seepferdchen

das **Se|gel**, die Segel, segeln, er segelt

der **Se|gen**, die Segen, segnen, sie segnet

se|hen, sie sieht, sie sah, sie hat gesehen, sehenswert

die **Seh|ne**, die Sehnen, sehnig

sich **seh|nen**, er sehnt sich, die Sehnsucht, sehnlichst, sehnsüchtig

sehr

seicht (flach)

seid → sein

die **Sei|de**, seidig

die **Sei|fe**, die Seifen, seifig

das **Seil**, die Seile

sein, ich bin, du bist, er/sie/es ist, wir sind, ihr seid, sie sind, sie war, sie ist gewesen

sein, seine, seiner, seinem, seinen

seit, seitdem, seither

die **Seite** (vgl. die Saite), die Seiten, seitlich, seitenverkehrt

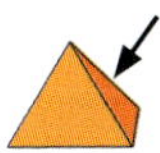

der **Sekretär**, die Sekretäre

der **Sekretär**, die Sekretäre
Ein Sekretär ist ein Möbelstück mit einem Schreibplatz.

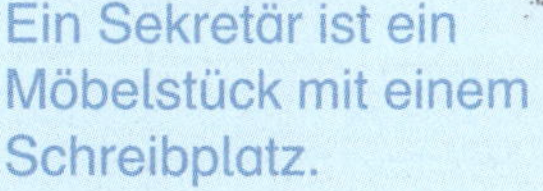

das **Sekretariat**, die Sekretariate

die **Sekretärin**, die Sekretärinnen

der **Sekt**

die **Sekte**, die Sekten

die **Sekunde** (s, auch: Sek.), die Sekunden

selbst, die Selbstbedienung, der Selbstlaut, das Selbstvertrauen, selbstverständlich

das **Selbstbewusstsein**, selbstbewusst

selbstständig, auch: selbständig, die Selbstständigkeit

selig, die Seligkeit

der **Sellerie**, die Sellerie/Selleries

selten, die Seltenheit

seltsam

senden, er sendet, er sandte/sendete, er hat gesandt/gesendet, der Sender, die Sendung

der **Senf**

der **Senior**, die Senioren, die Seniorin

senken, er senkt

senkrecht, die Senkrechte

die **Sensation**, die Sensationen, sensationell

die **Sense**, die Sensen

sensibel (feinfühlig), sensibler, am sensibelsten

separat (getrennt)

der **September**

Serbien, die Serben, serbisch

die **Serie**, die Serien

die **Serpentine**, die Serpentinen

A B C D E F G H I J K L M N O P Q R S T U V W X Y Z

das **Ser|vice**, die Service
Das Service besteht aus vielen Tellern und Tassen.

der **Ser|vice**, die Services
Er bringt sein Auto zum Service.

ser|vie|ren, sie serviert

die **Ser|vi|et|te**, die Servietten

der **Ses|sel**, die Sessel

der/das **Set**, die Sets
Sie kauft gleich ein ganzes Set.

der **Set**, die Sets
Am Set arbeiten Schauspieler, Kameraleute und der Regisseur zusammen.

sich **set|zen**, er setzt sich, besetzt

die **Seu|che**, die Seuchen, verseucht

seuf|zen, sie seufzt, der Seufzer

der **Sex**, die Sexualität

das **Sham|poo**, die Shampoos

der **She|riff** (Polizeibeamter in den USA), die Sheriffs

das **Shirt**, die Shirts

der **Shop**, die Shops

shop|pen, er shoppt

die **Shorts** (kurze Hose)

die **Show**, die Shows

sich

die **Si|chel**, die Sicheln

si|cher, sichern, er sichert, sicherlich

die **Si|cher|heit**, die Sicherheiten
Die Flüchtlinge sind jetzt in Sicherheit.

die **Si|che|rung**, die Sicherungen
Die Sicherung ist wieder durchgebrannt.

die **Sicht**, sichten, sie sichtet, sichtbar

sie

das **Sieb**, die Siebe, sieben, er siebt
Sand kann man sieben.

sie|ben, siebenmal, das Siebtel — **7**

sieb|zehn — **17**

sieb|zig — **70**

sie|den, es siedet, der Siedepunkt

die **Sied|lung**, die Siedlungen, siedeln, er siedelt, der Siedler, die Siedlerin

der **Sieg**, die Siege, siegen, sie siegt, der Sieger, die Siegerin, siegreich

das **Sie|gel**, die Siegel

das **Sig|nal**, die Signale, signalisieren, er signalisiert

die **Sil|be**, die Silben

das **Sil|ber**, silbern, silbrig

der/das **Si|lo**, die Silos

der/das **Sil|ves|ter**

sim|pel (einfach), simpler, am simpelsten

sind → sein

die **Sin|fo|nie**, auch: Symphonie, die Sinfonien

sin|gen, sie singt, sie sang, sie hat gesungen

der **Sin|gu|lar** (Einzahl), die Singulare

sin|ken, es sinkt, es sank, es ist gesunken

der **Sinn**, die Sinne, sinnlos, sinnvoll, sinngemäß

das **Sin|nes|or|gan**, die Sinnesorgane

die **Sint|flut**, die Sintfluten

die **Sip|pe**, die Sippen

die **Si|re|ne**, die Sirenen

der **Si|rup**, die Sirupe/Sirups

die **Sit|te**, die Sitten

die **Si|tua|ti|on**, die Situationen

sit|zen, er sitzt, er saß, er hat gesessen, der Sitz, die Sitzung

die **Ska|la**, die Skalen

der **Skan|dal**, die Skandale

Skan|di|na|vi|en, die Skandinavier, skandinavisch

das **Skate|board**, die Skateboards

das **Ske|lett**, die Skelette

der **Sketch**, auch: Sketsch, die Sketche

der **Ski**, auch: Schi, die Skier

die **Skiz|ze**, die Skizzen, skizzieren, sie skizziert

der **Skla|ve**, die Sklaven, die Sklavin, die Sklaverei

Skop|je (Hauptstadt Mazedoniens)

der **Skor|pi|on**, die Skorpione

der **Skru|pel**, die Skrupel, skrupellos

die **Skulp|tur**, die Skulpturen

der **Sla|lom**, die Slaloms

der **Slip**, die Slips

die **Slo|wa|kei**, die Slowaken, slowakisch

Slo|we|ni|en, die Slowenen, slowenisch

der **Smog**

die **SMS** (engl.: Short Message Service), die SMS

der **Snack**, die Snacks

das **Snow|board**, die Snowboards

so

so|bald

die **So|cke**, die Socken

der **So|ckel**, die Sockel

so|dann

so|dass, auch: so dass

so|eben

das **So|fa**, die Sofas

So|fia (Hauptstadt Bulgariens), die Sofiaer

so|fort

der **Soft|drink** (Getränk ohne Alkohol), auch: Soft Drink, die Softdrinks

das **Soft|eis**

die **Soft|ware** (Computerprogramm), die Softwares

so|gar

so|gleich

die **Soh|le**, die Sohlen

der **Sohn**, die Söhne

die **So|ja|boh|ne**, die Sojabohnen

so|lan|ge (während)

die **So|lar|ener|gie** (Energie, die aus Sonnenlicht gewonnen wird), die Solaranlage, die Solarzelle

solch, solche, solcher, solches

der **Sol|dat**, die Soldaten, die Soldatin

sol|len, er soll

das **So|lo**, die Solos/Soli, der Solist, die Solistin

der **Som|mer**, die Sommer, sommerlich

das **Son|der|an|ge|bot**, die Sonderangebote

son|der|bar

son|dern

der **Sonn|abend** (Samstag), die Sonnabende, sonnabends

die **Son|ne**, die Sonnen, sich sonnen, er sonnt sich

die **Son|nen|bril|le**, die Sonnenbrillen

son|nig

der **Sonn|tag**, die Sonntage, sonntags

sonst

so|oft

der **So|pran** (höchste Frauen- oder Knabenstimme), die Soprane, die Sopranistin

die **Sor|ge**, die Sorgen, sorgen, sie sorgt

die **Sorg|falt**, sorgfältig

die **Sor|te**, die Sorten, sortieren, er sortiert

SOS (Notruf), der SOS-Ruf

die **So|ße**, auch: die Sauce, die Soßen

das **Sou|ve|nir** (sprich: Su-wö-nier; Andenken), die Souvenirs

so|viel

so|weit

so|wie

so|wie|so

so|wohl … als auch

so|zi|al

der **Spach|tel**, die Spachtel

das/der **Spa|gat**, die Spagate

die **Spa|ghet|ti**, auch: Spagetti

spä|hen, er späht, der Späher, die Späherin

der **Spalt**, die Spalte, spalten, sie spaltet, die Spaltung

der **Span**, die Späne

die **Span|ge**, die Spangen

Spa|ni|en, die Spanier, spanisch

span|nen, er spannt

span|nend, die Spannung

spa|ren, er spart, die Sparsamkeit, sparsam, das Sparbuch

der **Spar|gel**

spär|lich (dürftig)

der **Spaß**, die Späße, spaßen, sie spaßt, spaßig

spät, später, sich verspäten, sie verspätet sich, die Verspätung

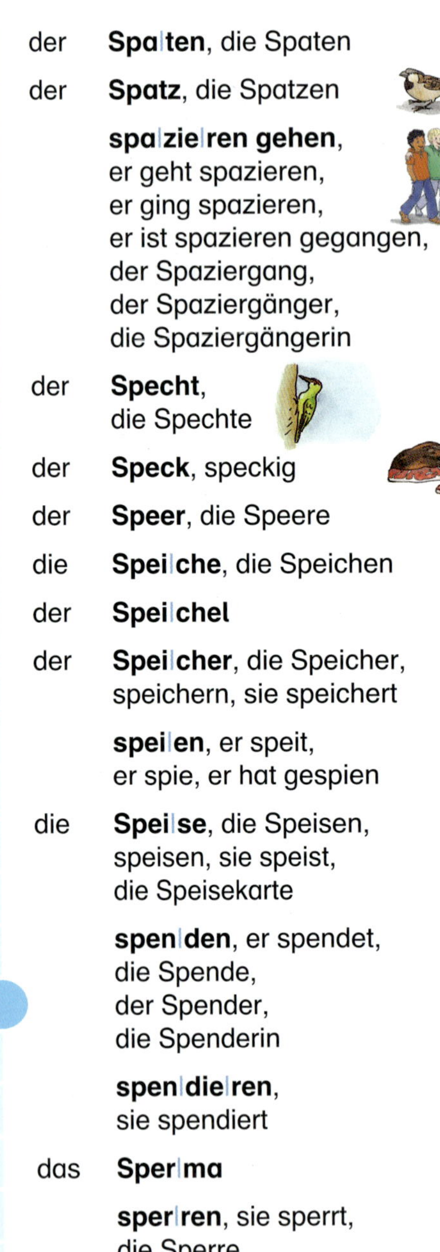

der **Spa|ten**, die Spaten

der **Spatz**, die Spatzen

spa|zie|ren gehen, er geht spazieren, er ging spazieren, er ist spazieren gegangen, der Spaziergang, der Spaziergänger, die Spaziergängerin

der **Specht**, die Spechte

der **Speck**, speckig

der **Speer**, die Speere

die **Spei|che**, die Speichen

der **Spei|chel**

der **Spei|cher**, die Speicher, speichern, sie speichert

spei|en, er speit, er spie, er hat gespien

die **Spei|se**, die Speisen, speisen, sie speist, die Speisekarte

spen|den, er spendet, die Spende, der Spender, die Spenderin

spen|die|ren, sie spendiert

das **Sper|ma**

sper|ren, sie sperrt, die Sperre, die Sperrung, sperrig

der **Spe|zia|list**, die Spezialisten, die Spezialistin, die Spezialität, sich spezialisieren, er spezialisiert sich, speziell

der **Spie|gel**, die Spiegel, sich spiegeln, sie spiegelt sich

das **Spiel**, die Spiele

spie|len, er spielt, der Spieler, die Spielerin, spielerisch

der **Spiel|platz**, die Spielplätze, das Spielzeug

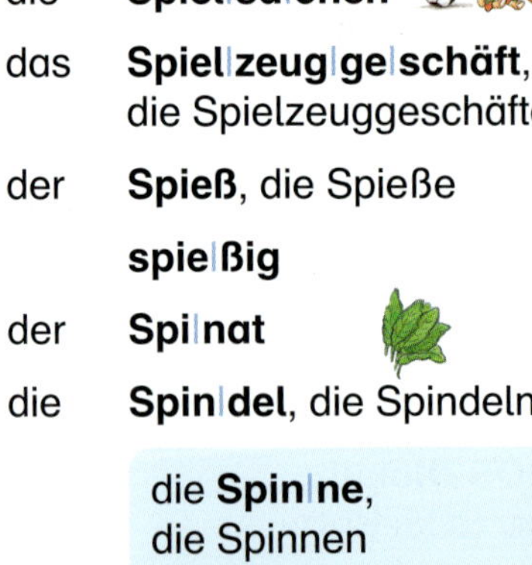

die **Spiel|sa|chen**

das **Spiel|zeug|ge|schäft**, die Spielzeuggeschäfte

der **Spieß**, die Spieße

spie|ßig

der **Spi|nat**

die **Spin|del**, die Spindeln

> die **Spin|ne**, die Spinnen
>
> **spin|nen**, sie spinnt, sie spann, sie hat gesponnen
>
> Dornröschen spinnt einen Faden.

der **Spi|on**, die Spione, die Spionin, die Spionage, spionieren, er spioniert

die **Spi|ra|le**, die Spiralen

spitz, die Spitze, der Spitzname

spit|zen, er spitzt

der **Spit|zer**, die Spitzer

der **Split|ter**, die Splitter, splittern, es splittert

spon|sern, sie sponsert, der Sponsor, die Sponsorin

spon|tan, die Spontaneität

der **Sport**, der Sportler, die Sportlerin, sportlich, die Sportart, der Sportplatz, die Sportstunde

die **Sport|hal|le**, die Sporthallen

die **Sport|ho|se**, die Sporthosen

die **Sport|sa|chen**

der **Sport|schuh**, die Sportschuhe

die **Sport|ta|sche**, die Sporttaschen

der **Spot** (Werbefilm), die Spots

spot|ten, er spottet, der Spott, spöttisch

die **Spra|che**, die Sprachen, sprachlich, sprachlos

das/der **Spray** (zerstäubte Flüssigkeit), die Sprays

spre|chen, er spricht, er sprach, er hat gesprochen, die Sprache, der Sprecher, die Sprecherin

sprei|zen, er spreizt

spren|gen, sie sprengt, die Sprengung, der Sprengstoff

das **Sprich|wort**, die Sprichwörter

sprie|ßen, es sprießt, es spross, es ist gesprossen

sprin|gen, es springt, es sprang, es ist gesprungen, der Sprung

das **Spring|seil**, die Springseile

der **Sprint**, die Sprints, sprinten, er sprintet

spritzen, sie spritzt

die **Spritze**, die Spritzen

spritzig

spröde

der **Spross**, die Sprossen, sprossen, es sprosst, der Sprössling

die **Sprosse**, die Sprossen, die Sprossenwand

der **Spruch**, die Sprüche, spruchreif

sprudeln, sie sprudelt, der Sprudel

sprühen, er sprüht

der **Sprung**, die Sprünge

spucken, sie spuckt, die Spucke

der **Spuk**, spuken, es spukt

die **Spule**, die Spulen, spulen, sie spult

spülen, er spült, die Spüle, die Spülung, die Spülmaschine

die **Spur**, die Spuren, spurlos

spüren, er spürt, spürbar

der **Spurt**, die Spurts, spurten, sie spurtet

der **Staat**, die Staaten, staatlich

der **Staatsbürger**, die Staatsbürger, die Staatsbürgerin, die Staatsbürgerschaft

der **Stab**, die Stäbe

stabil, die Stabilität

der **Stachel**, die Stacheln, stacheln, er stachelt, stachelig/stachlig

das **Stadion**, die Stadien

die **Stadt**, die Städte, städtisch, der Stadtplan

die **Staffel**, die Staffeln

die **Staffelei**, die Staffeleien

der **Stahl**, stählen, er stählt, stählern

der **Stall**, die Ställe, die Stallung

der **Stamm**, die Stämme, stammen, er stammt, der Stammbaum, das Stammbuch

stammeln, sie stammelt

stämmig

stampfen, er stampft

der **Stand**, die Stände, standhaft, der Standpunkt

der **Ständer**, die Ständer

das **Standesamt**, die Standesämter

ständig

die **Stange**, die Stangen

der **Stängel**, die Stängel

stanzen, er stanzt

der **Stapel**, die Stapel, stapelweise

stapeln, sie stapelt

stapfen, er stapft

der **Star**, die Stare

der **Star**, die Stars
Die Fans jubeln ihrem Star zu.

stark, stärker, am stärksten, die Stärke, die Stärkung, stärken, sie stärkt

starr, starren, er starrt

der **Start**, die Starts, starten, sie startet

die **Station**, die Stationen

das **Stativ**, die Stative

statt, anstatt, stattdessen

stattfinden, es findet statt, es fand statt, es hat stattgefunden

stattlich

die **Statue**, die Statuen

der **Stau**, die Staus, sich stauen, es staut sich

der **Staub**, stauben, es staubt, staubig

staubsaugen/ Staub saugen, sie staubsaugt/ saugt Staub, der Staubsauger

die **Staude**, die Stauden

stauen, sie staut

staunen, er staunt, erstaunt

das **Steak**, die Steaks

stechen, er sticht, er stach, er hat gestochen

stecken, sie steckt, der Stecker

der **Steg**, die Stege

stehen, er steht, er stand, er ist gestanden

stehlen, er stiehlt, er stahl, er hat gestohlen

steif, die Steifheit

steigen, sie steigt, sie stieg, sie ist gestiegen, die Steigung

stei|gern, er steigert, die Steigerung

steil

der **Stein**, die Steine, steinig

stel|len, er stellt, die Stelle, die Stellung

die **Stel|ze**, die Stelzen, stelzen, sie stelzt

stem|men, sie stemmt

der **Stem|pel**, die Stempel, stempeln, er stempelt

die **Step|pe**, die Steppen

ster|ben, er stirbt, er starb, er ist gestorben, sterblich

die **Ste|reo|an|la|ge**, die Stereoanlagen

ste|ril (keimfrei, unfruchtbar), sterilisieren, er sterilisiert, die Sterilisation

der **Stern**, die Sterne

das **Ste|thos|kop**, die Stethoskope

stets, stetig

das **Steu|er**, die Steuerung, steuern, sie steuert, steuerlos

die **Steu|er**, die Steuern
Wenn man arbeitet, zahlt man Steuern an den Staat.

der **Stich**, die Stiche, sticheln, er stichelt

das **Stich|wort**, die Stichwörter

sti|cken, sie stickt, die Stickerei

der **Sti|cker**, die Sticker

sti|ckig

der **Stie|fel**, die Stiefel

die **Stief|el|tern**, die Stiefmutter, der Stiefvater

der **Stiel**, die Stiele

der **Stier**, die Stiere

der **Stift**, die Stifte

stif|ten, sie stiftet, die Stiftung

still, die Stille, der Stillstand

stil|len, sie stillt

die **Stim|me**, die Stimmen

stim|men,
er stimmt,
die Stimmung,
die Stimmungen
Er stimmt sein Instrument.

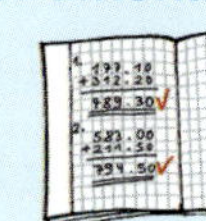

stim|men,
es stimmt,
bestimmt
Die Aufgabe ist richtig gerechnet, sie stimmt.

stim|men,
sie stimmt,
die Stimmabgabe
Sie stimmt für ihn.

stin|ken, es stinkt,
es stank,
es hat gestunken,
der Gestank

die **Stirn**, die Stirnen

stö|bern, sie stöbert

sto|chern, er stochert

der **Stock**,
die Stöcke

der **Stock**,
das Stockwerk
Seine Wohnung liegt im 4. Stock.

sto|cken, er stockt

Stock|holm (Hauptstadt Schwedens),
die Stockholmer

der **Stoff**, die Stoffe

stöh|nen, sie stöhnt

der **Stol|len**,
die Stollen

der **Stol|len**,
die Stollen

stol|pern, er stolpert

stolz, der Stolz

stop|fen, er stopft,
die Verstopfung

der **Stopp**, die Stopps

stop|pen, sie stoppt

der **Stöp|sel**, die Stöpsel

der **Storch**, die Störche

stö|ren, er stört,
die Störung, störend

stör|risch

die **Sto|ry**, die Storys

sto|ßen, sie stößt,
sie stieß,
sie hat gestoßen,
der Stoß

stot|tern, er stottert,
der Stotterer,
die Stotterin

die **Stra|fe**, die Strafen,
der Sträfling, strafen,
sie straft, strafbar

straff, die Straffheit

der **Strahl**, die Strahlen,
strahlen, sie strahlt,
die Strahlung

die **Sträh|ne**, die Strähnen,
strähnig

A B C D E F G H I J K L M N O P Q R S T U V W X Y Z

stramm

stram|peln, er strampelt

der **Strand**, die Strände

stran|den, sie strandet

die **Stra|pa|ze**, die Strapazen, strapazieren, sie strapaziert, strapazierfähig

die **Stra|ße**, die Straßen, der Straßenverkehr

die **Stra|ßen|bahn**, die Straßenbahnen

sich **sträu|ben**, er sträubt sich

der **Strauch**, die Sträucher

strau|cheln, sie strauchelt

der **Strauß**, die Sträuße

der **Strauß**, die Strauße

stre|ben, er strebt, strebsam

die **Stre|cke**, die Strecken

sich **stre|cken**, sie streckt sich

der **Streich**, die Streiche

strei|cheln, er streichelt

strei|chen, er streicht, er strich, er hat gestrichen

das **Streich|holz**, die Streichhölzer

der **Strei|fen**, die Streifen

der **Streik**, die Streiks, streiken, sie streikt

strei|ten, er streitet, er stritt, er hat gestritten, der Streit

streng, die Strenge

der **Stress**, stressig

streu|en, sie streut, die Streu, die Streuung

streu|nen, er streunt

der **Streu|sel**, die Streusel

der **Strich**, die Striche

der **Strick**, die Stricke

stri|cken, sie strickt

strie|geln, er striegelt

der **Strie|men**, die Striemen

das **Stroh**

der **Strom**,
die Ströme,
die Strömung,
strömen,
es strömt,
stromabwärts,
stromaufwärts

der **Strom**
Manche Geräte brauchen elektrischen Strom.

die **Stro|phe**, die Strophen

strot|zen, sie strotzt

der **Stru|del**, die Strudel

der **Strumpf**, die Strümpfe

die **Strumpf|ho|se**, die Strumpfhosen

strup|pig

der **Struw|wel|pe|ter**

die **Stu|be**, die Stuben, stubenrein

das **Stück**, die Stücke, stückeln, er stückelt

stu|die|ren, sie studiert, das Studium, der Student, die Studentin

das **Stu|dio**, die Studios

die **Stu|fe**, die Stufen, stufenweise

der **Stuhl**, die Stühle

stül|pen, er stülpt

stumm, der Stumme, die Stumme

der **Stum|mel**, die Stummel

der **Stüm|per**, die Stümper, die Stümperin, stümperhaft

der **Stumpf**, die Stümpfe

stumpf

die **Stun|de** (Std.), die Stunden, stündlich, der Stundenplan

stup|sen, sie stupst

stur, die Sturheit

der **Sturm**, die Stürme

stür|men, es stürmt, stürmisch

stür|zen, er stürzt, der Sturz

die **Stu|te**, die Stuten

stut|zen, sie stutzt

stüt|zen, sie stützt, die Stütze, der Stützpunkt

stut|zig

das **Sty|ro|por**®
(ein Kunststoff)

das **Sub|jekt** (Satzgegenstand), die Subjekte

A B C D E F G H I J K L M N O P Q R S T U V W X Y Z

das **Sub|stan|tiv**, die Substantive

sub|tra|hie|ren (abziehen), er subtrahiert, die Subtraktion

2 – 1

su|chen, sie sucht, die Suche

die **Sucht**, die Süchte, süchtig

Süd|ame|ri|ka, die Südamerikaner, südamerikanisch

der **Sü|den**, südlich

der **Süd|pol**

die **Süh|ne**, sühnen, er sühnt

die **Sum|me**, die Summen, summieren, sie summiert

2 + 2 = 4

sum|men, er summt

der **Sumpf**, die Sümpfe, sumpfig

die **Sün|de**, die Sünden, sündigen, sie sündigt

su|per

der **Su|per|la|tiv** (2. Steigerungsstufe), die Superlative

der **Su|per|markt**, die Supermärkte

die **Sup|pe**, die Suppen

sur|fen, er surft, der Surfer, die Surferin, das Surfbrett

sur|fen, sie surft

sur|ren, es surrt

süß, die Süßigkeit, süßen, er süßt, süßlich

das **Sweat|shirt**, die Sweatshirts

der **Swim|ming|pool**, die Swimmingpools

das **Sym|bol**, die Symbole, symbolisch

die **Sym|me|trie** (spiegelbildliche Übereinstimmung), symmetrisch

die **Sym|pa|thie**, die Sympathien, sympathisch

die **Sy|na|go|ge** (jüdisches Gotteshaus), die Synagogen

das **Sys|tem**, die Systeme, systematisch

die **Sze|ne**, die Szenen

der **Ta|bak**

die **Ta|bel|le**, die Tabellen, tabellarisch

das **Tab|lett**, die Tabletts/Tablette

die **Ta|blet|te**, die Tabletten

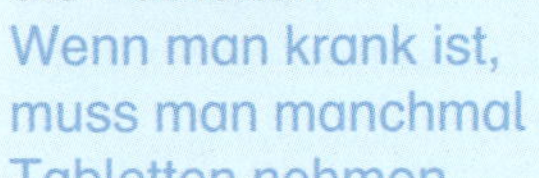

Wenn man krank ist, muss man manchmal Tabletten nehmen.

der **Ta|cho** (Tachometer; Geschwindigkeitsanzeige), die Tachos

der **Ta|del**, die Tadel, tadeln, sie tadelt, tadellos

die **Ta|fel**, die Tafeln

der **Tag**, die Tage, die Tagung, täglich, tagelang, tagsüber

der **Tai|fun** (tropischer Wirbelsturm), die Taifune

die **Tail|le** (sprich: Tall-je), die Taillen

der **Takt**, die Takte

takt|los, taktvoll

das **Tal**, die Täler

das **Ta|lent**, die Talente, talentiert

der **Ta|lis|man**, die Talismane

die **Talk|show**, die Talkshows

Tal|linn (Hauptstadt Estlands)

das **Tam|bu|rin** (Handtrommel), die Tamburine

der **Tam|pon** (Wattebausch), die Tampons

das **Tan|dem** (Fahrrad für 2 Personen), die Tandems

tan|ken, sie tankt, der Tank, der Tanker, die Tankstelle

die **Tan|ne**, die Tannen, der Tannenbaum

die **Tan|te**, die Tanten

tan|zen, sie tanzt, tänzeln, sie tänzelt, der Tanz, der Tänzer, die Tänzerin

die **Ta|pe|te**, die Tapeten, tapezieren, sie tapeziert

tap|fer, die Tapferkeit

tap|pen, sie tappt

sich **tar|nen**, er tarnt sich, die Tarnung

die **Ta|sche**, die Taschen

das **Ta|schen|geld**

die **Ta|schen|lam|pe**, die Taschenlampen

der **Ta|schen|rech|ner**, die Taschenrechner

die **Tas|se**, die Tassen

die **Tas|te**, die Tasten, die Tastatur

tas|ten, sie tastet

die **Tat**, die Taten, der Täter, die Täterin, der Tatort

tä|tig, die Tätigkeit, das Tätigkeitswort (Verb)

tä|to|wie|ren, er tätowiert, die Tätowierung

die **Tat|sa|che**, die Tatsachen

tat|säch|lich

tät|scheln, sie tätschelt

die **Tat|ze**, die Tatzen

das **Tau**, die Taue

der **Tau**
Tau entsteht am frühen Morgen.

taub, der Taube, die Taube, die Taubheit, taubstumm

die **Tau|be**, die Tauben

tau|chen, sie taucht, der Taucher, die Taucherin

tau|en, es taut

die **Tau|fe**, die Taufen, taufen, er tauft, der Täufling

tau|gen, es taugt, tauglich

tau|meln, er taumelt

tau|schen, sie tauscht, der Tausch

täu|schen, er täuscht, die Täuschung

tau|send, Tausende, auch: tausende, tausendmal

das **Ta|xi**, die Taxis, der Taxifahrer, die Taxifahrerin

das **Team** (Mannschaft), die Teams, die Teamarbeit

die **Tech|nik**, die Techniken, der Techniker, die Technikerin, die Technologie, technisch

der **Ted|dy**, die Teddys, der Teddybär

der **Tee**, die Tees, die Teekanne, der Teelöffel

der **Teen|ager**, die Teenager

der **Teer**, teeren, er teert

der **Teich**, die Teiche

der **Teig**, die Teige, teigig

das **Teil** (Stück), die Teile

der **Teil** (vom Ganzen), die Teile

tei|len, er teilt, der Teiler, die Teilung, teilhaben, teilbar, teilweise

4 : 2

teil|neh|men, er nimmt teil, er nahm teil, er hat teilgenommen, die Teilnahme, der Teilnehmer, die Teilnehmerin, teilnahmslos

das **Te|le|fon**, die Telefone, telefonieren, sie telefoniert, telefonisch

der **Tel|ler**, die Teller

der **Tem|pel**, die Tempel

das **Tem|pe|ra|ment**, die Temperamente, temperamentvoll

die **Tem|pe|ra|tur**, die Temperaturen

das **Tem|po**, die Tempos, auch: Tempi

das **Ten|nis**, Tennis spielen, sie spielt Tennis

der **Te|nor** (hohe Männerstimme), die Tenöre

der **Tep|pich**, die Teppiche

der **Ter|min**, die Termine

das **Ter|ra|ri|um**, die Terrarien

die **Ter|ras|se**, die Terrassen

der **Ter|ror**, der Terrorist, die Terroristin, der Terrorismus, terrorisieren, er terrorisiert

der **Test**, die Tests/Teste, testen, er testet

das **Tes|ta|ment**, die Testamente

teu|er, teurer, am teuersten

5 €   200 €

der **Teu|fel**, die Teufel, die Teufelin, teuflisch

der **Text**, die Texte

die **Tex|ti|li|en**

das **The|ater**, die Theater

die **The|ke**, die Theken

das **The|ma**, die Themen, auch: Themata

die **Theo|rie**, die Theorien, theoretisch

die **The|ra|pie** (Heilbehandlung), die Therapien

das **Ther|mal|bad**, die Thermalbäder

das **Ther|mo|me|ter**, die Thermometer

die **Ther|mos|fla|sche**, die Thermosflaschen

der **Thron**, die Throne

der **Thun|fisch**, auch: Tunfisch, die Thunfische

Thü|rin|gen, die Thüringer, thüringisch

der **Thy|mi|an** (Gewürzpflanze)

ti|cken, sie tickt

das **Ti|cket**, die Tickets

tief, das Tief, die Tiefe, die Tiefkühltruhe, tiefgefroren, tiefgekühlt

das **Tier**, die Tiere, tierisch, tierlieb

der **Ti|ger**, die Tiger

til|gen, er tilgt, die Tilgung

die **Tin|te**

das **Ti|pi** (Indianerzelt), die Tipis

der **Tipp**, die Tipps

Ti|ra|na (Hauptstadt Albaniens)

der **Tisch**, die Tische

die **Tisch|de|cke**, die Tischdecken

der **Tisch|ler**, die Tischler, die Tischlerin, die Tischlerei

der **Ti|tel**, die Titel

der **Toast**, die Toaste/Toasts, der Toaster, toasten, sie toastet

to|ben, er tobt

die **Toch|ter**, die Töchter

der **Tod**, die Tode, tödlich

der **To|fu** (Produkt aus Sojapflanzen)

die **Toi|let|te**, die Toiletten

To|kio (Hauptstadt Japans), die Tokioer

to|le|rant, die Toleranz

toll, tollkühn

tol|len (herumspringen), sie tollt

die **To|ma|te**, die Tomaten

die **Tom|bo|la**, die Tombolas

der **Ton**,
die Töne,
tönen,
es tönt,
die Tonart,
die Tonleiter

der **Ton**
Aus Ton kann man
Gefäße formen.

die **Ton|ne** (t),
die Tonnen
Eine Tonne ist eine
Maßeinheit für sehr
schwere Dinge.

die **Ton|ne**,
die Tonnen
In einer Tonne kann
man Regenwasser
sammeln.

der **Topf**, die Töpfe

töp|fern, sie töpfert,
die Töpferei

das **Tor**, die Tore

tö|richt

tor|keln, er torkelt

der **Tor|na|do**
(Wirbelsturm),
die Tornados

die **Tor|te**, die Torten

to|sen, es tost

tot, der Tote, die Tote,
töten, er tötet

to|tal

die **Tour** (Fahrt),
die Touren,
die Tournee
(Gastspielreise)

der **Tou|rist**
(Urlaubsreisender),
die Touristen,
die Touristin,
der Tourismus,
touristisch

tra|ben, es trabt,
der Trab

die **Tracht**, die Trachten

träch|tig (tragend)

die **Tra|di|ti|on**,
die Traditionen,
traditionell

der **Tra|fo** (Transformator),
die Trafos

trä|ge, die Trägheit

tra|gen, er trägt,
er trug, er hat getragen

tra|gisch, die Tragik,
die Tragödie

trai|nie|ren (üben),
er trainiert, das Training,
der Trainer,
die Trainerin

der **Trak|tor**, die Traktoren

tram|peln, er trampelt

das **Tram|po|lin**,
die Trampoline

die **Trä|ne**, die Tränen,
tränen, es tränt

A B C D E F G H I J K L M N O P Q R S T U V W X Y Z

trän|ken, sie tränkt, die Tränke

das **Trans|pa|rent**, die Transparente

der **Trans|port**, die Transporte, transportieren, er transportiert

das **Tra|pez**, die Trapeze

die **Trau|be**, die Trauben

sich **trau|en**, sie traut sich
Sie ist mutig und traut sich zu springen.

trau|en, er traut, die Trauung
Ein Pfarrer wird sie trauen.

trau|ern, sie trauert, die Trauer

träu|feln, sie träufelt

der **Traum**, die Träume, träumen, sie träumt, traumhaft

trau|rig, die Traurigkeit

der **Tre|cker**, die Trecker

tref|fen, sie trifft, sie traf, sie hat getroffen, der Treffer, treffend

sich **tref|fen**, er trifft sich, er traf sich, er hat sich getroffen, das Treffen

trei|ben, er treibt, er trieb, er hat/ist getrieben, das Treiben

tren|nen, sie trennt, die Trennung

die **Trep|pe**, die Treppen, treppauf, treppab, das Treppenhaus

der **Tre|sor**, die Tresore

tre|ten, er tritt, er trat, er hat getreten

treu, die Treue

der/die **Tri|an|gel** (Rhythmusinstrument), die Triangeln

die **Tri|bü|ne**, die Tribünen

der **Trich|ter**, die Trichter

der **Trick**, die Tricks, tricksen, sie trickst

der **Trieb**, die Triebe

das **Tri|kot**, die Trikots

tril|lern, er trillert

trin|ken, sie trinkt, sie trank, sie hat getrunken, das Trinkwasser

die **Trink|fla|sche**, die Trinkflaschen

der **Tritt**, die Tritte

der **Tri|umph**, die Triumphe, triumphieren, sie triumphiert

tro|cken, die Trockenheit

trock|nen, sie trocknet, der Trockner

trö|deln, er trödelt

die **Trom|mel**, die Trommeln, trommeln, er trommelt

die **Trom|pe|te**, die Trompeten, trompeten, er trompetet

die **Tro|pen**, tropisch

tröp|feln, es tröpfelt

trop|fen, sie tropft, der Tropfen

der **Trost**, trösten, sie tröstet, tröstlich, trostlos

der **Trotz**, trotzen, sie trotzt, trotzig

trotz, trotzdem

trüb, die Trübsal, trüben, es trübt

der **Tru|bel**

trü|gen, er trügt, er trog, er hat getrogen, trügerisch

die **Tru|he**, die Truhen

die **Trüm|mer**

der **Trumpf**, die Trümpfe

die **Trup|pe**, die Truppen

der **Trut|hahn**, die Truthähne

Tsche|chi|en, die Tschechen, tschechisch

tschüs!, auch: tschüss!

das **T-Shirt**, die T-Shirts

der **Tsu|na|mi** (meterhohe Flutwelle), die Tsunamis

die **Tu|be**, die Tuben

das **Tuch**, die Tücher

tüch|tig, die Tüchtigkeit

die **Tü|cke**, die Tücken, tückisch

die **Tu|gend**, die Tugenden

die **Tul|pe**, die Tulpen

sich **tum|meln**, sie tummelt sich

der **Tu|mor**, die Tumore

der **Tüm|pel**, die Tümpel

der **Tu|mult**, die Tumulte

tun, er tut, er tat, er hat getan, das Tun

tun|ken, sie tunkt, die Tunke

der **Tun|nel**, die Tunnel, auch: Tunnels

das **Tun|wort** (Verb), die Tunwörter

tup|fen, sie tupft, der Tupfer

die **Tür**, die Türen

der **Tur|ban**, die Turbane

die **Tur|bi|ne**, die Turbinen

tur|bu|lent (ungestüm)

die **Tür|kei**, die Türken, türkisch

tür|kis

der **Turm**, die Türme

tur|nen, sie turnt

die **Turn|hal|le**, die Turnhallen

das **Tur|nier**, die Turniere

der **Turn|schuh**, die Turnschuhe

tu|scheln, sie tuschelt

die **Tü|te**, die Tüten

tu|ten, er tutet

der **Typ**, die Typen, typisch

der **Ty|rann**, die Tyrannen, tyrannisieren, er tyrannisiert

U

die **U-Bahn** (Untergrundbahn), die U-Bahnen

übel, übler, am übelsten, das Übel, die Übelkeit

üben, er übt, die Übung

über

über|all

das **Über|bleib|sel**, die Überbleibsel

der **Über|blick**, überblicken, sie überblickt

über|drüs|sig, der Überdruss

über|ei|nan|der

über|emp|find|lich

der **Über|fall**, die Überfälle, überfallen, er überfällt, er überfiel, er hat überfallen

der **Über|fluss**, überflüssig

über|flu|ten, es überflutet, die Überflutung

über|for|dern, sie überfordert, die Überforderung

der **Über|gang**,
die Übergänge

über|ge|ben,
er übergibt, er übergab,
er hat übergeben,
die Übergabe

über|haupt

über|heb|lich

über|ho|len,
sie überholt

über|le|gen,
er überlegt,
die Überlegung

über|lis|ten,
sie überlistet

über|mä|ßig

über|mor|gen

über|mü|det,
die Übermüdung

der **Über|mut**, übermütig

über|nach|ten,
er übernachtet,
die Übernachtung

über|neh|men,
er übernimmt,
er übernahm,
er hat übernommen

über|prü|fen,
sie überprüft,
die Überprüfung

über|que|ren,
er überquert

über|ra|schen,
sie überrascht,
die Überraschung,
überraschend

über|re|den,
er überredet

über|rei|chen,
sie überreicht

über|rum|peln,
sie überrumpelt

die **Über|schrift**,
die Überschriften

der **Über|schuss**,
die Überschüsse,
überschüssig

der **Über|schwang**,
überschwänglich

über|schwem|men,
er überschwemmt,
die Überschwemmung

über|set|zen,
sie übersetzt,
die Übersetzung
Er übersetzt
die Speisekarte.

über|set|zen,
er setzt über
Das Boot setzt von einem
Ufer an das andere über.

die **Über|sicht**,
die Übersichten,
übersichtlich

die **Über|stun|de**,
die Überstunden

über|trei|ben, er übertreibt, er übertrieb, er hat übertrieben, die Übertreibung

über|wa|chen, sie überwacht, die Überwachung

über|wäl|ti|gen, er überwältigt, überwältigend

über|wei|sen, er überweist, er überwies, er hat überwiesen, die Überweisung

über|win|den, sie überwindet, sie überwand, sie hat überwunden, die Überwindung

über|zeu|gen, er überzeugt, die Überzeugung

der **Über|zug**, die Überzüge

üb|lich

das **U-Boot** (Unterseeboot), die U-Boote

üb|rig

üb|ri|gens

die **Übung**, die Übungen

das **Ufer**, die Ufer

das **Ufo** (unbekanntes Flugobjekt), die Ufos

die **Uhr**, die Uhren

die **Uhr|zeit**, die Uhrzeiten

der **Uhu**, die Uhus

die **Uk|rai|ne**, die Ukrainer, ukrainisch

der **Ulk**, ulken, er ulkt, ulkig

um

um|än|dern, sie ändert um

um|ar|men, er umarmt, die Umarmung

der **Um|bau**, die Umbaue/Umbauten

um|dre|hen, er dreht um, die Umdrehung

der **Um|fang**, die Umfänge, umfangen, sie umfängt, sie umfing, sie hat umfangen, umfangreich

die **Um|fra|ge**, die Umfragen

der **Um|gang**, die Umgänge, umgänglich

um|ge|ben, er umgibt, er umgab, er hat umgeben, die Umgebung

um|ge|hend

um|ge|kehrt

sich **um|hän|gen**,
sie hängt sich um,
sie hing sich um,
sie hat sich umgehangen,
der Umhang

um|keh|ren,
er kehrt um, die Umkehr

der **Um|laut**, die Umlaute

um|lei|ten, sie leitet um,
die Umleitung

der **Um|riss**, die Umrisse

der **Um|schlag**,
die Umschläge

um|so (je … umso …)

um|sonst

der **Um|stand**,
die Umstände,
umständlich

die **Um|stel|lung**,
die Umstellungen,
umstellen,
er stellt um

der **Um|tausch**,
die Umtausche,
umtauschen,
sie tauscht um

der **Um|weg**, die Umwege

die **Um|welt**,
der Umweltschutz,
umweltfreundlich,
umweltschädlich

um|zie|hen,
er zieht um
er zog um,
er ist umgezogen
Sie ziehen in eine neue Wohnung um.

sich **um|zie|hen**,
er zieht sich um,
er zog sich um,
er hat sich umgezogen

der **Um|zug**, die Umzüge

un|ab|hän|gig,
die Unabhängigkeit

un|an|ge|nehm

un|auf|fäl|lig,
die Unauffälligkeit

un|auf|hör|lich

un|aus|steh|lich

un|barm|her|zig

un|be|ab|sich|tigt

un|be|dingt

un|be|grenzt,
die Unbegrenztheit

un|be|kannt

un|be|liebt

un|be|quem

un|be|re|chen|bar,
die Unberechenbarkeit

un|be|schreib|lich

un|be|zahl|bar

und

un|durch|sich|tig

A B C D E F G H I J K L M N O P Q R S T U V W X Y Z

un|ei|nig

un|end|lich, die Unendlichkeit

un|ent|behr|lich

un|ent|schie|den

un|ent|schul|digt

un|er|war|tet

un|fair

der **Un|fall**, die Unfälle

un|freund|lich, die Unfreundlichkeit

der **Un|fug**

Un|garn, die Ungarn, ungarisch

un|ge|dul|dig, die Ungeduld

un|ge|fähr

das **Un|ge|heu|er**, die Ungeheuer, ungeheuerlich

un|ge|nü|gend

un|ge|ra|de

un|ge|recht, die Ungerechtigkeit

un|ge|wiss, die Ungewissheit

das **Un|ge|zie|fer**

un|glaub|lich

das **Un|glück**, die Unglücke, unglücklich

un|gül|tig, die Ungültigkeit

das **Un|heil**

un|heil|bar

un|heim|lich

un|höf|lich

die **Uni|form**, die Uniformen, uniformiert

die **Uni|ver|si|tät**, die Universitäten

das **Uni|ver|sum**, die Universen, universal

un|klar

das **Un|kraut**

un|le|ser|lich

un|mög|lich, die Unmöglichkeit

un|nö|tig

un|or|dent|lich

un|par|tei|isch

un|pünkt|lich, die Unpünktlichkeit

das **Un|recht**

die **Un|ru|he**, die Unruhen, unruhig

uns, unser, unsere, unseres, unserem, unseren

die **Un|schuld**, unschuldig

un|si|cher, die Unsicherheit

un|sicht|bar

der **Un|sinn**, unsinnig

un|ten

un|ter

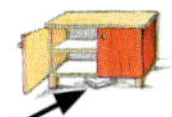

der **Un|ter|arm**,
die Unterarme

un|ter|bre|chen,
er unterbricht,
er unterbrach,
er hat unterbrochen,
die Unterbrechung

un|ter|ei|nan|der

die **Un|ter|füh|rung**,
die Unterführungen

der **Un|ter|gang**,
die Untergänge,
untergehen,
er geht unter,
er ging unter,
er ist untergegangen

un|ter|halb

sich **un|ter|hal|ten**,
er unterhält sich,
er unterhielt sich,
er hat sich unterhalten,
die Unterhaltung

das **Un|ter|hemd**,
die Unterhemden

die **Un|ter|ho|se**,
die Unterhosen

un|ter|ir|disch

die **Un|ter|kunft**,
die Unterkünfte

die **Un|ter|la|ge**,
die Unterlagen

das **Un|ter|neh|men**,
die Unternehmen,
der Unternehmer,
die Unternehmerin

un|ter|neh|men,
sie unternimmt,
sie unternahm,
sie hat unternommen,
die Unternehmung

der **Un|ter|richt**,
unterrichten,
er unterrichtet

un|ter|schei|den,
er unterscheidet,
er unterschied,
er hat unterschieden,
der Unterschied

die **Un|ter|schrift**,
die Unterschriften,
unterschreiben,
er unterschreibt,
er unterschrieb,
er hat unterschrieben

un|ter|stüt|zen,
sie unterstützt,
die Unterstützung

un|ter|su|chen,
er untersucht,
die Untersuchung

die **Un|ter|tas|se**,
die Untertassen

die **Un|ter|wä|sche**

un|ter|wegs

un|ter|wer|fen, er unterwirft, er unterwarf, er hat unterworfen, die Unterwerfung, unterwürfig

un|treu, die Untreue

un|über|sicht|lich

un|ver|gess|lich

un|ver|nünf|tig

un|ver|schämt, die Unverschämtheit

un|ver|ständ|lich

das **Un|wet|ter**, die Unwetter

un|wis|send, die Unwissenheit

un|wohl, das Unwohlsein

un|zäh|lig

un|zer|trenn|lich

un|zu|ver|läs|sig, die Unzuverlässigkeit

üp|pig, die Üppigkeit

ur|alt

der **Ura|nus**

der **Ur|ein|woh|ner**, die Ureinwohner, die Ureinwohnerin

der **Ur|en|kel**, die Urenkel, die Urenkelin

die **Ur|groß|el|tern**, die Urgroßmutter, der Urgroßvater

der **Urin**

die **Ur|kun|de**, die Urkunden

der **Ur|laub**, die Urlaube, der Urlauber, die Urlauberin

die **Ur|ne**, die Urnen

die **Ur|sa|che**, die Ursachen

der **Ur|sprung**, die Ursprünge, ursprünglich

das **Ur|teil**, die Urteile, urteilen, er urteilt

der **Ur|wald**, die Urwälder

die **USA** (Vereinigte Staaten von Amerika)

Va|duz (Hauptstadt Liechtensteins)

die **Va|gi|na**, die Vaginen

Val|let|ta (Hauptstadt Maltas)

der **Vam|pir**, die Vampire, die Vampirin

die **Va|nil|le**

die **Va|se**, die Vasen

der **Va|ter**, die Väter, väterlich, vaterlos, das Vaterland

ve|gan (eine rein pflanzliche Ernährung), der Veganer, die Veganerin

ve|ge|ta|risch, der Vegetarier, die Vegetarierin

die **Ve|ge|ta|ti|on**, die Vegetationen

das **Veil|chen**, die Veilchen

die **Ve|ne**, die Venen

das **Ven|til**, die Ventile

der **Ven|ti|la|tor**, die Ventilatoren

die **Ve|nus**

sich **ver|ab|re|den**, sie verabredet sich, die Verabredung

sich **ver|ab|schie|den**, er verabschiedet sich, die Verabschiedung

ver|ach|ten, sie verachtet, die Verachtung, verächtlich

die **Ve|ran|da**, die Veranden

ver|än|dern, er verändert, die Veränderung

ver|an|stal|ten, sie veranstaltet, die Veranstaltung

ver|ant|wor|ten, er verantwortet, die Verantwortung, verantwortlich

das **Verb** (Tunwort), die Verben

der **Ver|band**, die Verbände

sich **ver|ber|gen**, er verbirgt sich, er verbarg sich, er hat sich verborgen

ver|bes|sern, sie verbessert, die Verbesserung

sich **ver|beu|gen**, er verbeugt sich, die Verbeugung

A B C D E F G H I J K L M N O P Q R S T U V W X Y Z

ver|bie|ten,
sie verbietet, sie verbot,
sie hat verboten,
das Verbot

ver|bin|den,
er verbindet, er verband,
er hat verbunden

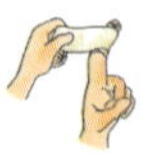

ver|blü|hen,
sie verblüht

der **Ver|brauch**,
der Verbraucher,
die Verbraucherin

ver|brau|chen,
er verbraucht

das **Ver|bre|chen**,
die Verbrechen,
der Verbrecher,
die Verbrecherin

ver|bren|nen,
sie verbrennt,
sie verbrannte,
sie hat verbrannt,
die Verbrennung

sich **ver|brü|hen**,
er verbrüht sich

der **Ver|dacht**,
verdächtigen,
sie verdächtigt,
verdächtig,
die Verdächtigung

ver|dau|en, er verdaut,
die Verdauung,
verdaulich

das **Ver|deck**, die Verdecke,
verdecken, er verdeckt

ver|der|ben,
es verdirbt,
es verdarb,
es ist verdorben,
das Verderben,
verderblich

ver|die|nen, er verdient,
der Verdienst (Lohn)

ver|dop|peln,
sie verdoppelt,
die Verdoppelung

ver|dün|nen,
sie verdünnt,
die Verdünnung

ver|duns|ten,
es verdunstet,
die Verdunstung

ver|durs|ten,
er verdurstet

ver|dutzt

ver|eh|ren, sie verehrt,
die Verehrung

der **Ver|ein**, die Vereine

ver|ei|nen, sie vereint

ver|ein|ba|ren,
sie vereinbart,
die Vereinbarung

ver|ei|ni|gen,
er vereinigt,
die Vereinigung

ver|ein|zelt

sich **ver|fah|ren**,
er verfährt sich,
er verfuhr sich,
er hat sich verfahren

ver|fas|sen, sie verfasst, die Verfassung, der Verfasser, die Verfasserin

ver|fol|gen, sie verfolgt, die Verfolgung

die **Ver|gan|gen|heit**, vergänglich

ver|ge|ben, sie vergibt, sie vergab, sie hat vergeben, die Vergebung

ver|ges|sen, er vergisst, er vergaß, er hat vergessen, die Vergesslichkeit, vergesslich

ver|geu|den, sie vergeudet

ver|gif|ten, er vergiftet, die Vergiftung

das **Ver|giss|mein|nicht**

ver|glei|chen, er vergleicht, er verglich, er hat verglichen, der Vergleich, vergleichbar

das **Ver|gnü|gen**, die Vergnügen, sich vergnügen, sie vergnügt sich

ver|gra|ben, er vergräbt, er vergrub, er hat vergraben

ver|grö|ßern, sie vergrößert, die Vergrößerung

ver|haf|ten, er verhaftet, die Verhaftung

das **Ver|hal|ten**, sich verhalten, sie verhält sich, sie verhielt sich, sie hat sich verhalten

das **Ver|hält|nis**, die Verhältnisse, verhältnismäßig

das **Ver|hält|nis|wort** (Präposition), die Verhältniswörter

ver|han|deln, er verhandelt, die Verhandlung

ver|heim|li|chen, sie verheimlicht

ver|hin|dern, er verhindert

das **Ver|hör**, die Verhöre, verhören, er verhört

ver|hü|ten, sie verhütet, die Verhütung

sich **ver|ir|ren**, er verirrt sich

ver|kau|fen, sie verkauft, der Verkauf, der Verkäufer, die Verkäuferin

der **Ver|kehr**,
die Verkehrserziehung,
das Verkehrsschild,
der Verkehrsunfall,
das Verkehrszeichen,
verkehrssicher

ver|kehrt

sich **ver|klei|den**,
er verkleidet sich,
die Verkleidung

ver|lan|gen,
sie verlangt,
das Verlangen

ver|län|gern,
er verlängert,
die Verlängerung

ver|las|sen, er verlässt,
er verließ,
er hat verlassen

ver|läss|lich

sich **ver|lau|fen**,
sie verläuft sich,
sie verlief sich,
sie hat sich verlaufen

ver|le|gen,
er verlegt
der Verlag

Ein Verlag verlegt Bücher.

ver|le|gen,
die Verlegenheit

Er schaut verlegen
auf den Boden.

ver|le|gen,
er verlegt

Sie verlegt immer
ihren Schlüssel.

ver|lei|hen, sie verleiht,
sie verlieh,
sie hat verliehen,
der Verleih

sich **ver|let|zen**,
sie verletzt sich,
die Verletzung,
der Verletzte,
die Verletzte

sich **ver|lie|ben**,
er verliebt sich

ver|lie|ren, er verliert,
er verlor,
er hat verloren,
der Verlierer,
die Verliererin

das **Ver|lies**, die Verliese

die **Ver|lo|bung**,
die Verlobungen,
sich verloben,
sie verlobt sich

ver|lo|ckend,
die Verlockung

ver|lo|sen, er verlost,
die Verlosung

der **Ver|lust**, die Verluste

ver|mei|den,
er vermeidet,
er vermied,
er hat vermieden,
vermeidbar

ver|mie|ten,
sie vermietet,
der Vermieter,
die Vermieterin

ver|mis|sen, er vermisst

das **Ver|mö|gen**, vermögend

ver|mu|ten, sie vermutet, die Vermutung, vermutlich

ver|nach|läs|si|gen, er vernachlässigt

ver|nich|ten, sie vernichtet, die Vernichtung

die **Ver|nunft**, vernünftig

ver|ord|nen, er verordnet, die Verordnung

ver|pa|cken, sie verpackt, die Verpackung

ver|pas|sen, er verpasst

ver|pfle|gen, er verpflegt, die Verpflegung

ver|ra|ten, er verrät, er verriet, er hat verraten, der Verrat, der Verräter, die Verräterin, verräterisch

sich **ver|rech|nen**, sie verrechnet sich

ver|rei|sen, er verreist

sich **ver|ren|ken**, sie verrenkt sich, die Verrenkung

ver|ros|ten, es verrostet

ver|rückt

der **Vers** (vgl. die Ferse), die Verse

ver|sam|meln, sie versammelt, die Versammlung

der **Ver|sand**, sie versendet, sie versandte, sie hat versendet

ver|säu|men, er versäumt, das Versäumnis

ver|schie|den, verschiedenartig

ver|schla|fen, er verschläft, er verschlief, er hat verschlafen

ver|schlei|ßen, er verschleißt, er verschliss, er hat verschlissen

ver|schlie|ßen, sie verschließt, sie verschloss, sie hat verschlossen, der Verschluss

ver|schmut|zen, sie verschmutzt, die Verschmutzung

sich **ver|schrei|ben**,
er verschreibt sich,
er verschrieb sich,
er hat sich verschrieben

ver|schwen|den,
sie verschwendet,
die Verschwendung,
verschwenderisch

ver|schwin|den,
er verschwindet,
er verschwand,
er ist verschwunden

das **Ver|se|hen**,
versehentlich

ver|set|zen,
sie versetzt,
die Versetzung

ver|si|chern,
sie versichert,
die Versicherung

ver|sin|ken,
sie versinkt, sie versank,
sie ist versunken

sich **ver|söh|nen**,
er versöhnt sich,
die Versöhnung

ver|sor|gen,
sie versorgt,
die Versorgung

sich **ver|spä|ten**,
er verspätet sich,
die Verspätung

ver|spre|chen,
er verspricht,
er versprach,
er hat versprochen,
das Versprechen

der **Ver|stand**

ver|stän|di|gen,
sie verständigt,
die Verständigung,
verständlich

das **Ver|ständ|nis**,
verständnisvoll

sich **ver|stau|chen**,
er verstaucht sich,
die Verstauchung

das **Ver|steck**,
die Verstecke,
verstecken, sie versteckt

ver|ste|hen,
sie versteht,
sie verstand,
sie hat verstanden

ver|stei|gern,
er versteigert,
die Versteigerung

der **Ver|such**, die Versuche

ver|su|chen,
er versucht

ver|tei|di|gen,
er verteidigt,
die Verteidigung

ver|tei|len, sie verteilt,
die Verteilung

der **Ver|trag**, die Verträge

sich **ver|tra|gen**,
er verträgt sich,
er vertrug sich,
er hat sich vertragen

ver|trau|en,
sie vertraut,
das Vertrauen,
vertraulich

ver|trei|ben,
er vertreibt, er vertrieb,
er hat vertrieben,
der Vertriebene,
die Vertriebene,
die Vertreibung

ver|tre|ten, er vertritt,
er vertrat,
er hat vertreten,
die Vertretung

ver|un|glü|cken,
sie verunglückt

ver|ur|tei|len,
er verurteilt,
der Verurteilte,
die Verurteilte,
die Verurteilung

ver|viel|fäl|ti|gen,
sie vervielfältigt

ver|wah|ren,
er verwahrt,
die Verwahrung

ver|wahr|lo|sen,
sie verwahrlost,
die Verwahrlosung

ver|wal|ten,
er verwaltet,
die Verwaltung

sich **ver|wan|deln**,
sie verwandelt sich,
die Verwandlung

ver|wandt,
die Verwandtschaft,
die Verwandten,
der Verwandte,
die Verwandte

ver|wech|seln,
er verwechselt,
die Verwechslung

der **Ver|weis**, die Verweise,
verweisen, er verweist,
er verwies,
er hat verwiesen

ver|wen|den,
sie verwendet,
die Verwendung

ver|wir|ren, er verwirrt,
die Verwirrung

ver|wöh|nen,
sie verwöhnt

ver|wun|den,
er verwundet,
die Verwundung

ver|zau|bern,
sie verzaubert

das **Ver|zeich|nis**,
die Verzeichnisse

ver|zei|hen, er verzeiht,
er verzieh,
er hat verziehen,
die Verzeihung

ver|zich|ten,
sie verzichtet,
der Verzicht

ver|zie|ren, er verziert, die Verzierung

ver|zö|gern, sie verzögert, die Verzögerung

ver|zwei|feln, er verzweifelt, die Verzweiflung

das **Vi|deo**, die Videos

das **Vieh**

viel, mehr, am meisten

viel|fach

die **Viel|falt**, vielfältig

viel|leicht

viel|mals

vier, das Viertel, vierfach, viermal, die Viertelstunde **4**

das **Vier|eck**, die Vierecke, viereckig

vier|zehn **14**

vier|zig **40**

die **Vil|la**, die Villen

vio|lett

die **Vio|li|ne**, die Violinen

vir|tu|ell

das/der **Vi|rus** (Krankheitserreger), die Viren

das **Vi|sum**, die Visa, auch: Visen

das **Vi|ta|min**, die Vitamine

der **Vo|gel**, die Vögel

die **Vo|ka|bel**, die Vokabeln

der **Vo|kal** (Selbstlaut), die Vokale

das **Volk**, die Völker

voll, völlig, vollständig, vollzählig

voll|en|den, sie vollendet, die Vollendung

der **Vol|ley|ball**, die Volleybälle

voll|jäh|rig, die Volljährigkeit

vom

von

vor

vo|ran

vo|raus, im Voraus

vo|raus|sicht|lich

vor|bei

vor|bei|kom|men, sie kommt vorbei, sie kam vorbei, sie ist vorbeigekommen

vor|be|rei|ten, er bereitet vor, die Vorbereitung

vor|beu|gen, sie beugt vor, die Vorbeugung

das **Vor|bild**, die Vorbilder, vorbildlich

vor|de|re

vor|ei|lig

vor|erst

vor|fah|ren, er fährt vor, er fuhr vor, er ist vorgefahren

die **Vor|fahrt**

der **Vor|fall**, die Vorfälle

die **Vor|freu|de**

vor|ges|tern

der **Vor|hang**, die Vorhänge

vor|her, die Vorhersage

vor|hin

vor|läu|fig

vor|laut

vor|le|sen, er liest vor, er las vor, er hat vorgelesen

der **Vor|mit|tag**, die Vormittage, vormittags

der **Vor|mund**, die Vormunde, die Vormundschaft

vorn

der **Vor|na|me**, die Vornamen

vor|nehm

der **Vor|ort**, die Vororte

der **Vor|rat**, die Vorräte, vorrätig

vor|sa|gen, sie sagt vor

der **Vor|satz**, die Vorsätze

die **Vor|schau**, die Vorschauen

der **Vor|schlag**, die Vorschläge, vorschlagen, er schlägt vor, er schlug vor, er hat vorgeschlagen

die **Vor|schrift**, die Vorschriften, vorschriftsmäßig

die **Vor|schu|le**, die Vorschulen

die **Vor|sicht**, vorsichtig

die **Vor|sil|be**, die Vorsilben

die **Vor|spei|se**, die Vorspeisen

der **Vor|sprung**, die Vorsprünge

der **Vor|stand**, die Vorstände

die **Vor|stel|lung**, die Vorstellungen, sich vorstellen, sie stellt sich vor

der **Vor|teil**, die Vorteile, vorteilhaft

der **Vor|trag**, die Vorträge, vortragen, er trägt vor, er trug vor, er hat vorgetragen

vor|treff|lich

vo|rü|ber, vorübergehend

vo|rü|ber|ge|hen, es geht vorüber, es ging vorüber, es ist vorübergegangen

die **Vor|wahl**, die Vorwahlen

vor|wärts

vor|wie|gend

der **Vor|wurf**, die Vorwürfe, vorwerfen, sie wirft vor, sie warf vor, sie hat vorgeworfen, vorwurfsvoll

der **Vul|kan**, die Vulkane, vulkanisch

die **Waa|ge**, die Waagen, waagerecht/waagrecht

wach

das **Wachs**, der Wachsmalstift

wach|sam, die Wachsamkeit

wach|sen, er wächst, er wuchs, er ist gewachsen, das Gewächs, das Wachstum

wa|ckeln, sie wackelt, wackelig/wacklig

die **Wa|de**, die Waden

die **Waf|fe**, die Waffen

die **Waf|fel**, die Waffeln

der **Wa|gen**, die Wagen

wa|gen, er wagt, das Wagnis

der **Wag|gon**, auch: Wagon, die Waggons

die **Wahl**, die Wahlen, der Wähler, die Wählerin, wählerisch, wählen, sie wählt

der **Wahn|sinn**, wahnsinnig

wahr, die Wahrheit

wäh|rend, währenddessen

wahr|neh|men, er nimmt wahr, er nahm wahr, er hat wahrgenommen, die Wahrnehmung

wahr|schein|lich, die Wahrscheinlichkeit

die **Wäh|rung**, die Währungen

das **Wahr|zei|chen**, die Wahrzeichen

die **Wai|se**, die Waisen, das Waisenhaus

der **Wal**, die Wale

der **Wald**, die Wälder

die **Wall|fahrt**, die Wallfahrten

die **Wal|nuss**, die Walnüsse

das **Wal|ross**, die Walrosse

die **Wal|ze**, die Walzen, walzen, er walzt

sich **wäl|zen**, sie wälzt sich

die **Wand**, die Wände

der **Wan|del**, wandeln, er wandelt, die Wandlung

wan|dern, sie wandert, die Wanderung, der Wanderer, die Wanderin

die **Wan|ge**, die Wangen

wan|ken, er wankt

wann

die **Wan|ne**, die Wannen

die **Wan|ze**, die Wanzen

das **Wap|pen**, die Wappen

die **Wa|re**, die Waren

warm, wärmer, am wärmsten

die **Wär|me**, die Wärmflasche

sich **wär|men**, sie wärmt sich

war|nen, er warnt, die Warnung

War|schau (Hauptstadt Polens), die Warschauer

war|ten, sie wartet

der **Wär|ter**, die Wärter, die Wärterin

wa|rum

die **War|ze**, die Warzen

was

das **Wasch|be|cken**, die Waschbecken

wa|schen, sie wäscht, sie wusch, sie hat gewaschen, die Wäsche, die Wäscherei, die Waschmaschine

Wa|shing|ton D.C. (Hauptstadt der USA)

das **Was|ser**, wässrig, der Wasserhahn, wasserdicht 

die **Was|ser|far|ben** 

wa|ten, sie watet

das **Watt**, das Wattenmeer 

das **Watt** 

die **Wat|te**

das **WC** (engl.: water closet; Toilette), die WCs

we|ben, sie webt, der Weber, die Weberin

die **Web|site** (sprich: Webb-ßeit; sämtliche hinter einer Internetadresse stehenden Seiten), die Websites

wech|seln, er wechselt, der Wechsel, wechselhaft

we|cken, sie weckt, der Wecker

we|deln, sie wedelt

we|der (weder … noch …)

der **Weg**, die Wege, der Wegweiser 

weg

we|gen

weg|ge|hen, er geht weg, er ging weg, er ist weggegangen

weg|fah|ren, er fährt weg, er fuhr weg, er ist weggefahren

weg|wer|fen, sie wirft weg, sie warf weg, sie hat weggeworfen

weh, wehtun, es tut weh, es tat weh, es hat wehgetan 

die **We|he**, die Wehen
Bei der Geburt hat die Frau Wehen.

die **We|he**, die Wehen
Der Wind weht den Schnee zu einer Wehe zusammen.

we|hen, es weht 

sich **weh|ren**, er wehrt sich, wehrlos

weib|lich, das Weibchen

weich

die **Wei|che**, die Weichen

wei|chen, er weicht, er wich, er ist gewichen

die **Wei|de**, die Weiden

die **Wei|de**, die Weiden, weiden, es weidet
Das Pferd steht auf der Weide.

sich **wei|gern**, sie weigert sich, die Weigerung

Weih|nach|ten, auch: die Weihnacht, weihnachtlich, das Weihnachtsfest

der **Weih|nachts|baum**, die Weihnachtsbäume

weil

die **Wei|le**, ein Weilchen

der **Wein**, die Weine

wei|nen, er weint, weinerlich

wei|se (klug), die Weisheit

weiß, das Weiß, weißlich

weit, die Weite

wei|ter

der **Wei|zen**, das Weizenmehl

wel|cher, welche, welches, welchem, welchen

welk, welken, sie welkt

die **Wel|le**, die Wellen

der **Wel|len|sit|tich**, die Wellensittiche

der **Wel|pe**, die Welpen

die **Welt**, die Welten, das Weltall, weltweit

wem

der **Wem|fall** (Dativ)

wen

wen|den, er wendet, die Wende, wendig

der **Wen|fall** (Akkusativ)

we|nig

we|nigs|tens

wenn

wer

wer|ben, er wirbt, er warb, er hat geworben, die Werbung

wer|den, er wird, er wurde, er ist geworden

der **Wer|fall** (Nominativ)

wer|fen, er wirft, er warf, er hat geworfen

die **Werft**, die Werften

das **Werk**, die Werke, werken, er werkt, die Werkstatt, das Werkzeug

A B C D E F G H I J K L M N O P Q R S T U V W X Y Z

der **Wert**, die Werte,
die Wertung, werten,
er wertet, wert, wertlos,
wertvoll

das **We|sen**, die Wesen

we|sent|lich

die **We|ser** (Fluss)

wes|halb

die **Wes|pe**, die Wespen

wes|sen

der **Wes|sen|fall** (Genitiv)

die **Wes|te**,
die Westen
Cowboys tragen oft
eine Weste.

der **Wes|ten**,
westlich
Der Westen ist eine
Himmelsrichtung.

wes|we|gen

wet|ten, sie wettet,
die Wette

das **Wet|ter**

der **Wet|ter|be|richt**,
die Wetterberichte

der **Wett|kampf**,
die Wettkämpfe,
der Wettkämpfer,
die Wettkämpferin

der **Wicht**, die Wichte

wich|tig

wi|ckeln, sie wickelt,
der Wickeltisch

wi|der (gegen),
der Widerstand

wi|der|lich

wi|der|spre|chen,
er widerspricht,
er widersprach,
er hat widersprochen,
der Widerspruch

wi|der|wil|lig,
der Widerwille

wid|men, sie widmet,
die Widmung

wie

wie|der

wie|der|ho|len,
er wiederholt,
die Wiederholung

wie|der|se|hen,
er sieht wieder,
er sah wieder,
er hat wiedergesehen,
das Wiedersehen

die **Wie|ge**, die Wiegen

wie|gen,
er wiegt,
er wog,
er hat gewogen
Er wiegt die Bananen.

wie|gen,
sie wiegt,
sie wiegte,
sie hat gewogen
Sie wiegt ihr Baby
in den Schlaf.

wie|hern, es wiehert

Wien (Hauptstadt Österreichs), die Wiener

die **Wie|se**, die Wiesen

das **Wie|sel**, die Wiesel

wie|so

wie viel

das **Wie|wort** (Adjektiv), die Wiewörter

der **Wi|kin|ger**, die Wikinger

wild

wil|dern (unerlaubt Tiere jagen), er wildert

das **Wild|schwein**, die Wildschweine

der **Wil|le**, willig

will|kom|men

die **Will|kür**, willkürlich

Wil|na (Hauptstadt Litauens)

wim|meln, es wimmelt

wim|mern, er wimmert

die **Wim|per**, die Wimpern

der **Wind**, die Winde, winden, es windet, windstill

win|dig

die **Win|del**, die Windeln

sich **win|den**, er windet sich, er wand sich, er hat sich gewunden, die Windung

die **Wind|po|cken** (Kinderkrankheit)

der **Win|kel**, die Winkel

win|ken, er winkt, der Wink

win|seln, sie winselt

der **Win|ter**, die Winter, winterlich

der **Win|zer**, die Winzer, die Winzerin

win|zig, der Winzling

der **Wip|fel**, die Wipfel

die **Wip|pe**, die Wippen, wippen, er wippt

wir

der **Wir|bel**, die Wirbel, die Wirbelsäule

wir|beln, sie wirbelt, der Wirbelsturm

wir|ken, er wirkt, die Wirkung, wirksam, wirkungsvoll

wirk|lich, die Wirklichkeit

wirr

der **Wir|sing**

A B C D E F G H I J K L M N O P Q R S T U V W X Y Z

der **Wirt**,
die Wirte,
die Wirtschaft
In einer Wirtschaft kann man essen und trinken.

die **Wirt|schaft**,
wirtschaftlich
Die Wirtschaft ist ein Tausch von Geld und Waren.

wi|schen, sie wischt,
der Wischer

wis|pern, sie wispert

wis|sen, er weiß,
er wusste,
er hat gewusst,
das Wissen,
wissbegierig

die **Wis|sen|schaft**,
die Wissenschaften,
der Wissenschaftler,
die Wissenschaftlerin

wit|tern, er wittert

die **Wit|we**, die Witwen

der **Wit|wer**, die Witwer

der **Witz**, die Witze, witzeln,
sie witzelt, witzig

wo, woanders

wo|bei

die **Wo|che**,
die Wochen,
wöchentlich,
das Wochenende

der **Wo|chen|plan**,
die Wochenpläne

der **Wo|chen|tag**,
die Wochentage

wo|durch

wo|für

die **Wo|ge**, die Wogen

wo|her

wo|hin

wohl, das Wohl,
der Wohlstand,
wohlhabend,
wohlwollend

woh|nen, er wohnt,
die Wohnung

das **Wohn|zim|mer**,
die Wohnzimmer

der **Wolf**, die Wölfe,
die Wölfin

die **Wol|ke**, die Wolken,
wolkig, wolkenlos

die **Wol|le**

wol|len, er will,
er wollte, er hat gewollt

wo|mit

wo|mög|lich

wo|ran

wo|rauf

wo|raus

wo|rin

das **Wort**, die Wörter, wörtlich, die Wortart, die Wortfamilie, der Wortschatz

Hund

das **Wör|ter|buch**, die Wörterbücher

wo|rü|ber

wo|rum

wo|von

wo|vor

wo|zu

das **Wrack**, die Wracks

wrin|gen, er wringt, er wrang, er hat gewrungen

wu|chern, es wuchert, die Wucherung

die **Wucht**, wuchtig

wüh|len, sie wühlt

die **Wun|de**, die Wunden

das **Wun|der**, die Wunder, wunderbar, wundervoll

sich **wun|dern**, er wundert sich

der **Wunsch**, die Wünsche

wün|schen, sie wünscht

die **Wür|de**, würdig, würdevoll

der **Wurf**, die Würfe

der **Wür|fel**, die Würfel, würfeln, er würfelt, das Würfelspiel

wür|gen, sie würgt

der **Wurm**, die Würmer

die **Wurst**, die Würste, das Würstchen

die **Wür|ze**, würzen, er würzt, würzig

die **Wur|zel**, die Wurzeln

die **Wüs|te**, die Wüsten, wüst

die **Wut**, wüten, sie wütet, wütend

das **WWW** (engl.: World Wide Web; Internet)

die **X-Bei|ne**, x-beinig, auch: X-beinig

x-be|lie|big (irgendein)

x-fach (vielfach)

x-mal (sehr oft), zum x-ten Mal

das **Xy|lo|fon** (Schlaginstrument), auch: Xylophon, die Xylofone

das/der **Yak** (Grunzochse oder Hausrind aus Asien), auch: Jak, die Yaks

der **Ye|ti** (Schneemensch), die Yetis

das/der **Yo|ga**, auch: Joga

Z

die **Za|cke**, die Zacken, zackig, gezackt

zag|haft

Za|greb (Hauptstadt Kroatiens), die Zagreber

zäh

die **Zahl**, die Zahlen, zahllos, das Zahlwort, zahlreich

zah|len, sie zahlt, die Zahlung

zäh|len, sie zählt, der Zähler, die Zählung

zahm, die Zähmung, zähmen, er zähmt

der **Zahn**, die Zähne, der Zahnarzt

die **Zahn|ärz|tin**, die Zahnärztinnen

die **Zahn|bürs|te**, die Zahnbürsten

die **Zahn|pas|ta**, die Zahnpasten

die **Zan|ge**, die Zangen

sich **zan|ken**, sie zankt sich, der Zank

der **Zap|fen**, die Zapfen, das Zäpfchen

zap|fen, er zapft

zap|peln, er zappelt, zappelig/zapplig

zart, die Zartheit

zärt|lich, die Zärtlichkeit

zau|bern, sie zaubert, der Zauber, die Zauberei, der Zauberer, die Zauberin, zauberhaft

der **Zaun**, die Zäune

z. B. (zum Beispiel)

das **Ze|bra**, die Zebras, der Zebrastreifen

die **Ze|cke**, die Zecken

der **Zeh**, auch: die Zehe, die Zehen

zehn, der Zehner, ein Zehntel, zehnfach, zehnmal

zeh|ren, er zehrt

das **Zei|chen**, die Zeichen, die Zeichensetzung, die Zeichensprache

der **Zei|chen|block**, die Zeichenblöcke

zeich|nen, sie zeichnet, die Zeichnung

zei|gen, sie zeigt, der Zeigefinger

der **Zei|ger**, die Zeiger

die **Zei|le**, die Zeilen

die **Zeit**, die Zeiten, zeitig

die **Zeit|schrift**, die Zeitschriften

die **Zei|tung**, die Zeitungen

die **Zel|le**, die Zellen
Unser Körper besteht aus vielen einzelnen Zellen.

die **Zel|le**, die Zellen
Der Gefangene lebt in einer Zelle.

das **Zelt**, die Zelte, zelten, er zeltet

der **Ze|ment**, zementieren, sie zementiert

die **Zen|sur**, die Zensuren
Er hat eine gute Zensur in dem Test.

die **Zen|sur**, die Zensuren, zensieren, er zensiert
Der Text ist zensiert, man soll nicht alles lesen.

der **Zen|ti|me|ter** (cm), die Zentimeter

der **Zent|ner** (50 kg), die Zentner

zen|tral, die Zentrale

das **Zen|trum**, die Zentren

der **Zep|pe|lin**, die Zeppeline

zer|bre|chen, er zerbricht, er zerbrach, er hat/ist zerbrochen, zerbrechlich

der **Zer|fall**, zerfallen, es zerfällt, es zerfiel, es ist zerfallen

zer|klei|nern, sie zerkleinert

zer|knül|len, er zerknüllt

zer|le|gen, sie zerlegt, die Zerlegung

zer|quet|schen, er zerquetscht

zer|rei|ßen, sie zerreißt, sie zerriss, sie hat zerrissen

zer|ren, er zerrt, die Zerrung

zer|stö|ren, sie zerstört, die Zerstörung

zer|streu|en, er zerstreut, die Zerstreuung, zerstreut

zer|zau|sen, er zerzaust

der **Zet|tel**, die Zettel

das **Zeug**

der **Zeu|ge**,
die Zeugen,
die Zeugin
Die Zeugen müssen die Wahrheit sagen.

zeu|gen,
er zeugt,
die Zeugung

das **Zeug|nis**, die Zeugnisse

die **Zi|cke** (Ziege), die Zicken

zi|ckig

die **Zie|ge**, die Ziegen

der **Zie|gel**, die Ziegel

zie|hen, er zieht, er zog, er hat gezogen, die Ziehung

das **Ziel**, die Ziele, zielen, sie zielt, ziellos, die Zielscheibe, zielstrebig

ziem|lich

die **Zier|de**,
die Zierden
Das Obst steht nur zur Zierde auf dem Tisch.

sich **zie|ren**,
sie ziert sich
Sie ziert sich, laut zu sprechen.

zier|lich
Sie ist ein zierliches Mädchen.

die **Zif|fer**, die Ziffern

die **Zi|ga|ret|te**, die Zigaretten

die **Zi|gar|re**, die Zigarren

das **Zim|mer**, die Zimmer

zim|mern, sie zimmert

zim|per|lich

der **Zimt**, die Zimtstange

das **Zink** (Metall)

das **Zinn** (Metall)

der **Zins**, die Zinsen

der **Zip|fel**, die Zipfel

der **Zir|kel**, die Zirkel

der **Zir|kus**, die Zirkusse

zi|schen, er zischt

die **Zi|tro|ne**, die Zitronen

die **Zi|trus|frucht**, die Zitrusfrüchte

zit|tern, es zittert, zittrig

die **Zit|ze**, die Zitzen

zi|vil, der Zivilist, die Zivilistin

zö|gern, er zögert

der **Zoll**, die Zölle, der Zöllner, die Zöllnerin

der **Zoo**, die Zoos

der **Zopf**, die Zöpfe

der **Zorn**, zornig

zot|te|lig/zottlig

z. T. (zum Teil)

zu

das **Zu|be|hör**, die Zubehöre

zu|be|rei|ten, er bereitet zu, die Zubereitung

zu|bin|den, er bindet zu, er band zu, er hat zugebunden

die **Zuc|chi|ni**, die Zucchini

züch|ten, sie züchtet, der Züchter, die Züchterin, die Zucht

zu|cken, er zuckt

der **Zu|cker**, zuckern, sie zuckert

das **Zu|cker|fest** (islamisches Fest am Ende der Fastenzeit)

zu|de|cken, sie deckt zu

zu|ei|nan|der

zu|erst

die **Zu|fahrt**, die Zufahrten

der **Zu|fall**, die Zufälle, zufällig

die **Zu|flucht**, der Zufluchtsort

zu|frie|den, die Zufriedenheit

zu|frie|ren, es friert zu, es fror zu, es ist zugefroren

der **Zug**, die Züge

die **Zu|ga|be**, die Zugaben

der **Zü|gel**, die Zügel, zügeln, sie zügelt

zü|gig (schnell)

zu|gleich

zu|guns|ten, auch: zu Gunsten

das **Zu|hau|se**
Das ist ihr Zuhause.

zu Hau|se
Er ist wieder zu Hause.

zu|hö|ren, sie hört zu

zu|klap|pen, er klappt zu

zu|kle|ben, sie klebt zu

zu|knöp|fen, sie knöpft zu

die **Zu|kunft**, zukünftig

zu|las|sen, er lässt zu, er ließ zu, er hat zugelassen, zulässig

zu|letzt

zu|lie|be

zum

zu|ma|chen, er macht zu

zu|meist

zu|min|dest

zu|nächst

die **Zu|nah|me**, zunehmen, sie nimmt zu, sie nahm zu, sie hat zugenommen

die **Zu|nei|gung**

die **Zunft**, die Zünfte

die **Zun|ge**, die Zungen

zün|geln, es züngelt

zu|ord|nen, er ordnet zu, die Zuordnung

zup|fen, sie zupft

zur

zu|recht, sich zurechtfinden, er findet sich zurecht, er fand sich zurecht, er hat sich zurechtgefunden

zu|rück

zu|rück|ge|ben, er gibt zurück, er gab zurück, er hat zurückgegeben

zu|rück|kom|men, sie kommt zurück, sie kam zurück, sie ist zurückgekommen

der **Zu|ruf**, die Zurufe

zur|zeit (gerade jetzt)

die **Zu|sa|ge**, die Zusagen

zu|sam|men

zu|sam|men|ar|bei|ten, er arbeitet zusammen, die Zusammenarbeit

der **Zu|sam|men|bruch**, die Zusammenbrüche

zu|sam|men|fas|sen, sie fasst zusammen, die Zusammenfassung

der **Zu|sam|men|hang**, die Zusammenhänge, zusammenhängen, es hängt zusammen, es hing zusammen, es hat zusammengehangen, zusammenhängend

zu|sam|men|schrei|ben, sie schreibt zusammen, sie schrieb zusammen, sie hat zusammengeschrieben

sich **zu|sam|men|set|zen**, er setzt sich zusammen

zu|sam|men|set|zen, er setzt zusammen
Er setzt die einzelnen Teile zusammen.

zu|sam|men|sto|ßen, sie stößt zusammen, sie stieß zusammen, sie ist zusammengestoßen, der Zusammenstoß

zu|sätz|lich, der Zusatz

zu|schau|en,
er schaut zu,
der Zuschauer,
die Zuschauerin

der **Zu|stand**, die Zustände

zu|stän|dig,
die Zuständigkeit

zu|stim|men,
er stimmt zu,
die Zustimmung

die **Zu|tat**, die Zutaten

das **Zu|trau|en**,
sich zutrauen,
er traut sich zu

zu|trau|lich

zu|tref|fen, es trifft zu,
es traf zu,
es hat zugetroffen

zu|ver|läs|sig,
die Zuverlässigkeit

die **Zu|ver|sicht**,
zuversichtlich

zu viel

zu|vor

die **Zu|wen|dung**,
die Zuwendungen

zu we|nig

zu|wi|der

zu|zie|hen,
er zieht zu,
er zog zu,
er ist zugezogen
Es sind viele Familien zugezogen.

zu|zie|hen,
er zieht zu,
er zog zu,
er hat zugezogen
Er zieht den Reißverschluss zu.

der **Zwang**, die Zwänge,
zwanglos

zwan|zig, die Zwanzig, **20**
zwanzigfach

zwar

der **Zweck**, die Zwecke,
zwecklos, zweckmäßig

zwei, zweifach, **2**
zweifarbig, zweimal,
zweiteilig

der **Zwei|fel**, die Zweifel,
zweifeln, er zweifelt,
zweifelhaft, zweifellos

der **Zweig**, die Zweige

der **Zwerg**, die Zwerge

die **Zwet|sche**/
die Zwetschge,
die Zwetschen

zwi|cken, es zwickt

der **Zwie|back**

die **Zwie|bel**, die Zwiebeln

der **Zwil|ling**, die Zwillinge

sich **zwin|gen**,
er zwingt sich,
er zwang sich,
er hat sich gezwungen,
zwingend

zwin|kern, sie zwinkert

der **Zwirn**

zwi|schen,
zwischendurch

zwit|schern,
sie zwitschert

zwölf, zwölffach, zwölfmal **12**

der **Zyk|lon** (Wirbelsturm),
die Zyklone

der **Zyk|lus**, die Zyklen

der **Zy|lin|der**, die Zylinder,
zylindrisch

Zy|pern, die Zyprer,
zyprisch

die **Zy|pres|se**
(Nadelbaum),
die Zypressen

z. Z., auch: z. Zt.
(zur Zeit)

Wörter und Silben

Wörter bestehen aus einer oder mehreren Silben. Deutsche Wörter haben oft zwei Silben.	Na-se, ge-hen
Bei deutschen Wörtern wird die erste Silbe betont, die zweite Silbe und jede weitere Silbe werden nicht betont.	**Au**-to-fah-re-rin, **Fuß**-gän-ger
Silben bestehen aus **Vokalen (Selbstlauten)** und **Konsonanten (Mitlauten)**.	
Das sind die **Vokale**.	a e i o u
Das sind die **Konsonanten**.	b c d f g h j k l m n p q r s t v w x y z
Das sind die **Umlaute**.	ä ö ü
Das sind die **Zwielaute**.	ai au äu ei eu

Wortarten

Es gibt verschiedene **Wortarten**.

- Nomen (Namenwörter)
- Artikel (Begleiter)
- Verben (Tunwörter)
- Adjektive (Eigenschaftswörter)
- Präpositionen (Verhältniswörter)

Nomen (Namenwörter)

Nomen (Namenwörter) werden großgeschrieben.

die **E**nte, das **A**uto

Nomen (Namenwörter) sind Namen von

Menschen, — das **K**ind, die **O**ma, der **V**ater

Tieren, — die **Z**iege, das **P**ferd, der **H**und

Pflanzen, — der **B**aum, die **T**anne, das **G**ras

Gegenständen — der **H**ut, das **H**aus, die **T**asche

und Gefühlen und Dingen, die man nicht sehen kann. — das **Gl**ück, der **M**ut, die **Z**eit

Nomen (Namenwörter) gibt es im **Singular (Einzahl)** und im **Plural (Mehrzahl)**.

die **Ente**,
die Enten

Artikel (Begleiter)

Vor **Nomen (Namenwörtern)** stehen oft **Artikel (Begleiter)**. Es gibt **bestimmte Artikel** und **unbestimmte Artikel**.

der Vater, **die** Mutter, **das** Kind
ein Mann, **eine** Frau, **ein** Kind

Verben (Tunwörter)

Verben (Tunwörter) sagen, was jemand tut oder was geschieht.

malen, regnen

Sie haben eine Grundform mit einem Wortstamm und einer Endung.

mal **en**
Wortstamm Endung

Sie haben verschiedene Personalformen.

ich	male
du	malst
er, sie, es	malt
wir	malen
ihr	malt
sie	malen

Verben (Tunwörter) geben an, in welcher Zeit etwas geschieht. Es gibt verschiedene Zeitformen von **Verben (Tunwörtern)**.

Gegenwart:	Ich male.
1. Vergangenheit:	Ich malte.
2. Vergangenheit:	Ich habe gemalt.
Zukunft:	Ich werde malen.

Manche **Verben (Tunwörter)** verändern ihren Wortstamm in den verschiedenen Zeitformen, man nennt sie **unregelmäßige Verben (Tunwörter)**.

Gegenwart: Ich lese.
1. Vergangenheit: Ich las.
2. Vergangenheit: Ich habe gelesen.
Zukunft: Ich werde lesen.

Wenn man etwas erzählen möchte, benutzt man die 2. Vergangenheit. Wenn man über etwas schreiben möchte, benutzt man die 1. Vergangenheit.

Adjektive (Eigenschaftswörter)

Adjektive (Eigenschaftswörter) beschreiben, wie jemand oder etwas ist.

müde, rot

Sie lassen sich steigern.

klein, kleiner, am kleinsten

Sie können zum Vergleichen verwendet werden.

kleiner als …

Manche **Adjektive (Eigenschaftswörter)** verändern sich besonders stark, wenn sie gesteigert werden. Man nennt sie **unregelmäßige Adjektive (Eigenschaftswörter)**.

gut, besser, am besten

Präpositionen (Verhältniswörter)

Diese Wörter sind **Präpositionen (Verhältniswörter)**.	an, auf, bei, bis, hinter, in, mit, nach, neben, seit, über, unter, von, vor, wegen, zu, zwischen
Sie antworten auf Fragen.	**Wo?** Das Buch liegt **unter** dem Bett. **Wann?** Ich muss **vor** sieben Uhr an der Bushaltestelle sein. **Warum?** Er musste **wegen** der Baustelle einen Umweg machen. **Mit wem?** Sie war **mit** ihrem Freund im Kino. **Wie?** Sie verließen das Fest **in** bester Stimmung.
Die **Präpositionen (Verhältniswörter)** sind manchmal mit dem nachfolgenden **Artikel (Begleiter)** verschmolzen.	zu der Feier = zur Feier an dem Zaun = am Zaun bei dem Baum = beim Baum

Sätze

Das erste Wort am Anfang eines Satzes wird großgeschrieben.

Guten Tag!
Wie geht es dir?
Wir machen heute einen Ausflug.

Satzarten

Es gibt verschiedene **Satzarten**.

Mit einem **Aussagesatz** teilen wir etwas mit.
Am Ende des Satzes steht ein Punkt . .

Die Jacke ist schön.

Wenn wir etwas wissen wollen, stellen wir eine Frage. Wir benutzen einen **Fragesatz**.
Am Ende des Satzes steht ein Fragezeichen ? .

Was kaufen wir ein?

In einem **Aufforderungssatz** soll der Angesprochene etwas Bestimmtes tun.
Am Ende des Satzes steht ein Ausrufezeichen ! .

Geh in die Sporthalle!

Wenn man Wörter richtig schreiben will, helfen verschiedene Strategien.

Silben mitsprechen

Bei sehr vielen Wörtern hilft es, die Wörter deutlich und in Silben zu sprechen.

der Bru-der
der Haus-meis-ter
das Was-ser
die Scho-ko-la-de

Verlängern

Wenn man nicht genau weiß, wie der letzte Buchstabe eines Wortes geschrieben wird, kann man das Wort verlängern und so den Buchstaben hörbar machen.

Man kann ein **Nomen (Namenwort)** verlängern, indem man den **Plural (Mehrzahl)** bildet.

das Kind → die Kinder

Man kann ein **Verb (Tunwort)** verlängern, indem man die Grundform bildet.

er lebt → leben

Man kann ein **Adjektiv (Eigenschaftswort)** verlängern, indem man die Steigerungsform bildet.

laut → lauter

Ableiten

Beim Ableiten geht es darum, ein verwandtes Wort zu suchen.

die Hände → die Hand
die Mäuse → die Maus

Merkwörter

Die Schreibweise mancher Wörter kann man sich nicht durch Strategien herleiten, man muss sie sich merken.

Wörter mit y	das Baby, das Handy
Wörter mit ks-Laut	der Fuchs, links, das Taxi
Wörter mit i statt ie	die Maschine, der Tiger
Wörter mit v	das Klavier, vielleicht, vier
Wörter mit Doppelvokal	das Boot, das Haar, der Kaffee

Wörter nachschlagen

Man kann Wörter immer auch im Wörterbuch nachschlagen. Die Hinweise auf den Seiten 5 – 7 und 153 – 155 helfen, sich im Wörterbuch zu orientieren und das Wort zu finden.

die **Hyä|ne**, die Hyänen 

die **Hya|zin|the**, die Hyazinthen

der **Hy|drant**, die Hydranten

die **Hy|gi|ene**, hygienisch

Unregelmäßige Verben

Grundform	Gegenwart: du …	Gegenwart: er/sie …	1. Vergangenheit: er/sie …	2. Vergangenheit: er/sie …
backen	bäckst	bäckt	backte/buk	hat gebacken
befehlen	befiehlst	befiehlt	befahl	hat befohlen
beginnen	beginnst	beginnt	begann	hat begonnen
beißen	beißt	beißt	biss	hat gebissen
biegen	biegst	biegt	bog	hat gebogen
bieten	bietest	bietet	bot	hat geboten
binden	bindest	bindet	band	hat gebunden
bitten	bittest	bittet	bat	hat gebeten
blasen	bläst	bläst	blies	hat geblasen
bleiben	bleibst	bleibt	blieb	ist geblieben
braten	brätst	brät	briet	hat gebraten
brechen	brichst	bricht	brach	ist/hat gebrochen
brennen	brennst	brennt	brannte	hat gebrannt
bringen	bringst	bringt	brachte	hat gebracht
denken	denkst	denkt	dachte	hat gedacht
dürfen	darfst	darf	durfte	hat gedurft
empfangen	empfängst	empfängt	empfing	hat empfangen

Grundform	Gegenwart: du …	Gegenwart: er/sie …	1. Vergangenheit: er/sie …	2. Vergangenheit: er/sie …
erschrecken	erschrickst	erschrickt	erschrak	ist erschrocken
essen	isst	isst	aß	hat gegessen
fahren	fährst	fährt	fuhr	ist gefahren
fallen	fällst	fällt	fiel	ist gefallen
fangen	fängst	fängt	fing	hat gefangen
finden	findest	findet	fand	hat gefunden
fliegen	fliegst	fliegt	flog	ist geflogen
fliehen	fliehst	flieht	floh	ist geflohen
fließen	fließt	fließt	floss	ist geflossen
fressen	frisst	frisst	fraß	hat gefressen
frieren	frierst	friert	fror	hat gefroren
geben	gibst	gibt	gab	hat gegeben
gehen	gehst	geht	ging	ist gegangen
genießen	genießt	genießt	genoss	hat genossen
geraten	gerätst	gerät	geriet	ist geraten
gewinnen	gewinnst	gewinnt	gewann	hat gewonnen
gießen	gießt	gießt	goss	hat gegossen

Unregelmäßige Verben

Grundform	Gegenwart: du …	Gegenwart: er/sie …	1. Vergangenheit: er/sie …	2. Vergangenheit: er/sie …
graben	gräbst	gräbt	grub	hat gegraben
greifen	greifst	greift	griff	hat gegriffen
haben	hast	hat	hatte	hat gehabt
halten	hältst	hält	hielt	hat gehalten
hängen	hängst	hängt	hing	hat gehangen
heben	hebst	hebt	hob	hat gehoben
heißen	heißt	heißt	hieß	hat geheißen
helfen	hilfst	hilft	half	hat geholfen
kennen	kennst	kennt	kannte	hat gekannt
kommen	kommst	kommt	kam	ist gekommen
können	kannst	kann	konnte	hat gekonnt
kriechen	kriechst	kriecht	kroch	ist gekrochen
lassen	lässt	lässt	ließ	hat gelassen
laufen	läufst	läuft	lief	ist gelaufen
leiden	leidest	leidet	litt	hat gelitten
leihen	leihst	leiht	lieh	hat geliehen
lesen	liest	liest	las	hat gelesen

Grundform	Gegenwart: du …	Gegenwart: er/sie …	1. Vergangenheit: er/sie …	2. Vergangenheit: er/sie …
liegen	liegst	liegt	lag	ist gelegen
lügen	lügst	lügt	log	hat gelogen
messen	misst	misst	maß	hat gemessen
mögen	magst	mag	mochte	hat gemocht
müssen	musst	muss	musste	hat gemusst
nehmen	nimmst	nimmt	nahm	hat genommen
nennen	nennst	nennt	nannte	hat genannt
pfeifen	pfeifst	pfeift	pfiff	hat gepfiffen
raten	rätst	rät	riet	hat geraten
reißen	reißt	reißt	riss	ist/hat gerissen
reiten	reitest	reitet	ritt	ist geritten
rennen	rennst	rennt	rannte	ist gerannt
riechen	riechst	riecht	roch	hat gerochen
rinnen	rinnst	rinnt	rann	ist/hat geronnen
rufen	rufst	ruft	rief	hat gerufen
saufen	säufst	säuft	soff	hat gesoffen
scheinen	scheinst	scheint	schien	hat geschienen

Unregelmäßige Verben

Grundform	Gegenwart: du …	Gegenwart: er/sie …	1. Vergangenheit: er/sie …	2. Vergangenheit: er/sie …
schieben	schiebst	schiebt	schob	hat geschoben
schießen	schießt	schießt	schoss	hat geschossen
schlafen	schläfst	schläft	schlief	hat geschlafen
schlagen	schlägst	schlägt	schlug	hat geschlagen
schleichen	schleichst	schleicht	schlich	ist geschlichen
schließen	schließt	schließt	schloss	hat geschlossen
schmeißen	schmeißt	schmeißt	schmiss	hat geschmissen
schmelzen	schmilzt	schmilzt	schmolz	ist geschmolzen
schneiden	schneidest	schneidet	schnitt	hat geschnitten
schreiben	schreibst	schreibt	schrieb	hat geschrieben
schreien	schreist	schreit	schrie	hat geschrien
schweigen	schweigst	schweigt	schwieg	hat geschwiegen
schwimmen	schwimmst	schwimmt	schwamm	ist geschwommen
schwingen	schwingst	schwingt	schwang	hat geschwungen
sehen	siehst	sieht	sah	hat gesehen
sein	bist	ist	war	ist gewesen
senden	sendest	sendet	sandte/ sendete	hat/ist gesandt/ gesendet

Grundform	Gegenwart: du …	Gegenwart: er/sie …	1. Vergangenheit: er/sie …	2. Vergangenheit: er/sie …
singen	singst	singt	sang	hat gesungen
sinken	sinkst	sinkt	sank	ist gesunken
sitzen	sitzt	sitzt	saß	hat gesessen
sprechen	sprichst	spricht	sprach	hat gesprochen
springen	springst	springt	sprang	ist gesprungen
stechen	stichst	sticht	stach	hat gestochen
stehen	stehst	steht	stand	ist gestanden
stehlen	stiehlst	stiehlt	stahl	hat gestohlen
steigen	steigst	steigt	stieg	ist gestiegen
streichen	streichst	streicht	strich	hat gestrichen
streiten	streitest	streitet	stritt	hat gestritten
tragen	trägst	trägt	trug	hat getragen
treffen	triffst	trifft	traf	hat getroffen
treten	trittst	tritt	trat	hat/ist getreten
trinken	trinkst	trinkt	trank	hat getrunken
tun	tust	tut	tat	hat getan
vergessen	vergisst	vergisst	vergaß	hat vergessen

Unregelmäßige Verben

Grundform	Gegenwart: du …	Gegenwart: er/sie …	1. Vergangenheit: er/sie …	2. Vergangenheit: er/sie …
verlieren	verlierst	verliert	verlor	hat verloren
wachsen	wächst	wächst	wuchs	ist gewachsen
waschen	wäschst	wäscht	wusch	hat gewaschen
werden	wirst	wird	wurde	ist geworden
werfen	wirfst	wirft	warf	hat geworfen
wiegen	wiegst	wiegt	wog	hat gewogen
wissen	weißt	weiß	wusste	hat gewusst
wollen	willst	will	wollte	hat gewollt
ziehen	ziehst	zieht	zog	hat gezogen
zwingen	zwingst	zwingt	zwang	hat gezwungen